Die Deutsche Bibliothek – CIP-Einheitsaufnahme

terra PilgerReiseführer Olavsweg
Helfried und Renate Weyer
Steinfurt, Tecklenborg Verlag, 2018
ISBN: 978-3-939172-98-7
NE: Weyer, Helfried; Weyer, Renate

Die Zusammenstellung der praktischen Reiseinformationen und die Beschreibung der Wegstrecken in diesem Führer erfolgten mit größtmöglicher Sorgfalt und mit Rücksicht auf die Natur. Bitte verhalten auch Sie sich entsprechend und beachten Sie im Interesse Ihrer eigenen Sicherheit die Hinweise der Autoren, z. B. zu gefährlichen Wegstrecken. Ob eine Route gefährlich ist, hängt neben den Wetterverhältnissen auch von der persönlichen Konstitution des Pilgernden ab. Befragen Sie im Zweifelsfall vor einer Reise ihren Hausarzt.
Bitte haben Sie Verständnis dafür, dass sich nach Erscheinen des Buches Wegführungen, Anschriften, Telefonnummern oder Internet-Adressen ändern können. Korrekturhinweise werden Autoren und Verlag gerne aufgreifen.

2. überarbeitete Auflage 2018

Siemensstraße 4, 48565 Steinfurt

Lektorat: Diana Kirstein
Karten: Angelika Thieme / mapdesign@arcor.de
Gesamtherstellung:
Druckhaus Tecklenborg, Steinfurt

Printed in Germany
ISBN: 978-3-939172-98-7

terra
PilgerReiseführer

Olavsweg

Pilgern in Norwegen

Wegbeschreibung von Oslo nach Trondheim
Ostweg – Westweg – Karten – Höhenprofile

Helfried und Renate Weyer
mit einem Vorwort von Franz Alt

Tecklenborg

Inhalt

Von Franz Alt – Pilgern lehrt uns das Staunen

Noch ein Pilgerführer? Nein, der erste umfassende Führer des Olavsweges, der jeden Kilometer von Oslo nach Nidaros ausführlich beschreibt und in professionellen Bildern zeigt. Ein Führer aus der Praxis für die Praxis – und eine unglaubliche Fleiß- und Körperarbeit der beiden Autoren.

Pilgern ist mehr als Wandern. Pilgern verändert jeden. Es kann geschehen, dass unterwegs bei Sonne oder Regen, bei Wind und Wetter, die Seele genährt wird: Beim Schweigen oder Beten, beim Singen oder Gehen – oder einfach »nur« bei guten Gesprächen. Pilgern schafft Raum für die Begegnung mit Gott.

Pilgern ist sehr populär geworden. Da entsteht eine neue »Outdoor«-Theologie und eine Elementarreligion, wie sie in allen Kulturen überlebt hat: Bei den Maori in Neuseeland, den Aborigines in Australien, den Indianern in beiden Amerikas

Franz Alt (Mitte) pilgert mit den Weyers auf dem Olavsweg.

und bei den Schamanen in Sibirien und in der Mongolei.

Gemeinsam ist das Wissen, dass Gott sich in seiner Schöpfung manifestiert. Die indischen Upanischaden sagen es so: »Gott schläft in den Steinen, träumt in den Tieren, atmet in den Pflanzen und erwacht im Menschen.«

Albert Schweitzer nennt dasselbe Empfinden von Religion »Ehrfurcht vor allem Leben.« Was hat die Welt heute nötiger als diese Überlebenshilfe durch die alten religiösen Weisheiten?

In Europa hat das Pilgern auf dem Jakobsweg eine gewaltige Renaissance erlebt; da sind Millionen unterwegs – und auf der Suche nach sich selbst. Mit dem »neuentdeckten« norwegischen Olavsweg ist eine sehr gute Alternative zum Jakobsweg dazugekommen; der Olavsweg ist ruhiger, einsamer, wilder und anspruchsvoller. Fast 1000 Kilometer großartige unverbrauchte Natur pur! Diesen Olavsweg bin ich streckenweise zusammen mit meiner Frau Bigi und unseren guten Freunden Renate und Helfried Weyer gegangen und freue mich, dass die beiden Weltenbummler und Pilger nun den ersten kompletten Pilgerführer für den Gesamtweg von Oslo bis Nidaros vorlegen; mit Karten und Höhenprofilen, mit Versorgungs- und Übernachtungsmöglichkeiten, mit genauen Wegbeschreibungen über jeden zu laufenden Kilometer. Von Oslo bis nach Lillehammer führen zwei Olavswege, der West- und der Ostweg. Die Weyers beschreiben beide so voller Begeisterung, dass die Wahl dem Leser schwerfällt.

Vermutlich ist niemand so oft über diesen großartigen Pilgerweg gelaufen wie die Weyers, und deshalb sind die Erfahrungen der beiden Pilger aus Buxtehude, die auch den Jakobsweg gut kennen und oft Vergleiche ziehen, so wichtig für alle, die den Olavsweg gehen möchten. Die beiden Autoren sprechen auch immer wieder Wegpassagen an, die sie für überflüssig halten, und die man gut abkürzen oder auslassen kann. Da gibt es also viele wertvolle Tipps für die Praxis.

Pilgern lehrt uns das Staunen, die Verzauberung und das Abenteuer, die Welt wieder neu zu sehen. Auf diesem 1000 Jahre alten Olavsweg haben wir die Natur Mittelnorwegens als grüne Kathedrale Gottes erfahren dürfen. Sie zeigt uns auf einmalige Weise die Schönheit der Schöpfung und die Wunder des Lebens.

Pilger pilgern nicht, um Neues zu erleben, sondern um neu zu werden. Das wünsche ich allen Lesern dieses Pilgerführers.

Franz Alt

Bemerkungen zur zweiten aktualisierten Auflage

Auf dem Olavsweg wird seit fast 1000 Jahren gepilgert. Vor 20 Jahren – 1997 – hat man den über 600 Kilometer langen Weg neu markiert und als großartigen Wander- und Pilgerweg quer durch Südnorwegen deklariert.
Im Sommer 2010 wurde dieser Olavsweg in Straßburg, nach dem Jakobsweg, zum zweiten „Europäischen Kulturweg" erklärt. Wir waren in jenem Jahr bereits auf dem Weg unterwegs und fotografierten für unseren Bild- und Textband Olavsweg.

Im Jahr 2014 gaben wir mit dem Vorgänger dieser Ausgabe den ersten deutschsprachigen Führer heraus, um dann mit Freude festzustellen, dass Pilger aus ganz Europa und Übersee unseren Führer auf dem Weg benutzten – selbst wenn sie Probleme mit der deutschen Sprache hatten. Sie fanden die Karten und Höhenprofile gut und – wer Deutsch lesen konnte – auch unsere Hintergrundinformationen.

Warum also wurde schon vier Jahre später eine Neuauflage mit vielen aktuellen Änderungen notwendig?

Im Mittelalter gingen die Pilger dicht am Flussufer durch das Gudbrandstal nach Norden. Heute verläuft genau dort die Europastraße 6 als wichtigste norwegische Verkehrsverbindung von der schwedischen bis zur russischen Grenze. Man hat den Olavsweg, immer wenn es möglich war, von der lärmenden E6 in die stillen Wälder der Talhänge verlegt. Aber dabei mussten auch Versorgungsmöglichkeiten für die Pilger berücksichtigt werden, die es in vielen Fällen nur „unten" an der E6 gibt.

Nun werden zur Zeit verschiedene Teile der überlasteten E6 zu Autobahnabschnitten ausgebaut, mit kilometerlangen Tunneln. Da entstehen zwangsläufig Großbaustellen, die wieder neue Wegführungen erfordern.

In unserer ersten Ausgabe schrieben wir noch von total überfluteten Wegpassagen kurz vor Skedsmokorset. Diese Stelle wurde 2016 trockengelegt und lässt sich heute genussvoll und ganz ohne nasse Füße zu bekommen laufen.
An einer anderen Stelle beschrieben wir in der ersten Ausgabe ein Wegstück vor

Pilgerwege führen oft in den Himmel hinein.

der Hovin-Kirche so: Der Weg ist sehr steil und bei Nässe rutschig. Wir möchten aber allen Pilgern sagen, dass es eine so unschöne und schwere Passage bis Trondheim nicht mehr gibt!"
Die beschriebene Passage wurde 2016 aufgelöst, weil man den Olavsweg vom Flughafen Oslo-Gardamoen „weggenommen" und in die wunderschönen Wälder um Jessheim gelegt hat.

Einzelne Streckenabschnitte haben wir in unserer ersten Ausgabe als überflüssige Umwege bezeichnet. Viele dieser Passagen wurden gekappt und der Olavsweg so begradigt.
Wir haben uns im Mai 2017 alle Wegänderungen vom Norwegischen Pilgerprojekt in Trondheim geben lassen und sind dann etwa 30 Änderungen vor Ort abgelaufen, um die neuen Beschreibungen in den Text einzuarbeiten.

Ein anderes Thema sind die Herbergen am Weg. Neue sind dazugekommen, andere wurden geschlossen. Der quirlige Russe Ivar Nordrum aus der Herberge Berget lebt nicht mehr und es gibt – leider – keinen Nachfolger. In der ersten Ausgabe haben wir von der Herberge Øvre Kjaestad in Kvam in höchsten Tönen geschwärmt. Das schöne alte Haus mit dem gemütlichen Kaminzimmer ist keine Pilgerherberge mehr!

Aber dafür sind neue Highlights auf dem Weg entstanden: In Meslo Gård gibt es eine kleine wunderschöne Kapelle im Blockhausstil als neuen Ort der Stille (siehe Seite 171) und in Sundet Gård einen Meditationsplatz, an dem man nur von Engeln umgeben ist (siehe Seite 192) Das sind nur einige Beispiele für Änderungen in dieser Ausgabe.

König Olav in der Westfassade des Nidarosdoms. Den Kranz trägt der König an seinem Namenstag, dem Olsokfest am 29. Juli.

Wir freuen uns, dass wir mit dieser Neuausgabe alle folgenden Pilger mit brandaktuellen Informationen und auch mit neuen Bildern versorgen können und wünschen einen guten Weg – Ultreia!

Helfried und Renate Weyer im Mai 2018

Warum pilgern wir?

Pilgern ist vielleicht die älteste Form langer Fußmärsche, die zum Ziel hatten, Buße zu tun, Ablass zu erwerben, Krankheiten zu heilen, Wallfahrtsorte zu erreichen oder Gottes Nähe zu suchen und zu finden. Und dann war und ist da noch ein weiteres starkes Argument, das bis heute Gültigkeit hat: Dank! Viele Menschen pilgern, um sich bei Gott zu bedanken; für die Überwindung einer Krankheit, für das Überleben eines Unglücks, für die Geburt gesunder Kinder oder auch »nur« für die großartige Schöpfung unserer Erde.
Die oben genannten Punkte »Buße« und »Ablass« kann man heute sicher zumeist ausklammern. Dafür kommen neue, sehr

Viele Zauntreppen müssen auf dem Olavsweg überklettert werden.

weltliche und zeitgemäße Argumente hinzu: Ausspannen, die Hektik des Alltags zurücklassen, die allen Menschen wohltuende Langsamkeit neu erfahren, seinen Alltag »entschleunigen«, Gedanken sortieren, rechtzeitig vor einem Burn-out fliehen.

Franz Alt brachte auf dem Olavsweg den Sinn des Pilgerns so auf den Punkt: »Spirituell passiert mir, dass ich Gott in jedem Grashalm und in jeder Blüte erfahre. Plötzlich flüstert der Wind, plötzlich singt ein Baum, plötzlich erzählt mir das Wasser eine Geschichte – das habe ich bisher so noch nie erlebt. Pilgern verändert den Menschen. Du entdeckst die Schönheit im Kleinen und wirst offen für das Unerwartete – auch in Gesprächen.«

Uns sagte ein befreundeter Arzt am Telefon: »Ich arbeite seit drei Jahren ohne Urlaub, ich muss einfach mal raus und auf andere Gedanken kommen, ich sehne mich nach Ruhe, um nachdenken zu können.« Dieser Mann hat sich spontan zusammen mit seiner Frau für eine Pilgerreise auf dem Olavsweg entschieden und uns unterwegs fast täglich beteuert, wie richtig und sogar notwendig seine ganz spontane Entscheidung war.
Und wir Autoren dieses Pilgerführers wissen nach etwa 4000 Kilometern auf dem Jakobsweg und auf dem Olavsweg, dass »Wandern zu Gott« nie populärer war als in der heutigen Zeit.

Notker Wolf, Benediktinermönch und viele Jahre lang höchster Repräsentant von mehr als 800 Klöstern und Abteien auf der ganzen Welt, nennt noch einen zusätzlichen sehr bedeutenden Punkt: »Die Gestalt des Pilgers verbindet die Religionen dieser Erde!«
Das ist richtig und wichtig, denn es hat blutige Religionskriege gegeben, und es gibt sie leider heute noch. Pilger können solche Kriege nicht verhindern, aber dazu beitragen, dass Menschen unterschiedlicher Glaubensrichtungen einander besser verstehen und akzeptieren. Und das ist schon sehr viel.

Wer war Olav?

Vor 1000 Jahren regierten im heutigen Norwegen viele Kleinkönige und Fürsten, die von ausländischen Interessen (Schweden, Dänemark und England) gestützt und auch gegeneinander aufgehetzt wurden.
Im Jahr 995 wurde Olav Haraldsson als Sohn des Kleinkönigs Harald Grenske und der Königin Åsta in Vestfold geboren. Seine Familie war heidnisch, und Olav reifte zu einem Mann voller Kraft und Weisheit. Als 12-jähriger Junge ging Olav bereits an Bord eines Kriegsschiffes und zog kämpfend und plündernd nach Schweden, England und Frankreich. Bald danach

bekam er eigene Schiffe und ein Heer. Seine Leute nannten ihn jetzt König, obwohl Olav kein Land besaß. Olavs Vater war schon früh gestorben.
In der Folgezeit stand Olav während verschiedener Raubzüge auch als Offizier im Dienst englischer und normannischer Fürsten. Als zunächst heidnischer Wikinger lernte Olav das Christentum kennen und ließ sich 1013 oder 1014 im normannischen Rouen taufen. Danach plante er eine »Pilgerreise« nach Palästina. Aber im Traum gebot ihm eine Männerstimme, davon zu lassen: »Ziehe zurück in das Land deiner Geburt, denn du sollst für immer König von Norwegen sein.«
Im Jahr 1015 kehrte Olav nach Norwegen zurück, und es gelang ihm, das Land unter seiner Krone zu vereinen. 1024 wurde auf einem Reichstag beschlossen, das Christentum als einzige rechtmäßige Religion in Norwegen einzuführen. Olav unternahm daraufhin Missionsreisen in heidnische Landesteile und trieb den Bau von immer mehr Kirchen voran.
Aber viele Kleinkönige und Adelsleute sahen in Olav einen zu strengen König und versprachen sich von dem weit entfernten König Knut dem Mächtigen von Dänemark und England mehr persönliche Freiheiten. Deshalb ernannten sie Knut 1028 auf dem Øreting in Nidaros (heute Trondheim) zum neuen König Norwegens. Olav floh daraufhin nach Kiew zu seinem Schwager, dem Großfürsten Jaroslaw von Russland.
Der König – wieder ohne Land – fand in der Fremde keine Ruhe. Im Traum sprach erneut eine Männerstimme zu ihm: »Fahre in dein Reich zurück und lass dich nicht durch deine Untertanen erschrecken. Eines Königs Ruhm ist, über seine Feinde zu siegen, und ein ehrenvoller Tod ist es, in der Schlacht mit seinen Kriegern zu fallen. Fahre also getrost in dein Land, von dem Gott Zeugnis ablegen wird, dass es dir und deinem Volk gehört.«
Daraufhin zog Olav mit einem kleinen Heer nach Norwegen zurück. In Stiklestad warteten seine Feinde in großer Übermacht. In der Entscheidungsschlacht am

Helfried und Renate Weyer rasten im Gudbrandstal.

29. Juli 1030 fiel der König mit einem Großteil seines hoffnungslos unterlegenen Heeres. Die königliche Leiche wurde von einem christlichen Bauern heimlich nach Nidaros gebracht und dort in einer Sandbank am Ufer der Nidelva begraben.
Ein Jahr nach dieser verhängnisvollen Schlacht – am 3. August 1031 – wurde der Sarg aus dem Grab geborgen und geöffnet. Der Leichnam des Königs lag so da, als wenn er gestern gestorben wäre. Nur seine Haare waren weiter gewachsen. Nach diesen und anderen wundersamen Ereignissen wurde Olav als Märtyrer heiliggesprochen. Olavs Tod unter dem Kreuzzeichen wurde so gewertet, dass Gott ihn als sein Werkzeug ausgewählt hatte. In diesem Glauben wurde Norwegens Christianisierung nach Olavs Tod zum Abschluss gebracht, und Gläubige aus ganz Europa begannen nach Nidaros zu pilgern. Seit dem 13. Jahrhundert wird erzählt, dass sich Olavs Grab dort befindet, wo heute der Nidarosdom steht. Für Pilger im Mittelalter bekam Nidaros eine ähnliche Bedeutung wie Jerusalem, Rom oder Santiago de Compostela.

Bemerkungen zum Olavsweg – ganz persönlich

Wir glauben, dass uns das Leben mit der Realisierung dieses neuen Reiseführers ein wirklich großes Geschenk gemacht hat, indem wir uns selbst zwangen, jeden Schritt auf dem Olavsweg bewusst zu gehen, ihn zu beurteilen, zu beschreiben und per GPS zu vermessen. Es waren viele tausend Schritte bei schönstem Sonnenschein, bei Regen, im Sturm und auch an wirklich heißen Tagen. Aber immer waren diese Schritte unvergessliche Erlebnisse in einer wilden und faszinierenden Natur.

Der Olavsweg folgt grundsätzlich einer jahrhundertealten historisch gewachsenen Route durch das Gudbrandstal und weiter über das Dovrefjell von Oslo nach Trondheim bzw. zum Nidarosdom. Nun läuft aber seit einigen Jahrzehnten die Europastraße 6 als Hauptverkehrsader Norwegens von Süd nach Nord durch genau dieses Tal und auch über das Dovrefjell. Und parallel zur E 6 führt der Schienenstrang der berühmten Dovrebahn. Eine stark befahrene Straße ist ebenso wenig ein idealer Pilgerweg wie eine Bahnlinie. Also haben alle für die Streckenführung verantwortlichen Kommunen versucht, den Olavsweg so weit wie möglich von den beiden lauten Verkehrsadern wegzuführen. Das ist auch grundsätzlich gelungen. Aber der Pilger muss dafür Umwege und viel Bergauf und Bergab in Kauf nehmen. Auf dem Pilgerweg gibt es hin und wieder Schleifen, die durch schönste Landschaften führen und für Wanderer, die nur einen oder wenige Tage unterwegs sein wollen, durchaus interessant sind, nicht aber für Pilger, die mit schwerem Rucksack bis Trondheim durchlaufen. Bei einigen solchen Abzweigen bemerken wir, dass man sie getrost auslassen kann und dabei nichts versäumt.
Es ist verständlich, dass die »Macher« der Streckenführung den Pilger möglichst oft und viel durch norwegische Traumlandschaften führen möchten. Aber auch da entstehen Hunger und Durst. Und weil das so ist, muss der Pilger den Olavsweg ab und zu verlassen, um einen Supermarkt oder Kiosk zu erreichen.
Der Ostweg verlässt Oslo in Stovner, das Zentrum mit allen Versorgungsmöglichkeiten liegt aber 10 Gehminuten vom Weg entfernt. Auf dem Westweg ist es ähnlich, der Weg erreicht die Haslum-Kirche – dort ist der Übergang von der Stadt in die Waldlandschaft – von Norden

kommend, und die nächsten Supermärkte liegen im Süden, 20 Minuten Gehzeit entfernt. Ähnlich ist es auch an anderen Passagen des Weges. Diese Fakten sollte jeder Pilger wissen und zur Kenntnis nehmen. Es handelt sich ja auch nur um eine kleine Randerscheinung bei dem großen Abenteuer Pilgern in Norwegen.

Kann man einen so langen Weg objektiv beschreiben? Sicher nicht ganz. Wir sind die Etappen des Olavswegs zu unterschiedlichen Jahreszeiten gegangen, mal bei Sonnenschein und großer Hitze und dann wieder im Regen oder sogar bei ersten Herbststürmen auf dem Fjell. Vielleicht hat die verantwortliche Kommune den Weg durch ein Getreidefeld auch gerade frisch gemäht oder der Bauer seinen Acker nicht bis zum steilen Hang umgepflügt, sondern einen halben Meter Platz zum Gehen gelassen. Kurz vor Lillehammer haben wir auf dem Westweg einen steilen Aufstieg durch ein trockenes Flussbett als schwierig und verantwortungslos beschrieben. Vermutlich war diese Passage durch starke Regenfälle völlig ausgewaschen und noch nicht wieder repariert!
Wir sind zwanzigmal über das Dovrefjell von Budsjord nach Fokstugu gelaufen, immer bei schönem Wetter. Eine Hamburger Pilgergruppe hat den Weg nach einer Regenwoche im Sommer 2012 kurz vor Fokstugu verlassen müssen, weil die Nässe unerträglich wurde, und im Mai 2013 verlor ein Pilger auf dem Fjell die Orientierung in einem Schneesturm. Er wurde per Helikopter gesucht und gefunden. Deshalb möchten wir darauf hinweisen, dass unser Text nach bestem Wissen geschrieben wurde, aber trotzdem hier und da subjektiv sein kann. Strenge Objektivität erscheint uns bei so einer Arbeit unmöglich zu sein.

Der Olavsweg blüht! Das gilt für alle Abschnitte und Höhenzonen, selbst für das ausgesetzte Dovrefjell. Oft hatten wir den Eindruck, durch eine blühende norwegische Gartenschau zu laufen.

Das Zeitfenster für den Olavsweg ist nicht groß. Praktisch lässt er sich von Juni bis September sicher begehen, wobei Anfang Juni auf dem Fjell noch Schneereste liegen können und Ende September dort die ersten Herbststürme beginnen. Am Anfang dieses Zeitfensters – im Juni also – sind die Pilgertage endlos lang, die Sonne scheint bis kurz vor Mitternacht. Im September – auch noch ein sehr schöner Pilgermonat – beginnt die Dämmerung um 18 Uhr, und man sollte eine Stunde später in der Herberge sein.

Beim Start in Oslo muss man sich zwischen dem Ost- und dem Westweg entscheiden. Beide Wege treffen in Lillehammer zusammen. Danach führt nur noch ein Weg nach Trondheim. Es ist nicht leicht, eine objektive Empfehlung für einen der beiden Wege zu geben. Unsere Tendenz sieht so aus: Der Westweg scheint uns etwas ruhiger zu sein, weil es zunächst keine E6 gibt und auch keine Eisenbahn. Ruhiger ist der Westweg auch in Oslo, also am ersten Tag. Da führt er weniger durch Industriegebiete. Wir empfehlen den Westweg bis Gjøvik und dort die Überfahrt mit dem historischen Raddampfer Skibladner nach Hamar zur wunderschönen Domkirche und dann den Ostweg weiter nach Lillehammer.

Aber – wer diesen Weg wählt, verpasst zwangsläufig den großartigen Abschnitt von Eidsvoll am See Fløyta entlang zur Waldherberge Lysjøhimet. Das ist ein ganz besonders schönes und unvergessliches Wegstück. Auf dem Ostweg verzichtet man dafür auf den faszinierenden Höhenweg von Brandbu über die Herberge Lauvstuhagan zum Einavatnet (Westweg). Die Wälder und die Weitsicht sind auf diesem Abschnitt an Schönheit und Großartigkeit kaum zu überbieten! Aus diesen und weiteren ähnlichen Gründen fällt uns eine Wegempfehlung so schwer.

Der Olavsweg ist grundsätzlich gut ausgeschildert. Die Markierung ist Aufgabe der betreffenden Kommunen, deshalb fällt sie unterschiedlich aus – aber immer ausreichend. Oft führt der Weg durch hoch wachsendes Gras und sogar mitten durch Getreidefelder hindurch. Solche Abschnitte sind in einer Kommune gut begehbar gemäht und in anderen etwas vernachlässigt, so dass der Pilger – besonders im Spätsommer – durch hüfthohes Gras bzw. Getreide laufen muss. Das kann bei nassem Wetter lästig sein.

Die Streckenführung kann sich gegenüber unserer Beschreibung leicht ändern, am Olavsweg wird ständig weiter »gebastelt«.

Grundsätzlich kann der Pilger seinen Weg in vier landschaftliche Abschnitte teilen:

1. Oslo – Lillehammer (Ost- oder Westweg)
2. Lillehammer – Dovre (Gudbrandstal)
3. Dovre – Oppdal (Dovrefjell)
4. Oppdal – Trondheim (Orklatal und Tröndelag)

Wir haben den Weg aber in drei große Abschnitte gegliedert: Ostweg, Westweg und „nur noch ein Weg" ab Lillehammer. Diese Abschnitte beschreiben wir in jeweils mehreren Etappen.

Der Olavsweg ist anspruchsvoller als der Jakobsweg (den wir von Saint-Jean-Pied-de-Port bis Santiago de Compostela gelaufen sind), das betrifft die Geländebeschaffenheit, das zu erwartende Wetter

Pilgern in der Gruppe über das Fjell.

Eine »Weyer-Gruppe« startet in Hamar.

und die gesamte Logistik. Dafür ist der Weg noch nicht überlaufen und führt pausenlos durch norwegische Traumlandschaft und richtige Wildnis, die täglich oder oft sogar stündlich wechselt. Wie oben schon erwähnt: Wir glauben, dass uns das Leben ein großes Geschenk gemacht hat, weil wir diesen einzigartigen Weg pilgern durften – mehrfach sogar.

Pilgern – alleine oder in der Gruppe?

Diese Entscheidung muss jeder Pilger für sich treffen. Wir sind alleine gepilgert, zu zweit und auch in Gruppen. Das Alleingehen bringt dem Pilger gute An- und Einsichten. Er kann träumen und nachdenken und sein Marschtempo für sich bestimmen. Aber der Olavsweg ist kein Jakobsweg. Dort kann ich auch allein gehen, und wenn ich Gesellschaft suche, dann warte ich wenige Minuten oder ich hole mit langen und schnellen Schritten die vor mir Pilgernden ein.

Auf dem Olavsweg ist oft vor oder hinter dir niemand zu sehen. Der Pilger kann weit weg von einer Straße oder Ortschaft sein. Ein umgeknickter Fuß oder eine andere ernste Verletzung können da unangenehm werden. Hilferufe per Handy sind nur bedingt möglich, da der Weg streckenweise durch unbewohnte Gegenden ohne Netz führt.

Wir trafen im September 2012 Wolfgang als schnellen Alleingeher. Mehrfach kam er abends zu uns »rüber« und betonte immer wieder: »Wenn man den ganzen Tag alleine gelaufen ist, tun ein Gespräch und etwas Gesellschaft am Abend der Seele richtig gut!«

Beim Pilgern zu zweit fallen die genannten Probleme weg, und auch die Schnelligkeit des Gehens dürfte kaum eine große Rolle spielen.

In einer Gruppe muss ich mich anpassen – aber ich gehe ja mit Gleichgesinnten (obwohl 12 Menschen so eine Gruppenreise aus 12 ganz unterschiedlichen Gründen buchen können). Der Hamburger Pilgerpastor Bernd Lohse leitet spirituelle Gruppen auf dem Olavsweg und sagt

Pilgern alleine durch die Hedmark.

Pilgeranweisung per Megafon – das gibt es auch.

jedem Interessenten vorher, dass es sich um eine geistige Wanderung handelt. Dabei gibt es täglich eine Morgenandacht und einen Abendgottesdienst und zwischendurch weiteren spirituellen Service in Form von Segnungen – beispielsweise an einem zu überquerenden Fluss und kleine Andachten im Gelände. Dafür ist Bernd Lohse Pilgerpastor durch und durch und er beherrscht sein »Handwerk« großartig und glaubwürdig. Gruppenfahrten mit ihm werden zu ganz besonderen Erlebnissen – wir waren mit dabei.

Auf einer Pilgerwanderung mit Bernd Lohse fühlte sich Renate an einem Tag unwohl und sogar überfordert. Sie bat Bernd während einer Rast, alleine vorgehen zu dürfen. Bernd willigte ein und wir anderen rasteten 15 weitere Minuten. Dann brachen wir in einem verhältnismäßig steilen Wegstück auf und folgten Renate. Nach einer halben Stunde holten wir meine Frau ein. Sie wartete oben auf der Höhe seit genau 15 Minuten. Und sie fühlte sich pudelwohl. Renate war weder langsamer noch schneller als wir gegangen, nur in ihrem eigenen Rhythmus. So etwas kann in Gruppen immer wieder vorkommen.

Wir selbst führen auch Pilgergruppen über den Olavsweg und haben dafür ein eigenes Konzept entwickelt. Unsere Tagesetappen sind nicht so lang (das gibt uns Zeit für Besichtigungen), und Zwischenstücke werden gefahren. Für das Laufen haben wir allerdings die schönsten »Filetstücke« des Weges zwischen Hamar und Trondheim herausgesucht. Renate, keine Pastorin und auch keine Predigerin, hält kurze Andachten am Anfang in der Domkirchenruine Hamar und dann an besonderen Punkten des Weges. Wir wählen sehr eindrucksvolle Orte für Übernachtungen, an denen oft Andachten am Abend stattfinden (z. B. Johannesgården und Fokstugu). Am Ziel in Trondheim gibt es dann zusammen mit der Pilgerurkunde einen Abschlussgottesdienst nur für unsere Gruppe in einer Seitenkapelle des Doms. All diesen spirituellen Service findet der Einzelreisende am Olavsweg nicht. Regelmäßige Messen und Gottesdienste wie am Jakobsweg sind in Norwegen noch völlig unbekannt (Ausnahme in Fokstugu und Trondheim).

In unseren kleinen Gruppen (14 Pilger) kann jeder auch alleine gehen oder eben in Gesellschaft.

Begeisterte Rückmeldungen bestätigen, dass unser Konzept sehr gerne angenommen wird. Neu auf dem Olavsweg ist das Angebot von Sabine Farrar und Kari Børrud, beide mit großer Olavswegerfahrung, die mit kleinen Gruppen von Dovre nach Trondheim laufen. Das Hauptgepäck wird transportiert. Infos erhalten Sie über weyer@helfried-weyer.de.

Bei all diesen geführten Touren müssen sich die Pilger nicht um die Organisation von Schlafplätzen und Mahlzeiten kümmern und jeder trägt nur seinen leichten Tagesrucksack.

Im Sommer 2012 zog eine spanische Gruppe mit knapp 200 Pilgern über den Olavsweg nach Trondheim. Wir hatten von ihr gehört und waren skeptisch. Dann trafen wir die Spanier in Hundorp. Als wir die Marschanweisungen aus dem Megafon hörten, blieben wir misstrauisch – bis wir am Abend zu einer spanischen Messe eingeladen wurden. Die war äußerst bunt und heiter, und wir wuchsen zu einer großen Gemeinschaft zusammen.

Pilgern verbindet. Wir erkannten schnell, dass so eine Ausnahmegruppe auch ihre volle Berechtigung in der Pilgerszene hat. Und hier eine Entwarnung: 200 Mann starke Gruppen bleiben auf dem Olavsweg die Ausnahme – und geschlafen haben die Spanier nicht in den Pilgerherbergen am Weg, sondern in Turnhallen der nahen Ortschaften.

Renate Weyer hält eine Gruppenandacht in der Domkirchenruine Hamar.

Fazit: Viele Wege führen nach Trondheim und jeder Pilger muss den richtigen für sich ganz alleine herausfinden.

Wie finde ich den Weg?

Der Pilgerweg ist durch Tausende von Olavskreuzen markiert, allerdings in ganz unterschiedlicher Art und in wechselnden Farben. Vor Kirchen, Pilgerzentren und Gemeindehäusern stehen wuchtige Steine mit Kilometerangaben »til Nidaros«. Diese angegebenen Entfernungen sind oft irreführend, weil sie von den Kommunen über GPS-Daten oder einfach nach Straßenkilometern willkürlich bestimmt wurden, nicht aber nach der genauen Streckenführung. Außerdem wird der Weg immer wieder leicht verändert, korrigiert, verkürzt oder umgeleitet.

Dann stehen da Vierkantpfähle mit schwarzen, sehr massiven Gusseisenplaketten, im Format 12,5 mal 12,5 cm jeweils mit roten Richtungspfeilen darunter. Diese Plaketten werden zur Zeit nach und nach durch rotweiße, besser sichtbare Emailleschilder ersetzt. Sehr häufig sind auch Holzstangen mit roten Köpfen und kleinen Plastikplaketten im Format 4,3 mal 4,3 cm. 7 mal 7 cm groß sind die gleichen Plastikplaketten auf rotbraunen Holzbrettchen. Sie hängen an Bäumen oder sind an Strommasten festgeschraubt. Dann sind sie wieder zu einem Richtungspfeil geschnitten und quer stehend angebracht. In Städten und Straßen findet man die Olavskreuze auch als einfache Aufkleber an Masten, Verkehrsschildern, Zäunen und Häusern. Daneben gibt es auch schöne Schiefertafeln mit dem roten Olavskreuz, besonders oben auf dem Dovrefjell, und blaue Königskronen dort, wo der Olavsweg den Spuren der historischen Königskutschen folgt. Und dann sind da manchmal sehr vornehm aussehende Emailletafeln, 15 mal 15 cm groß in unterschiedlichen Farben und mit Richtungspfeilen versehen in Städten, vor allem in Oslo (an einigen Plätzen und Passagen), in der Innenstadt von Lillehammer (wo sich der Westweg mit dem Ostweg vereint) und in Trondheim kurz vor dem Nidarosdom. Plötzlich – und immer wieder – findet der Pilger auch gelbe Pfeile (allerdings nicht auf dem Westweg), die an Markierungen des Jakobswegs erinnern. Das sind keine offiziellen Wegzeichen – obwohl sie oft hilfreich sind – sondern privat gemalte Pinselstriche. Wir nennen all die verschiedenen Wegzeichen in diesem Führer OWZ für Olavswegzeichen.

Das alles hört sich nach einem Schilder- und Markierungschaos an. Das Gegenteil ist der Fall. Der Pilger findet ein buntes Kaleidoskop von Olavskreuzen, ergänzt

Auf blauen Hinweisschildern finden wir entweder »Pilegrimsleia« oder »Pilgrimsleden«. Beide Begriffe stehen für Pilgerweg. Es sind Begriffe aus unterschiedlichen Dialekten.

Aufkleber an Verkehrsschildern und Masten

Stein mit km-Angabe – oft ungenau

Steinplatte mit rotem Kreuz und Richtungspfeil

Holzbrettchen (25 x 7,5 cm) mit Plakette, festgeschraubt oder hängend

Pfahl mit Gussplakette und Richtungspfeil

Dieses neue Emailleschild ersetzt die Gussplakette.

Hinweisschilder für Herbergen gibt es in verschiedenen Variationen.

Stange mit kleiner Plastikplakette

Wegplakette plus Gelber Pfeil (nicht offiziell)

Das offizielle Herbergsschild, 23 x 34 cm

Die blaue Krone markiert den historischen Königsweg.

durch blaue Königskronen und Schieferplatten mit schönster Patina. Die Vielzahl der unzähligen Plaketten, Schilder, Tafeln und Aufkleber erscheint uns so vielseitig und spannend wie der gesamte norwegische Olavsweg.

In den Wegbeschreibungen benutzen wir folgende Abkürzungen:

OW = Olavsweg
OWZ = Olavswegzeichen
GP = Gelber Pfeil / Gelbe Pfeile
Str. = Straße

Kursive Textpassagen zeigen alternative Wegführungen an, oder Wegstrecken, wo der Pilger den Olavsweg verlassen muss oder kann, um z.B. Herbergen oder Einkaufsmöglichkeiten zu erreichen, die nicht direkt am Olavsweg liegen.

Der Rucksack – was muss da rein?

Jeder zu schwere Rucksack mindert das reine Vergnügen beim Wandern oder Pilgern. Wenn ein Gepäcktransport vorhanden ist, sollte der Tagesrucksack nicht schwerer sein als 10% des eigenen Körpergewichts; also 6 bis 7 kg als Höchstgrenze. Wenn es jedoch keinen Gepäcktransport gibt, dann wird man mit dieser Formel nicht ganz auskommen, aber 10 bis 12 kg müssen auch dann nicht überschritten werden. Es sei denn, wir nehmen Zelt und Kochausrüstung mit. Die meisten Pilger schleppen viel zu viel Ballast mit und brauchen 50% ihres Rucksackinhaltes nie!

Hier ist unsere **Ausrüstungsempfehlung**: Reisewecker, leichter Schlafsack, Schlafanzug (evtl. Trainingsanzug), Isomatte, regen- und winddichte Oberbekleidung (Hose, Jacke, Regenponcho), hohe und wasserabweisende Wanderschuhe und Gamaschen, ein paar dünne und ein paar dicke Trekkingsocken (r und l markiert), 2 Garnituren Unterwäsche, Sonnenhut, Sonnenbrille, Sonnencreme, Handtuch, Seife, Zahnbürste und Zahnpaste, Toilettenpapier, feuchte Reinigungstücher, 1 warmer Pullover, 1 kurze und 1 langärmlige Bluse bzw. Hemden, 1 lange Hose zum Wechseln, Insektenschutz (Zitronenöl), persönliche Medikamente, Blasenpflaster, Hirschtalg, ggf. Ersatzbrille, Pilgerstock oder Trekkingstöcke, Pilgerausweis und Tagebuch

Verwendete Kartensymbole

Kirche	Olavsweg: aktuelle Etappe
Übernachtungsmöglichkeit	vorhergehende/nachfolgende Etappe
Einkaufsmöglichkeit	Autobahn
Bahnhof	Fernstraße
Bushaltestelle	Hauptstraße
Hof	Nebenstraße
Start- oder Endpunkt einer Etappe	Bahnlinie

Open data base license für sämtliche Etappenkarten: OpenStreetMap.org

plus Schreibutensilien. Persönliche Dokumente wie Kreditkarte und Reisepass. Eine rote Warnweste für Teilstrecken über Straßen. Ausgedruckter Kartensatz (s. S. 193). Handy (um sich in den Herbergen anzumelden). Weyer-Pilgerführer.
Wer von Unterkünften und Küchen völlig unabhängig pilgern möchte, nimmt zusätzlich Zelt und Kochausrüstung mit.

Wo schläft der Pilger am Olavsweg?

Am Olavsweg gibt es Pilgerherbergen, Übernachtungshütten und normale Hotels. Allerdings ist das Netz nicht so dicht wie beispielsweise am Jakobsweg, und Schlafräume mit 40 oder gar 50 Betten gibt es nicht. Selbst in größeren Herbergen ist die Kapazität mit 14 bis 16 Schlafplätzen erschöpft.
Wir nennen in diesem Führer die Übernachtungsmöglichkeiten nach dem Stand von Juni 2018.
Es gibt am Weg Herbergen, die schon durch ihre Ausstrahlung und Atmosphäre zu einem Muss werden. Das sind beispielsweise die historischen Höfe Skåden gård, Dale-Gudbrands Gard, Sygard Grytting, Fokstugu, Sælehuset-Hæverstølen gardstun, Meslo Gård, Sundet Gård und andere. Die genannten Herbergen haben große Geschichten, die mit dem Pilgerweg eng verbunden sind. Dazwischen liegen kleine, sehr liebevoll geführte Herbergen wie Borkerud oder Kleivan, die ebenfalls zur so schönen Gesamtatmosphäre des Pilgerns auf dem Olavsweg beitragen.
Und dann sind da Plätze mit Hütten (oft Campingplätze). Da wird die Übernachtung preiswert, wenn man sich mit mehreren Personen eine Hütte teilt.
Normale Hotels am Weg geben – in vielen Fällen – einen Pilgerrabatt.

Gute Firmen bieten spezielle Damen- und Herrenrucksäcke an.

Außerdem gibt es kleine Herbergen mit Selbstversorgung – meist in alten oder neuen Hütten oder im Stabbur, einem auf Pfosten und Steinplatten gebautetem Häuschen, neben Kirchen und Gemeindehäusern (z. B. Veldre-Kirche, Ringsaker-Kirche und Skaun).
In diesem Führer finden die Leser am Kapitelende jeweils Kontaktdaten für Übernachtungsplätze. Außerdem sind diese mit einem Bettensymbol in die Karten eingearbeitet. Das Einkaufswagen-Symbol in den Karten bezeichnet Einkaufsmöglichkeiten in Supermärkten oder (bei Hütten) in einem Kiosk (ohne eine Garantie für Vollständigkeit).

Wichtig ist, dass der Pilger seinen eigenen Schlafsack mitführt und sich jeweils telefonisch in der Herberge anmeldet. Es kann auch passieren, dass eine Herberge voll ausgebucht ist und die Herbergseltern dann bei der Suche nach einem anderen Übernachtungsplatz helfen und eventuell sogar eine Autofahrt dorthin anbieten.

Das Herbergsnetz wird sich in den nächsten Jahren sicher permanent erweitern.

Die historische Pilgerherberge Sygard Grytting im Gudbrandstal

Übernachtungshütte in der Herberge Skåden gård, Gudbrandstal

Der Pilgerausweis

Für den Olavsweg werden in allen Pilgerzentren Ausweise angeboten (s. S. 202–204), die täglich in Herbergen und Kirchen abgestempelt werden können. Außerdem berechtigt der Ausweis zum freien Eintritt in kostenpflichtige Kirchen; z. B. Domkirchenruine in Hamar, Stabkirche in Ringebu und Nidarosdom in Trondheim. Immer mehr Herbergen haben besonders schöne Stempel mit Motiven, die das Pilgern auf dem Olavsweg oder die Herberge selbst betreffen.

Wer mindestens 100 km auf dem Olavsweg gepilgert ist und das anhand der Stempel mit Datum nachweisen kann, bekommt in Trondheim eine Pilgerurkunde = Olavsbrevet (im Pilgerzentrum hinter dem Dom). In Deutschland kann der Pilgerausweis erworben werden bei:

- Hauptkirche St. Jacobi
  Jakobikirchhof 22
  22095 Hamburg
  Tel.: 040 30373713

- Helfried Weyer
  Eckdahl 38
  21614 Buxtehude
  Tel.: 04161 713025
  E-Mail: weyer@helfried-weyer.de
  www.olavsweg.de

Der Olavsweg-Pilgerausweis mit Stempeln der Herbergen

Der Olavsweg von Oslo nach Trondheim

rden.

Oslos Bispegården

Der Bispegården in Oslo entstand 1880 als Bischofssitz und beherbergt bis heute in einem Neubau die Verwaltung des Bistums Oslo. Der Besucher findet in dem kleinen, ruhigen Park neben dem Startstein zum Olavsweg – 643 km til Nidaros – interessante alte Grabplatten (siehe Seite 29) sowie Ruinen von Oslos erster Kathedrale St. Halvard. Diese Kathedrale wurde bereits im Jahr 1100 als romanische Basilika gebaut und bis 1660 als Kirche genutzt. Mit ihr und dem Bischofssitz wurde der Bispegården zu einem religiösen Zentrum und zog bereits im späten Mittelalter Pilger aus ganz Norwegen an.

Der Eingang zum Bispegården

Linke Seite: Der Startstein des Olavsweges im Bispegården

Keine Angst vor Oslo

Oslo Bispegården – Stovner (Øvre Fossum Gård) = 12,3 km

Gerüchte behaupten, dass der OW in Oslo schlecht ausgezeichnet und kaum zu finden sei. Das ist nicht wahr. Richtig ist aber, dass Pilgern in einer Großstadt anders aussieht als in Norwegens schöner Natur, die gleich hinter der Stadt beginnt.
Wir geben für den Start in Oslo drei Empfehlungen:
1. Wer in der Stadt mit der Fähre oder dem Flugzeug landet, sollte nicht gleich loslaufen und den Weg suchen. Besser ist es, zunächst das Quartier zu belegen und dann in Ruhe zum Startstein zu gehen.
2. Ideal für den Start in Oslo ist ein Sonntag (oder ein anderer Feiertag) mit viel Ruhe und wenig Verkehr.

Kein Pilger muss Oslo fürchten!

Der Startstein – 643 km til Nidaros – steht nicht mehr wie früher im Middelalderparken, sondern im Ruinenfeld Bispegården. Man verlässt den Bahnhof durch den Südausgang, geht hinunter Richtung Oper und nach links in die Prinsensgate und folgt der Dronning Eufemias gate, die zur Bispegata wird. Wenn wir die Oslo gate überquert haben, liegt links der Bispegarden. Wir gehen von der Oslo gate aus hinein und gleich links steht der erste Stein. Er wurde vom Middelalderparken übernommen und trägt wie früher die Zahl 643 km.
Die Ruinen zeigen uns den Grundriss der alten Halvardskathedrale und alte Grabplatten. Wir verlassen den Park auf der gegenüberliegenden Seite und kommen auf die Halvardsgate und dort finden wir das erste OW-Zeichen am grünen Laternenmast links.

Der OW überquert die Eisenbahn. Auf dem **Galgeberg** trennen sich Ostweg und Westweg. Der Westweg führt nach links in den **Åkebergveien**, der Ostweg geradeaus. Dieser Abzweig ist vom Startstein 0,7 km entfernt.
ACHTUNG: An dieser Stelle nicht der Ausschilderung des Westweges folgen!
Die St. Halvards gate wird auch **Strømsveien** genannt. Links liegt die Jordal skole. OWZ an mehreren Laternenmasten. Links stehen schöne alte Stadthäuser, rechts Neubauten, die dem alten Stil angeglichen sind. Nach 1,9 km stoßen wir auf einen Kreisel, hier kreuzen die E 6 und E 18. Wir laufen vor dem Kreisel nach links auf den Fuß- und Radweg (OWZ) und dann links weiter, nicht nach rechts in den Tunnel! Wir erreichen den **Ensjøveien** (an dieser Stelle ohne Namensschild), queren nach 200 m den Fußweg und biegen in den **Langengen**. Ein blaues Schild weist die Langengen als Rad- und Fußweg nach Helsfyr aus. Dann geht es links in den **Malerhaugveien** – OWZ befinden sich am Schild Flatengen Sackgasse und auch rechts davon. Weiter dem Schild nach rechts Richtung Helsfyr und Flatengen folgen. Wir passieren OWZ und bleiben auf dem Fuß- und Radweg – erneute OWZ erleichtern die Orientierung. Nach 2,4 km erreichen wir die **Fyrstikkalléen** und laufen nach rechts zwischen zwei Natursteinen in den Fußweg. OWZ. Der Weg führt zu einem Innenhof mit alten Fabrikanlagen, auf dem wir uns rechts halten. OWZ befinden sich am Tiefgaragengeländer und an der Laderampe. Dort führt eine kleine Treppe zu einem zweiten Innenhof. Links an der Wand eines Gasthauses sind OWZ. Hier gibt es mehrere

Restaurants. Durch einen Bogengang, markiert durch OWZ, verlassen wir diesen Innenhof mit Einkaufsmöglichkeit.
Danach geht es einige Stufen hinauf, wir bleiben auf der linken Straßenseite, vorbei an grünen Laternenmasten mit OWZ. Bei **Grensesvingen 9** gehen wir nach rechts zur Str. und überqueren dabei den Parkplatz. Wir kommen zur Kreuzung **Grensesvingen/Grenseveien** und nehmen links den Gehsteig des Grenseveien. Am großen Hauskomplex befinden sich OWZ.
An der nächsten Ampelkreuzung wandern wir rechts in die Str. Innspurten (kein Straßenschild!) und weiter Richtung Valle-Hovin und Helsfyr. Am Laternenmast sind OWZ. Rechts steht das Rica-Helsfyr-Hotel. Die Route führt über den Fuß- und Radweg nach **Økern**. Endlich ist der Pilger im Grünen! Die Vallhall-Arena lassen wir halb links liegen, gehen geradeaus hinauf zur Brücke und folgen dann dem Schild **Østre Aker-Kirke 0,7 km**. Hinter der Brücke (über die E 6-Auffahrt) geht es nach links am Parkplatz vorbei. An den Laternenmasten sind OWZ. Hinter diesem Parkplatz folgen wir dem kleinen Fußpfad zum nächsten Parkplatz, unterqueren eine Stromtrasse und lassen dann bunte Häuser und Blocks rechts von uns liegen. Am Beginn dieses zweiten Parkplatzes steht ein Laternenmast mit OWZ. Wir erreichen ein kleines Trafohäuschen mit OWZ. Links vor uns sehen wir einen grünen Kirchturm, auf den wir über die Rasenfläche und den kleinen Trampelpfad zugehen. Hinter dem Rasenplatz folgt ein Schotterweg zum Friedhof, dort sind OWZ. Die Østre-Aker-Kirche ist erreicht.
Nun geht es rechts an der Kirche vorbei und um sie herum, beim OWZ nach rechts und am Ende des Friedhofes (nächstes OWZ) nach links. Wir überqueren die E 6. Die Brücke führt auf einen Wanderweg, der sich nach 10 m teilt. Unser Pilgerweg setzt sich geradeaus fort, parallel zur

Im Bispegården liegt dieser interessante Grabstein. Er zeigt den Bischof Jens Nilssøn (1538–1600) und seine Frau Magdalena. Jens Nilssøn hat in seinen frühen Visitationsberichten genaue Wegbeschreibungen gegeben, an denen sich der Olavsweg streckenweise orientiert.

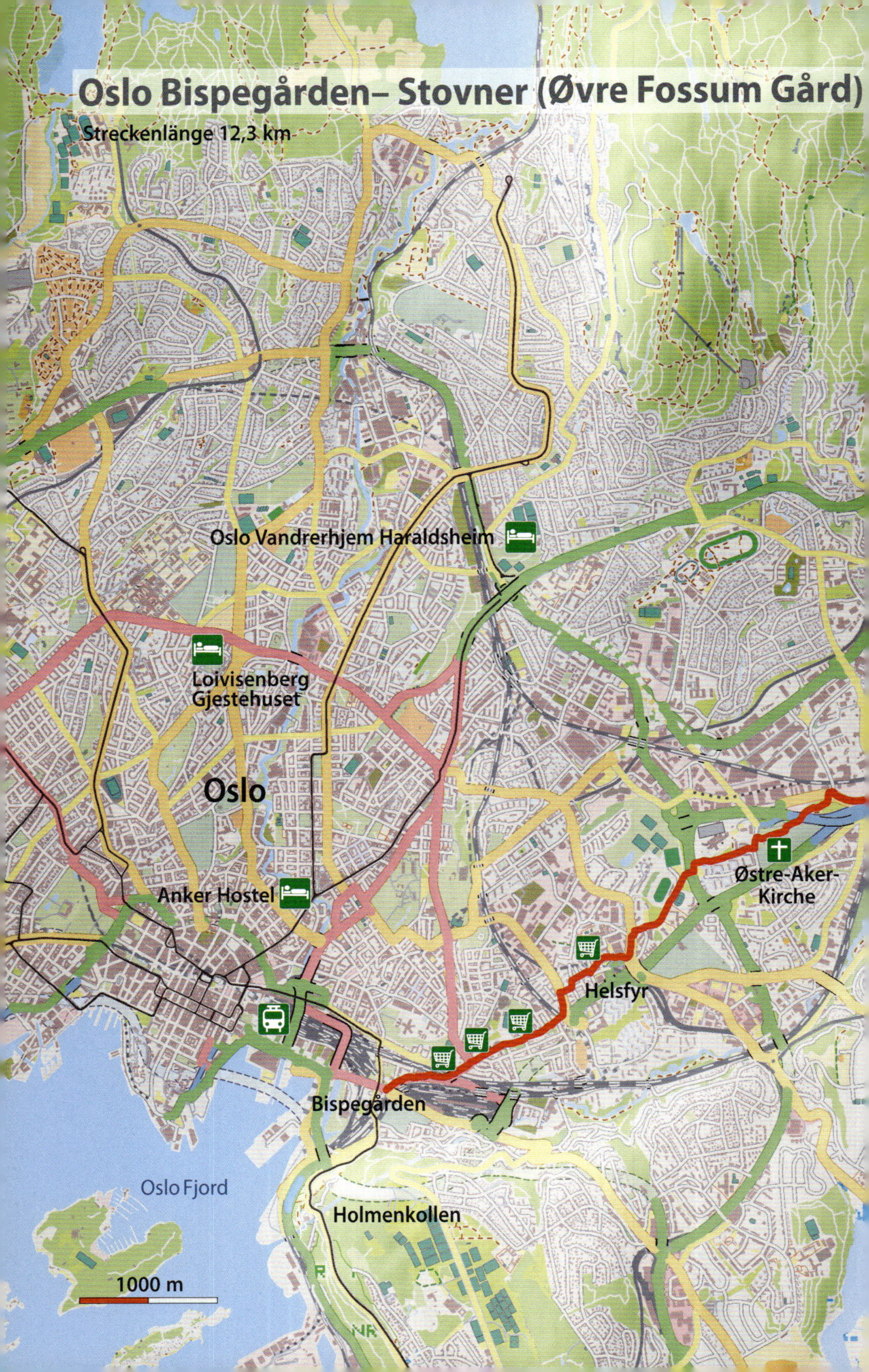
Oslo Bispegården– Stovner (Øvre Fossum Gård)
Streckenlänge 12,3 km
Oslo Vandrerhjem Haraldsheim
Loivisenberg
Gjestehuset
Oslo
Anker Hostel
Østre-Aker-
Kirche
Helsfyr
Bispegården
Oslo Fjord
Holmenkollen
1000 m

Biwak-Hütte
Øvre Fossum Gård
Biwak-Hütte
Stovner
Furuset-Kirche
Strømsveien
E6
Lutvann
Haukåsen

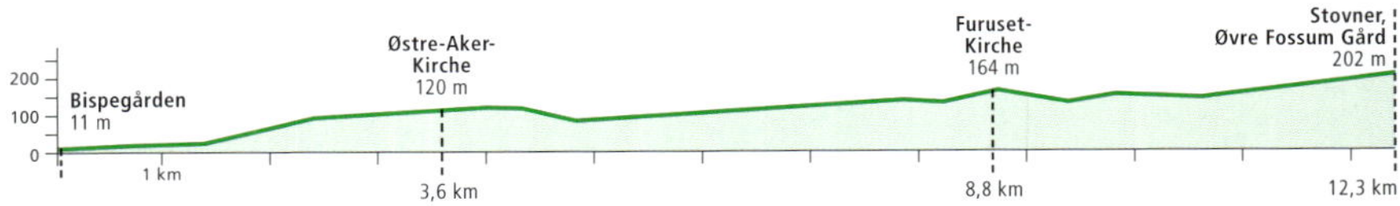

Stromtrasse. An einem Betonpfeiler leuchtet ein GP mit dem Wort **Nidaros**. Wir bleiben bergab auf dem Traktorweg und verlassen diesen beim GP auf einem liegenden Stein, gehen links hinunter zur Str., dann nach rechts – OWZ. Der OW führt über einen Zebrastreifen, dann rechts über einen zweiten Zebrastreifen, danach weiter auf der linken Seite des **Persveien**. Die Route läuft 300 m parallel zur E 6 bis zum nächsten Kreisel, dann geradeaus in den **Strømsveien** hinein. OWZ. Der Weg unterläuft die Eisenbahn, überquert die Str. Alnabruveien, setzt sich parallel der E 6 bis zum nächsten Kreisel fort und umgeht diesen links. Am Kreisel befinden sich an der Holzwand Wegzeichen Til Tittutveien und darunter OWZ. Wir bleiben auf dem Fußweg (OWZ), laufen zwischen Holzwänden in den **Tittutveien** und von dort weiter durch eine ruhige Wohnsiedlung, passieren hinter dieser den Vollaveien, biegen am Ende vom Tittutveien nach rechts in den **Arvesetveien** und gehen bis zum nächsten Kreisel. Links sind OWZ – rechts Würstchen- und Getränkebuden. Links liegt ein Industriezentrum. Der OW führt nach links wieder in den Strømsveien und steigt langsam bergan. Links befinden sich OWZ am Zaun. Dahinter passiert der Weg einen Friedhof (Muslimsk Gravlund). Ein OWZ schickt den Pilger über einen Zebrastreifen auf die rechte Straßenseite. Wir kommen erneut zu einem Kreisel. Es gibt zwei Unterführungen, wir gehen durch die zweite. Dort sind OWZ. Hinter der Unterführung – zusätzliches OWZ – laufen wir geradeaus auf den Radweg. Rechts liegt ein Rasensportplatz. Es folgt eine kleine Unterführung und dahinter OWZ. Weiter geradeaus. Wir passieren das Möbelhaus **IKEA**, folgen dem Radweg Richtung **Furuset**, gehen am Ende des IKEA-Parkplatzes rechts über den Zebrastreifen, dann nach links, überqueren die Zufahrt zum IKEA-Parkplatz und laufen nach rechts und weiter geradeaus. Wir bleiben auf dem Fuß- und Radweg. Jetzt sind wir auf dem alten **Strømsveien**. Der OW führt hinunter in ein weiteres Industriezentrum. Hinter dem Wendehammer bleiben wir auf dem Radweg und gehen an der Rechtsbiegung des Radweges nach links auf die Brücke. ACHTUNG: Nach Unterlaufen der Stromtrasse weist ein OWZ in einen kleinen Weg und in ein Wohngebiet hinein. Dieser Pfad mündet in die breite Fahrstr. **Ulsholtveien**. Dort sind OWZ. Der OW überquert den **Furusetveien** und führt zur **Furuset-Kirche**. Auf der Infotafel lesen wir: Open Kirken Onsdag (Mittwoch) 16 – 18 Uhr.

Unser Weg setzt sich geradeaus in Richtung Furuhuset fort. Der OW läuft jetzt wunderschön durch Grünanlagen, von Birken gesäumt, mit Bänken (für Brotzeit), Spielplätzen und OWZ. Der OW führt geradeaus auf den **Vesterstien** und stößt auf den **Gransdalen**, wo wir über den Zebrastreifen gehen, dann nach links in den **Haugenstien** und leicht bergauf. OWZ. An einer rotweißen Schranke hat der OW die Bergkuppe erreicht, es geht wieder bergab. Auf der linken Seite sind OWZ. Der OW führt weiter durch Grünanlagen. Am Radweg ist **Stovner** ausgeschildert. Rechts steht ein OWZ. Es geht durch die Unterführung. In der Wohnanlage halten wir uns halb links, neben dem Radweg sind

OWZ. Nach einer zweiten Unterführung befindet sich ein OWZ im Grashang. Hier gibt es zwei Radwege nach Stovner, richtig ist der rechte. Der OW passiert den Kindergarten Smedstua gård. An der Gabelung halten wir uns links. Gute Ausschilderung. Der OW erreicht einen Sportplatz, dahinter geht es nach rechts. Der Weg steigt jetzt leicht bergauf zu einer Unterführung des **Fossumveien**. Wir bleiben auf dem Radweg und gehen in den **Olaus Fjørtofts Vei** weiter, bis zum Reitplatz **Øvre Fossum Gård**, Ridesenter.

Wir empfehlen: vom Zentrum Stovner (5 Minuten vom Reitzentrum) mit der T-Bahn (U-Bahn von Oslo) für 30 Kronen (Stand 2013) in die Innenstadt bzw. zum alten Quartier zurückzufahren (Ticket am Automaten oder am ***Narvesen Kiosk****). Die Fahrt dauert ca. 30 Minuten. Am Folgetag mit der T-Bane zurück nach Stovner und am* ***Øvre Fossum Gård*** *starten.*

Eine andere Möglichkeit ist, den OW weiterzulaufen bis zu den Herbergen ***Quality Hotel Olavsgaard in Skjette*** *und* ***Aaraas Pilegrimsherberge in Slettum*** *(Adressen siehe Übernachtungsmöglichkeiten im nächsten Kapitel). Das sind noch 6,2 km. Die Herberge Olavsgaard liegt 1,5 km vom OW entfernt. Etwa 1,2 km hinter Øvre Fossum gibt es im Wald (nach ca. 450m) 2 Biwak-Hütten, jeweils etws abseits vom Weg.*

Übernachten und Einkaufen

Übernachtungsmöglichkeiten

- **Anker Hostel**, 2 km vom Weg
  Storgata 55, 0182 Oslo
  Tel.: 22997200
  E-Mail: bookinghostel@anker.oslo.no
  www.ankerhostel.no
  Koordinaten: 59.917236, 10.757654
- **Oslo Vandrerhjem Haraldsheim,**
  5 km vom Weg
  Haraldsheimveien 4, 0409 Oslo
  Tel.: 22222965, 22155043
  E-Mail:
  oslo.haraldsheim@hihostels.no
  www.haraldsheim.no
  Koordinaten: 59.941105, 10.788360
- **Gjestehuset Lovisenberg**,
  4,4 km vom Startstein,
  1,3 km von Gamle-Aker-Kirche
  Lovisenberggata 15 A, 0456 Oslo
  Tel.: 22358300
  E-Mail: gjestehuset@lovisenberg.no
  www.gjestehuset.lovisenberg.no
  Koordinaten: 59.93407, 10.74849
  Wegbeschreibung s. S. 82

Der Weg zu den Herbergen vom Bahnhofsvorplatz der Oslo Sentralstasjon in der Strandgata:
Zum Anker Hostel: Aus dem Bahnhof kommend nach rechts in die Nygata und dort weiter bis zur Storgata gehen. Nach rechts abbiegen.
Zum Oslo Vandrerhjem Haraldsheim:
Von Oslo Sentralstasjon mit der Tram 17 Richtung Sinsen-Grefsen stasjon bis Sinsenkrysset fahren. Neben der Bushaltestelle quer durch den Muselundenpark auf das Wanderheim zugehen.
Da sich die Busverbindungen ändern können, bitte vorher im Internet überprüfen: https://ruter.no/en/

Einkaufsmöglichkeiten

Von der St.Halvards gate nach links in die Schweigaards gate;
am Stromsveien, kurz hinter Galgeberg;
an der Ecke Stromsveien/Ingeborgs Gate;
in dem Innenhof mit Gaststätten (hinter der Fyrstikkalléen);
in Furuset, Gransdalen;
in Haugenstua und dann in Stovner.

Raus aus der Großstadt

Stovner – Skedsmokorset = 10,2 km

Vom Reitzentrum **Øvre Fossum Gård** folgen wir der leicht ansteigenden Bergstr. (sie wird zur Fossumberget-Str.) Unser Weg führt auf einem Waldweg parallel zur Straße. Nach 500 m geht es durch eine kleine Unterführung auf einen Waldpfad. Hinter der Unterführung steht ein Hinweispfeil nach rechts und auch ein gelber Pfeil erinnert an den Jakobsweg. Der Weg geht über rutschige Steine leicht bergan. Bei Regen muss man etwas vorsichtig gehen. Es folgen Hängebrettchen an den Bäumen mit der OW-Plakette. Wir stoßen auf einen breiten Wanderweg, der rechts nach Tangerud läuft und links nach Liastua. Wir kreuzen diesen Weg. Rechts und links liegen schöne Heidelandschaften. Wir unterlaufen eine Hochspannungsleitung und bekommen erste Blicke nach Norden auf Dörfer und Weideland. Jetzt geht es steil bergab und dann auf einen gut begehbaren Waldweg. Der führt aus dem Wald auf ein

Der Weg führt gleich hinter Stovner in einem ausgewaschenen Flussbett in den Wald. Solche und ähnliche Passagen gibt es am Olavsweg häufig.

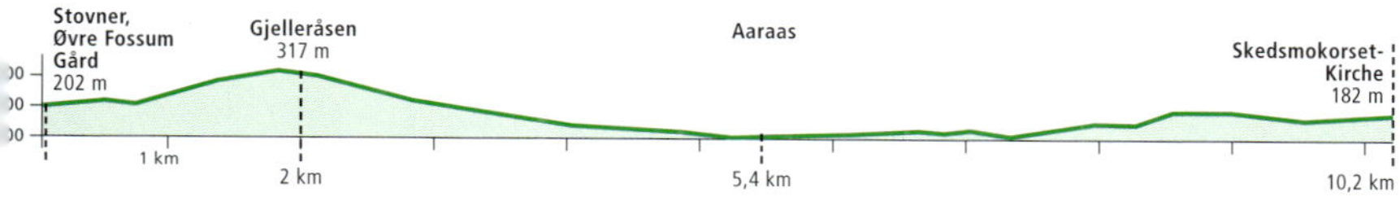

Propangaslager und dort auf einen festen Fahrweg. Es folgt ein kleines Industriezentrum und die Notrufzentrale Felt y-beredskapssenter. Hinter dem Kjellmannoffice führt der OW wieder in den Wald hinein. Der zunächst asphaltierte Weg läuft nach links, wir folgen einer unbefestigten Spur geradeaus durch ein Tor. Der Weg wird breiter und passiert erste Gehöfte. Dort erreichen wir an der Bushaltestelle **Hellerud** eine feste Str. und gehen nach rechts. Nach 450 m biegen wir nach links ab in den **Kragerudveien** Richtung **Hellerudsletta** – OWZ. *Wer zur Herberge **Quality Hotel Olavsgaard** möchte, wandert hier weiter geradeaus bis zum vierten Kreisel, dann zweimal nach links zum Hotel. Das sind vom Abzweig genau 1,5 km.*
Wir setzen unsere Wanderung fort. Links liegt das Messegelände Norspomessen. Vor uns sehen wir im Tal den Fluss Nitelva mit der Straßenbrücke. Nach 300 m erreichen wir den Kindergarten **Kråkerud.** Die Brücke Årosbru führt uns nach 800 m über die Nidelva und nach 100 m zweigen wir rechts in den Ramstadveien. Die Straße ist ausgeschildert nach Hauger Matstue. Wer zur Herberge Aaraas möchte, geht nicht in den Ramstadveien, sondern noch 200 m geradeaus. Wir gehen nach rechts Richtung **Solberg Hauger** und **Golfbane**. Der OW führt weiter bergan, vorbei an Gehöften mit vielen Hundezwingern. Das fröhliche Bellen erinnert an winterliche Hundeschlittenfahrten.
Nach 750 m biegen wir rechts ab Richtung **Sundtveita**. Der OW führt durch schöne Felder bergauf und bergab und dann nach 450 m links (gut markiert) auf einen Wald zu. Vor den ersten Bäumen (120 m) biegt er nach rechts ab (bei Regen kann der Weg hier sehr nass sein, da sich auf ihm Wasser vom Hang sammelt). Wir erreichen ein Waldstück, in dem es steil bergauf geht, so dass man sich streckenweise an Bäumen festhalten muss. Dem Aufstieg folgt eine Feld- und Wiesenlandschaft mit einem Grasweg, durch OWZ gut markiert. Der OW führt auf den festen Fahrweg **Gamle Trondheimsvei** und von diesem Fahrweg gleich wieder nach rechts – OWZ – auf einen schmalen Pfad, der zwischen zwei Feldern in Richtung Häuser, die man vor sich sieht, verläuft.
Die Wegfortsetzung ist eine schmale Grasnarbe, die Markierung ist gut! Schließlich geht die Strecke nach links bergauf zu den ersten Häusern. Eine Traktorspur führt noch einmal nach links, wir wandern aber nach rechts zwischen Wiesen auf das Wäldchen zu. Es folgt ein Abzweig mit guter Markierung zu den Häusern, die links liegen bleiben, während wir bergan in einen kleinen Wald steigen. Hinter ihm sehen wir den nahen Kirchturm von **Skedsmokorset**. Wir passieren weitere Wohnhäuser und erreichen die feste Str. Nach ihrer Überquerung kommt ein Schotterweg, markiert als Wander- und Radweg. Wir unterqueren die E6 und erreichen nach 600 m die weit sichtbare **Kirche von Skedsmokorset**.

In Skedsmokorset-Zentrum (20 Gehminuten von der Kirche entfernt) gibt es alle Versorgungsmöglichkeiten. **REMA 1000** = 800 m auf dem Fahrradweg Richtung Zentrum.

Stovner – Skedsmokorset
Streckenlänge 10,2 km
Aaraas
Nitelva
Hellerud
Gjelleråsen
327
Biwak-Hütte
Biwak-Hütte
Øvre Fossum Gård
Stovner
E6
500 m

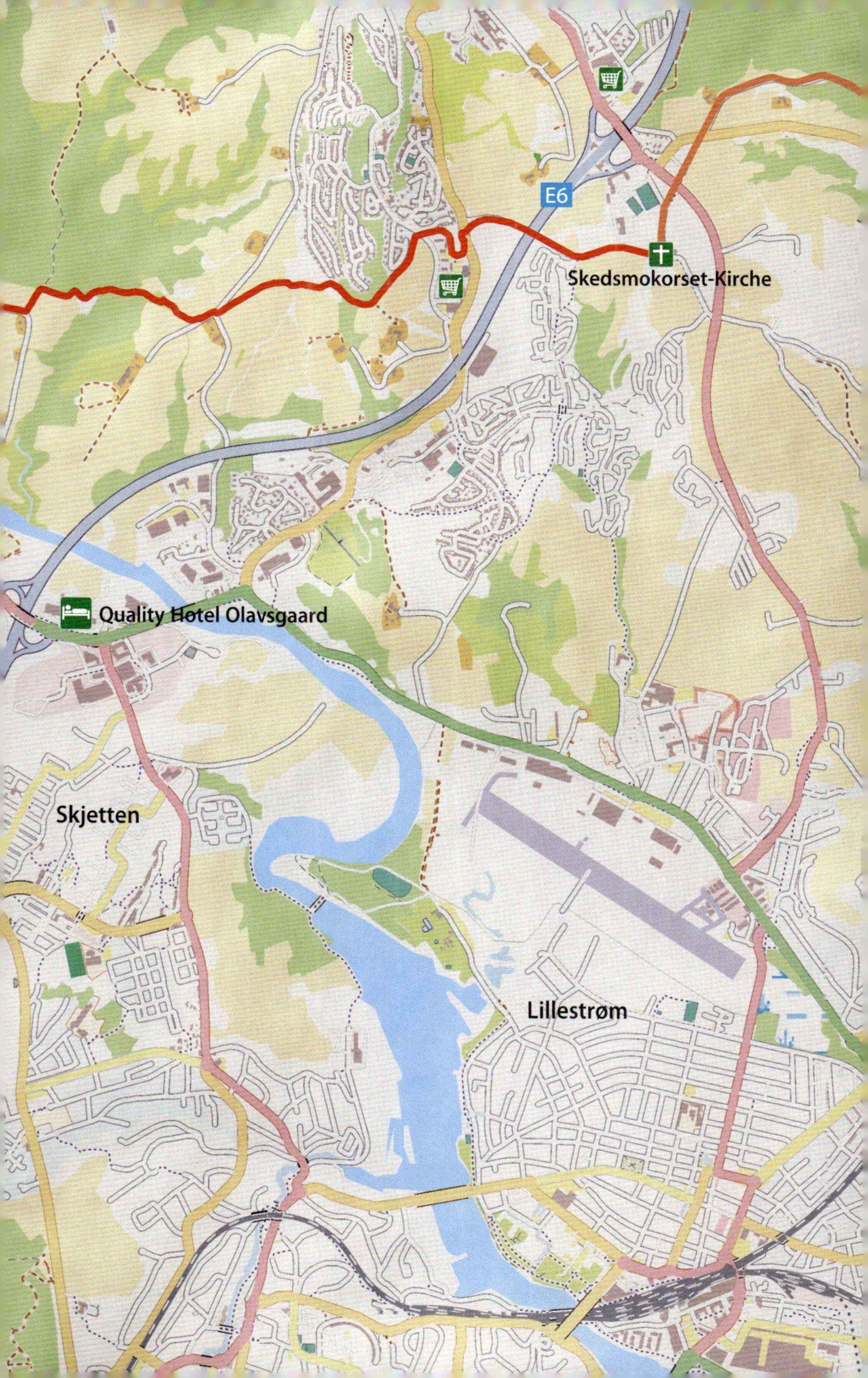

E6
Skedsmokorset-Kirche
Quality Hotel Olavsgaard
Skjetten
Lillestrøm

Übernachten und Einkaufen

Übernachtungsmöglichkeiten

- **2 Biwak-Hütten,**
  im Wald ca. 1,2 km hinter
  Øvre Fossum Gård, Stovner
- **Quality Hotel Olavsgaard,**
  1,5 km vom Weg
  Hvamstubben 11, 2013 Skjetten
  Tel.: 63847700
  E-Mail: booking@olavsgaard.no
  www.olavsgaard.no
  Koordinaten: 59.979389, 10.999846
- **Aaraas Pilegrimsherberge,**
  200 m vom Weg
  Årosveien 307, 1480 Slattum
  Tel. 46922214
  E-Mail: aaraastunet@gmail.com
  www.aaraasgard.no
  Koordinaten 59.98949, 10.97697

Einkaufsmöglichkeiten

Stovner, Skedsmokorset

Die Ullensaker-Kirche. Dort finden wir auf einer Karte die genaue Beschreibung des seit 2017 neu ausgeschilderten Wegabschnittes.

Die E 6 hört und sieht man kaum

Skedsmokorset – Jessheim = 29,1 km

Wir lassen die Kirche von Skedsmokorset rechts liegen und gehen weiter auf dem Gjoleidveien. Vor einem kleinen, weißen Häuschen mit dem Hinweisschild Skedsmo-Kommune halten wir uns links, nach 100 m folgt ein Wendeplatz. Hier geht der OW auf einem markierten Radweg durch eine Unterführung auf die andere Seite der Schnellstraße. Der OW ist durch Hängebrettchen gut ausgeschildert. Hinter der Unterführung geht es dann auf dem Rad- und Wanderweg Oltidsveg weiter und nach 500 m links in die Straße Farseggen. Obwohl wir immer noch im Einzugsbereich von Oslo unterwegs sind, pilgern wir doch durch schönste offene Landschaften. Neben einem Gehöft hängt ein OWZ am Baum. Der Oldtidsveg geht in einen engen Pfad über, auf dem sich großartig pilgern lässt; seit Oslo ist das der schönste Abschnitt im Grünen. Der Weg erinnert an einen Deich mitten im Wald. Dieser »Deich« mündet in einen zunächst geschotterten und dann asphaltierten Fahrweg. OWZ. Wir erreichen nach 2,9 km eine größere Str., laufen dort 50 m nach rechts und folgen dem Radweg – OWZ. Der **Engerveien** wird überquert. Zur Herberge **Ullereng Gård** geht man links in den Engerveien und nach 300 m links in den Bølerveien. Wir bleiben links auf dem Radweg, der parallel zur Str. läuft. Auf der Bergkuppe (nach 700 m) führt der Radweg nach rechts. Wir gehen nach links auf den Fahrweg und durch einen Hof mit auffallend großem rotem Stallgebäude. Rechts liegt ein kleiner Reitplatz. Hinter dem Hof stößt der OW auf eine feste Str. ACHTUNG: Hier fehlt jede Markierung! Nicht geradeaus gehen, sondern nach links weiter auf dem Radweg. Der ist neu, weshalb vermutlich die alte Markierung verloren gegangen ist. Wir bleiben bis zur Bahnüberquerung auf dem Radweg. Dann – nach 300 m – wandern wir links in die Felder – OWZ. Der Weg führt bergab auf eine Wiese. Dort befindet sich ein grüner Kasten mit Wegkarten zur Selbstbedienung. Ab hier ist die Markierung wieder gut. Der Weg wird stellenweise sehr schmal und steil, so dass man besser auf das rechte Feld ausweicht. Links sieht man den grünen Kirchturm von **Frogner**. Der OW mündet auf den Kirchplatz.

Unsere Empfehlung: Bei nassem Wetter den Weg durch die Felder ignorieren und auf dem Radweg bzw. der Str. nach Frogner pilgern.

Hinter der Kirche liegt ein Hof. Durch ihn setzt sich der OW fort – OWZ am Strommast. Die Eisenbahn wird unterquert, dann folgt ein Kreisel. 580 m hinter der Frogner-Kirche geht es nach rechts Richtung **Kløfta** zum nächsten Kreisel (Zubringer zur E 6). Der OW läuft unter dem Zubringer durch – GP. Hinter der Unterführung bleiben wir links auf dem Radweg (GP als Markierung) und biegen auf der Kuppe (850 m hinter dem Kreisel) nach rechts ab. GP und kaum sichtbares OWZ. Wer zur Herberge **Fløgstad Gård** möchte, geht hier ca. 2 km geradeaus, biegt dann links ab und kommt nach 600 m zur Herberge.

Der Weg heißt **Lindebergvegen**. Wir unterqueren erneut die Eisenbahn und finden OWZ. Am Ende des Radweges sind weitere OWZ.

Nach 130 m biegt unsere Route halbrechts in den Weg **Revestien** ein. Eine S-Kurve leitet den OW um das Gehöft, dahinter nach rechts in den Wald und dort auf schmalem Pfad weiter – GP und OWZ. Auf dem folgenden trockenen Waldweg gibt es schlammige Einlagen, doch dort liegen Holzbohlen. Umgestürzte Bäume müssen überklettert oder umgangen werden. Es gibt viele Kreuzungen und Gabelungen, aber die Markierung ist hier gut und eindeutig. Der OW quert eine Stromtrasse und führt rechts an einem Pfeiler vorbei steil bergauf. Wir sind auf dem Kjerkefjellet. Von hier bis zum **Hof Vestre Arteid** sind es 2,2 km, bis zur Biwak-Hütte 1,2 km. Der Weg wird trockener und weniger steil. Auf der Kuppe ist nackter Fels, sehr schön zu gehen. Viele GP und kaum OWZ. Beim nächsten Abzweig pilgern wir nach rechts (OWZ) und nach steilem Anstieg erneut nach rechts. Dann folgt eine nasse Passage, die aber mit Bohlen belegt ist. Der Weg wird zu einer sehr nassen und schmalen Gasse, die in ein rutschiges Flussbett mündet. Der OW läuft jetzt im Zickzack steil bergab. Hier ist Trittsicherheit gefragt. Eine letzte sehr steile und rutschige Passage führt auf einen gut begehbaren Schotterweg, auf dem wir nach links wandern. Nach 600 m erreichen wir ein rotes Holzhaus. Hier geht es rechts weiter. Vor dem Haus sind OWZ. Es folgt ein schmaler Waldweg, der in offenes Wiesengelände eintritt – OWZ. Die Route führt jetzt an einem Zaun entlang und ist sehr nass und rutschig. Dann kommt ein gut begehbarer Fahrweg, der auf das weiße Haus vom Hof Vestre Arteid zuläuft. Links davon steht ein rotes Gebäude mit einem schönen Stabbur, in dem sich die gemütliche Pilgerherberge Vestre Arteid befindet: 5 Schlafplätze, Küche mit 2 Herdplatten und Wasserkocher. WC und Dusche sind im Nebengebäude. Übernachtung 150 NOK (Stand 2018).

ACHTUNG: Bei sehr schlechtem Wetter sollte man die beschriebene Passage (ab Abzweig Revestien) auslassen und auf fester Str. ***Lindebergvegen – Arteidvegen*** *weiterlaufen (2,7 km bis zum Treffen auf den OW). Die Herberge Arteid liegt dann rechts.*

Hinter Arteid setzt sich unser Pilgerweg links auf fester Str. fort, zunächst auf dem **Arteidvegen**, dann auf dem **Isingrudvegen**. Die Route ist hier durch OWZ gut gekennzeichnet. Wir unterlaufen die E6 1,3 km hinter Arteid und folgen der größeren Str. mit mehreren OWZ. Der OW führt auf

Pilgerküche in der Herberge Arteid

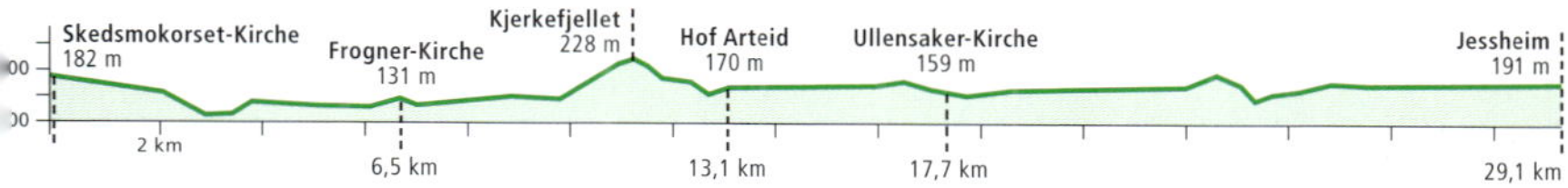

einem Fuß- und Radweg weiter. Nach 1,2 km biegen wir links in den **Illevegen**, nach 200 m dann rechts in den **Bernhard Hansens veg** ab und überqueren die E6 auf der Brücke. Unser Weg führt jetzt durch eine Wohnsiedlung auf ein OWZ zu. Hinter dieser (130 m) gehen wir nach links. Jetzt wird der Golfplatz »durchpilgert« bis zur Ausfahrt; vor dem Haupthaus gehen wir 180 m nach links. Hinter dem Tor ist die Markierung unklar. Ein GP zeigt nach links zur Shell-Tankstelle. Richtig ist aber geradeaus und die Böschung hoch zum Parkplatz zu klettern. Dort steht eine Infotafel mit OWZ. Neben der Tafel leitet ein Weg durch die Unterführung und dann rechts zur Fahrstr. Wir bleiben auf dem Radweg links der Str.

Vor der **Ullensaker-Kirche** ist ein OWZ, das nach links führt und daneben hängt eine Karte, die uns sagt: Es gibt ab hier einen neuen Weg. Gleich links von der Kirche geht der Weg nach rechts ab. Er führt neben dem Friedhof in einen Feldweg und kurz danach auf einen Grasweg. Zwischen Feldern wird der Weg schmaler und führt vor einem sehr steilen aber unscheinbarem Flusstal 100 m nach links und dann rechts hinunter und über eine Brücke. Der Weg führt etwa 300 m oberhalb eines weiteren Flusses über eine stabile Holzbrücke. Eine Bank lädt zum Ausruhen ein. Nach 100 m lassen wir den Fluss links liegen und steigen an einem weiteren Rastplatz vorbei einen kleinen Hang hinauf zur Straße. Kurz vor der Straße finden wir wieder Hängebrettchen. Wir wenden uns nach links und folgen für 1,3 km der Straße. Dort biegen wir nach links ab, überqueren wieder unseren schon bekannten Fluss und hinter dem nächsten Gehöft, nach 750 m, gehen wir rechts auf einen Feldweg. Es ist eine Sackgasse und ein Privatweg, der von Pilgern genutzt wird. Der Weg führt ohne weitere Pilgerzeichen zum Wald. Etwa 500 m davor finden wir wieder ein OWZ an einer einzelnen Kiefer. Vorher passieren wir links liegend zwei Häuser, OWZ. Ein schmaler Pfad führt durch einen dunklen, romantisch anmutenden Birkenwald. Bei einigen tiefen Moorlöchern müssen wir etwas balancieren. Im gesamten Wald muss man gut aufpassen, wenn der Wanderweg geradeaus zu laufen scheint, aber ein OWZ nach links über einige Felsen führt. Immer wieder gibt es Abzweige, aber sie sind gut gekennzeichnet, oft durch die bekannten Hängebrettchen mit dem OW-Kreuz. Der Weg wird steiniger und dadurch auch trockener. Straßenlaternen im Wald zeigen uns, dass hier im Winter wohl Loipen angelegt werden.

Die Markierung ist eindeutig; wir sind auf dem Weg und müssen geradeaus weitergehen.

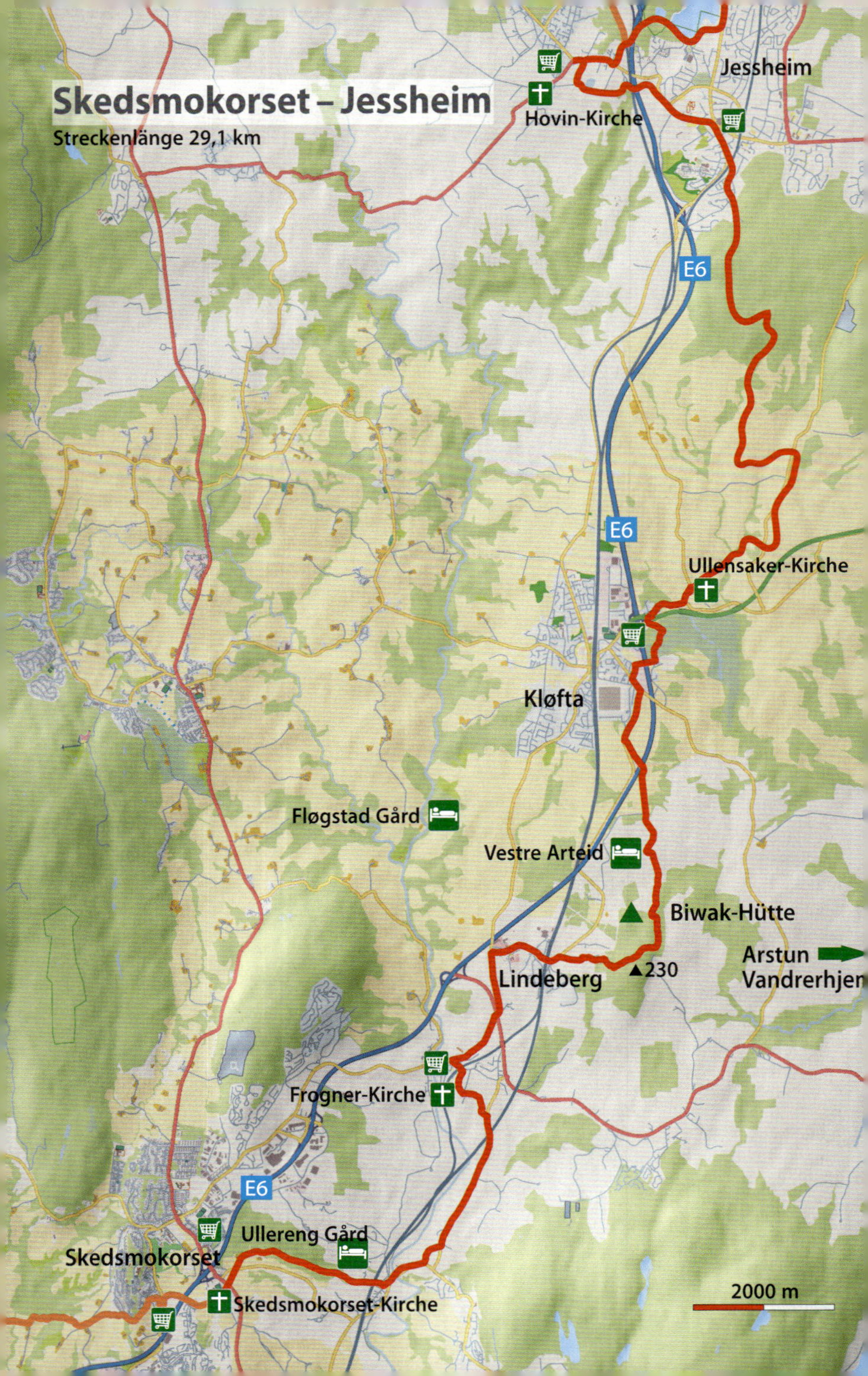
Skedsmokorset – Jessheim
Streckenlänge 29,1 km
Hovin-Kirche
Jessheim
E6
E6
Ullensaker-Kirche
Kløfta
Fløgstad Gård
Vestre Arteid
Biwak-Hütte
Arstun
Vandrerhjem
▲230
Lindeberg
Frogner-Kirche
E6
Ullereng Gård
Skedsmokorset
Skedsmokorset-Kirche
2000 m

Nach 3 km öffnet sich der Wald und wir kommen zu einem Parkplatz mit Tisch und Bänken. Kurz danach erreichen wir **Jessheim** und befinden uns in einer kleinen asphaltierten Straße, im **Stensvegen**. Dieser führt uns nach 200 m rechts in den **Gamle Trondheimvegen** und über eine Eisenbahnlinie in den **Trondheimsvegen**. Beim ersten Kreisel gehen wir rechts, vorbei an einem KIWI-Laden und beim zweiten Kreisel nach links in die **Storgata** (an dieser Stelle haben wir im Mai 2017 keine OWZ gefunden). Wir sind mitten in **Jessheim** mit allen Versorgungsmöglichkeiten. Die **Storgata** führt uns geradeaus durch den nächsten Kreisel und wir sind jetzt im **Gardermovegen**. Beim nächsten Kreisel bleiben wir im **Gardermovegen**, rechts von uns liegt die Aurskok Sparebanken. Wir folgen dem **Garddermovegen** (Straße Nr. 178) vorbei an der „Klinikk 25“.

Kurz dahinter befinden wir uns (Mai 2017) in einer riesigen Baustelle.

Wir folgen dem Straßenverlauf der **Str. 178** und gehen links der Straße auf einen großen Parkplatz. Links von der Leitplanke der **Str. 178** führt ein asphaltierter Weg hinunter in ein Wäldchen. Ab jetzt ist der Weg wieder gut ausgeschildert. Unten führt der Weg über eine kleine Brücke und dann unter der **E 6** hindurch. In einem zweiten Tunnel unterlaufen wir die Eisenbahnlinie. Wir kommen auf einen Schotterweg und müssen links abbiegen. *Wer zur **Hovin-Kirche** möchte, hält sich links, vorbei an dem wunderschön gelegenen kleinen See **Ljøgottjern**. Links erhebt sich das höchste Hügelgrab Skandinaviens **Raknehaugen** aus der frühen Eisenzeit. Danach geht es noch einmal links an der Hovin Schule vorbei zur Kirche.*

Übernachten und Einkaufen

Übernachtungsmöglichkeiten

- **Ullereng Gård,**
  Bølerveien 123, 2015 Leirsund
  Tel.: 97505577
  E-Mail: annelinegud@gmail.com
  Koordinaten: 59.999024, 11.082367

- **Arstun Vandrerhjem**, 10 km vom Weg, Abholung angeboten
  Aasgaardvegen 183, 1923 Sørum
  Tel.: 91108671
  E-Mail: post@arstunvandrerhjem.no
  www.arstunvandrerhjem.no
  Koordinaten: 60.032421, 11.262000

- **Biwak-Hütte**, am Weg,
  1,2 km hinter der Stromtrasse zwischen dem Ort Lindeberg und der Herberge Vestre Arteid

- **Vestre Arteid**, am Weg
  Dagfinn Eriksen
  Arteidvegen 208, 2040 Kløfta
  Tel.: 92230044
  E-Mail: dag@arteid.no
  Koordinaten: 60.051624, 11.153891

- **Fløgstad Gård**, 3 km vom Weg
  Trondheimsvegen 640, 2040 Kløfta
  Tel.: 92636422
  E-Mail: henrik.ebne@gmail.com

- **3 Flughafenhotels**, hinter Jessheim, s. Karte S. 47
  Thon Hotel Gardermoen
  Balder Allè 22, 2050 Jessheim
  Scandic Hotel Gardermoen
  Jessheimvegen 467, 2060 Gardermoen
  Thon Hotel Oslo Airport
  Balder Allè 2, 2060 Gardermoen

Einkaufsmöglichkeiten

Skedsmokorset, Frogner, Kløfta, Jessheim

Gardermoen muss man nicht fürchten

Jessheim – Eidsvoll = 32,3 km

Wer die Kirche auslässt, geht an dem Abzweig rechts und kommt wieder zur **Str. 178**. Diese queren wir und gehen in den **Stussenvegen**. Außer den OWZ finden wir auch wieder mal einen gelben Pfeil. Nach gut 300 m überqueren wir noch einmal die Eisenbahnlinie und die E6. Die Brücke ist mit Hängebrettchen gekennzeichnet. 50 m hinter der E6-Brücke biegen wir links in ein Landschaftsschutzgebiet ein. Nach 160 m werden wir nach rechts geführt und kommen nach 450 m zu einem See, dem **Nordbytjernet**, den wir rechts umlaufen. Am Ende des Sees gehen wir rechts zum **Trondheimsvegen**, der **Str. Nr. 454**. Dieser folgen wir bis zum Kreisel. *Wer zu den Hotels am Flughafen Gardermoen möchte, folgt hier links der Straße dem Jessheimvegen. Nach Überquerung der E 6 findet man die Hotels.* Dort biegen wir links ab (**Str. 174**) und bei der nächsten Kreuzung wieder nach rechts. Wir gehen noch immer auf dem **Trondheimsvegen** und zwar auf der rechten Seite auf dem Fahrrad- und Fußweg. Wir kommen zu einem Kreisel, bleiben auf der rechten Straßenseite und biegen links ab. Es folgt sofort ein zweiter Kreisel und wir folgen wieder der Straße **Nr. 454** nach rechts. Nach 700 m passieren wir eine Tankstelle. Hier gehen wir nach links in den **Lievegen**, es gibt eine Ausschilderung zur Militärflystation. Nach weiteren 500 m führt uns ein OWZ nach rechts in den **Blikkvege**n. Auf ihm gehen wir 800 m und biegen dann rechts in den **Dagsjøvegen**.

Von Gardermoen ist hier wenig zu hören. Nach 2,2 km trifft der Weg auf eine Str. Ein OWZ zeigt nach links. Gegenüber liegt der **Hof Elstad**. Der OW führt an der Bushaltestelle Elstad vorbei bergab in dichten Wald hinein. Es gibt hier keinen Fußweg, wir bleiben auf der linken Straßenseite. Wenig Verkehr. Der Weg klettert wieder bergauf, leider ohne Markierung. Dann folgen GP und OWZ. An der Kreuzung biegen wir rechts ab Richtung **Sessvollmoen** – GP. In **Sørli** (kleine Bauernschaft) gibt es wieder einen Radweg. Nach 2,3 km ab der Kreuzung läuft der OW links über eine Zauntreppe mit OWZ. Sie leiten uns in den Wald und dort hinunter zu einem namenlosen See, den wir umgehen. Der Weg führt über eine Holzbrücke und noch eine Zauntreppe auf ein Feld mit Traktorspur. Dann zeigt ein GP nach links. Ein OWZ folgt später auf einer Infotafel. Wir erreichen den **Hof Risebru**, der auch Pilgerherberge ist. Am Briefkastenhäuschen sind OWZ. Ein Weg – frei für landwirtschaftliche Fahrzeuge – steigt steil bergauf zum Hof, dort ist ein OWZ, das zur Landstr. **Aurvegen** weist. Weiter vorne befinden sich OWZ. Links liegt ein kleiner See, rechts stehen Wohnhäuser. Am nächsten Kreisel wandern wir geradeaus. Hinter dem Kreisel sind OWZ. Wir passieren das **Best Western LetoHallen Hotel**, dort beginnt ein Radweg – OWZ. Der Weg bringt uns zur Unterführung, die eine Schnellstr. kreuzt. Ein OWZ führt zum Wendehammer der Skinnstudumpa, wo OWZ angebracht sind. Am Ende der **Skinnstudumpa** laufen wir links durch die Unterführung.

Auf der anderen Seite weisen OWZ und GP den Weg durch die Ortschaft **Råholt**, der links parallel zur Hauptstr. verläuft. Kurz vor der **Råholt-Kirche** gehen wir 180 m nach links, biegen dann ganz kurz rechts ab und sofort wieder links in die **Kroken**-Str. Nach 560 m laufen wir geradeaus in den **Gladbakkvegen** und lassen dabei das Einkaufszentrum **Coop** rechts von uns liegen.

360 m weiter wandern wir rechts in den **Tærudvegen** und gleich wieder links in die **Gladbakgutua**. Die **Råholthallen** befinden sich links von uns. Nach 530 m (rechts sehen wir das Einkaufzentrum **Europrice**) erreichen wir den Bahnhof, von wo wir nach rechts wieder zur Hauptstr. und auf dieser dann in linker Richtung weiterpilgern.

Wer diese Streckenführung verliert, kann auf der Hauptstr. ***Trondheimsvegen*** *durch* ***Råholt*** *laufen. Hinter der Eisenbahnbrücke ist er wieder auf der durch OWZ markierten Route.*

Nach 100 m auf dem Radweg führt der OW rechtsseitig auf einer parallel verlaufenden Asphaltstr. weiter zum **Eidsvoll-Infocenter mit Museum** und zweigt dort vor der Brücke rechts ab. Unter dem Hinweisschild zum **Wergelands hus** ist ein OWZ. Unser Pilgerweg passiert das Infozentrum und folgt dem Fahrweg. Links

Die Aufnahme entstand nur 300 m vom Stadtzentrum Eidsvoll entfernt. So ist norwegische Wohnqualität.

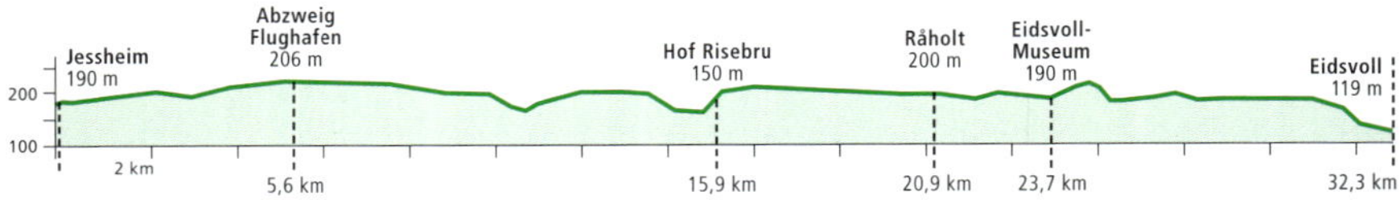

fließt der Fluss Andelva. Es kommt ein gut gemähter Grasweg mit OWZ. Wir gehen jetzt über einen sehr schönen Wegabschnitt durch Wald am Wasser entlang bis zur Eisenbahnbrücke. 50 m weiter überqueren wir auf dem Fußgängerüberweg den Fluss und folgen einem Fahrweg bergauf. Nach 20 m befindet sich ein OWZ an einer Birke, dazu ein Holzschild »Pilgrimsveg«. 300 m weiter erreichen wir eine Str. und gehen rechts und gleich wieder links in den **Venjarvegen**. Hinter dem **Hof Venjar** liegt ein rotbrauner Schuppen, dort weist ein OWZ nach links. Wir wandern durch Felder und Wiesen und noch 50 m auf einer Traktorspur durch ein langes Feld.

Zur Orientierung: Der Weg läuft parallel zur Eisenbahn, die wir links etwa 300 m entfernt sehen.

Im Anschluss an das Feld führt ein Grasweg in den Wald. 600 m jenseits des Hofs Venjar geht es links auf einem schmalen Pfad hinunter in ein kleines Tal. Auf einer soliden Holzbrücke überqueren wir einen Bach. Ein OWZ befindet sich an der Brücke, jedoch auf der gegenüberliegenden Seite. Man sieht es nur, wenn man sich nach dem Überqueren der Brücke umdreht! Hinter dem Bach steigt der Pfad steil bergauf und stößt auf einen breiten gut gemähten Traktorweg, der uns zum Sportplatz bringt. Ab hier geht es auf einer asphaltierten Str. weiter. Wir passieren den **Hof Dønnum** und finden an der Hauptstr. **Dønnumskia** ein OWZ, wo wir nach rechts abbiegen. An der Str. und an Laternenmasten sind wieder OWZ. Der OW verläuft jetzt auf dem Radweg nach **Eidsvoll**, Dort unterqueren wir die Hauptstr. – OWZ –, passieren die **Eidsvoll-Kirche** und gehen auf der Stadtbrücke über den breiten Fluss **Vorma**. Am anderen Ufer – unmittelbar hinter der Brücke – erreichen wir die Innenstadt von Eidsvoll mit allen Versorgungsmöglichkeiten.

200 m vor der Kirche kann man rechts abbiegen in den Camilla Colletts veg zur Herberge ***Eidsvoll Gamle Prestegårds****.*

Übernachten und Einkaufen

Übernachtungsmöglichkeiten

- **3 Flughafenhotels,**
  s. S. 43 & Karte S. 47
- **Risebru Pilegrimsherberge**, am Weg
  Risebruvegen 6, 2054 Mogreina
  Tel.: 92021897, 90196942
  E-Mail: akrikjos@online.no
  www.risebru.no
  Koordinaten: 60.23775, 11.17019
- **Best Western LetoHallen Hotel,**
  am Weg
  Sonderkonditionen für Pilger
  Kolonivegen, 2072 Dal
  Tel.: 63959100
  E-Mail: firmapost@letohallen.no
  www.letohallen.no
  Koordinaten: 60.250034, 11.178160
- **Eidsvoll Gamle Prestegård,**
  500 m vom Weg
  Camilla Collets veg 27, 2080 Eidsvoll
  Tel.: 93271213
  E-Mail: kristin@eidsvoll.kirken.no
  Koordinaten: 60.32015, 11.24650

Einkaufsmöglichkeiten

Jessheim, Råholt, Eidsvoll

Jessheim – Eidsvoll
Streckenlänge 32,3 km
Eidsvoll
Eidsvoll-Kirche
Eidsvoll Gamle Prestegårds
Eidsvoll-Museum
u. Infocenter
Hof Venjar
Hurdalssjøen
E6
Vorma
Råholt
Råholt-Kirche
Dal
Best Western LetoHallen Hotel
Risebru Pilegrimsherberge
Hersjøen
Hof Elstad
Oslo-
Gardermoen
E6
Thon Hotel Gardermoen
Scandic Hotel Gardermoen
Thon Hotel Oslo Airport
Hovin-Kirche
Jessheim
2000 m

Wir tauchen in Traumwelten ein

Eidsvoll – Hamar = 70,4 km

In **Eidsvoll** beginnt ein neuer und besonders schöner Olavsweg; wir haben die Vororte von Oslo mit den vielen kleinen und großen Straßen, ihren Kreiseln und dem Fluglärm endgültig verlassen und kreuzen bis **Hamar** nur noch einmal die E 6. Ab jetzt erleben wir norwegische Natur pur – und immer vom Feinsten.

In **Eidsvoll** führt der OW direkt aus der Innenstadt nach links in die **Sundgata**-Str. und hoch auf eine Anhöhe. An der Shell-Tankstelle biegen wir links in den **Tynsåkvegen** ein – OWZ. Wir folgen dem Radweg – OWZ. Dieser wechselt öfter die Straßenseite, mehrere OWZ. An der ersten Kreuzung gehen wir links auf den **Østsidavegen** – OWZ. Jetzt läuft der OW 3,4 km auf bzw. neben der Str. (Radweg und Feldweg), teilweise in Abständen zu dieser, die eine nahe Autostr. vergessen lassen. Die Markierung durch OWZ ist gut. Dann zweigt die Hauptstr. nach links Richtung **Minnesund** ab, wir wandern geradeaus auf den **Rondanestien** in Wiesen- und Waldgelände hinein, vorbei an Wohnhäusern. Hinter dem letzten Gehöft schließt sich ein schmaler Wiesenpfad an, der leicht bergauf in den Wald führt. Es folgen weitere Gehöfte, der Weg wird breiter und flacher. Die Markierung ist gut – OWZ. In einer steilen Abwärtspassage sind sogar Holzgeländer angebracht! Wir gehen von Gehöft zu Gehöft, dazwi-

Der stille Bergsee Fløyta. Wir haben ihn »Silbersee« getauft.

schen gibt es keine Fahrwege, sondern nur schmale Wald- und Wiesenpfade und an Häusern jeweils kurze Passagen auf Schotterwegen. An fast allen Gehöften befinden sich OWZ. Der OW führt mehrfach durch Gatter und Holztore. Wir passieren kleine Waldseen und können beim Pilgern träumen, weil man weniger nach Markierungen suchen muss. Der Weg durchläuft zauberhafte Wohngebiete mit Teichen vor schönsten Waldhängen. Hinter den letzten Häusern biegen wir nach links ab. Eine Schranke blockiert hier Autofahrer, und ein schwarzer Holzpfeil trägt die rote Aufschrift »Pilgrimsleden«. Wir steigen leicht bergan, links kommt uns ein Fluss entgegen. Wer zum **Storenga Camping** möchte, geht 100 m hinter der Brücke nach links und nach weiteren 230 m rechts in den **Østsidavegen**. Nach 2 km erreicht man den Campingplatz. Wir wandern jetzt in ein stilles, bewaldetes Tal. »Seit Oslo ist dieses Wegstück eindeutig das schönste«, diktieren wir voller Begeisterung in unser kleines Kassettengerät. Am Weg befinden sich OWZ, aber die sind kaum nötig, da es weder Gabelungen noch Kreuzungen gibt. Der schöne Weg führt einfach nur geradeaus. Man hört das Plätschern des Baches und viele Vogelstimmen. Wir erreichen den stillen Bergsee **Fløyta** (links) und nennen ihn »Silbersee«. Weil er so großartig ruhig und total silbern in der Sonne glänzt. Der »Silbersee« liegt wie ein Schatz mitten in einer Traumkulisse aus dunklen Wäldern, Bergkuppen und blauem Himmel, über den weiße Wolken langsam und schwerelos segeln. Ab und zu führt der Weg etwas nach rechts, dann verschwindet der See für kurze Augenblicke hinter hohen Tannen. Am jenseitigen Ufer stehen rote Wochenendhäuser. Wir überqueren am Ende des Sees eine 30 m lange Holzbrücke. Ab hier folgt der OW einem festen Fahrweg. An einer T-Kreuzung gehen wir rechts weiter zu einigen Gabelungen, die Markierung durch OWZ ist da immer eindeutig. Wir bleiben auf dem **Rondanestien** und passieren ein Wochenendhaus mit Flaggenmast. Gleich dahinter kommt eine Gabelung ohne Markierung. Richtig ist: Nach rechts abbiegen, dann folgen auch wieder OWZ. Aus unerklärlichen Gründen stehen die OWZ einmal links und dann wieder rechts am Weg.

Der breite Fahrweg endet an einem Wendehammer, der OW läuft jetzt als schmaler Pfad weiter in den Wald hinein; in richtigen Märchenwald. Wir überqueren den uns begleitenden Fluss auf einer Holzbrücke und stoßen auf einen breiten Traktorweg – OWZ. Dann erreichen wir die unbewirtschaftete Pilgerherberge **Lysjøhimet**. Diese ist mit einem Wohnraum mit Tisch, Couch und Kamin, einer Küche mit Kohleherd, einem Stockbett und einem Einzelbett ausgestattet. Wasser liefert der Fluss. Die Toilette ist im Schuppen gegenüber. Die Herberge hat auch einen Pilgerstempel!

Wir setzen unseren Weg fort und kommen zu einer Alm. Dann erreichen wir hinter einer Rechtskurve den See **Lysjøen**. Nach 200 m führt unsere Route links in den Wald und ist als **Gammelsaga** ausgezeichnet. *Zur unbewirtschafteten Hütte* ***Finnsbråten*** *führt der Weg geradeaus 900 m weiter. Dabei handelt es sich um eine Sackgasse.* »Welcome to Stange« steht auf einer Holztafel. Wir folgen dem schmalen Waldpfad, der steil auf eine Kuppe klettert. Im weiteren Streckenverlauf ist die Markierung mangelhaft! Der Weg schickt uns abwärts in Wasserlöcher hinein, durch sumpfige Passagen und dann in wildem Zickzack wieder steil bergauf. Schließlich mündet der Pfad in einen Fahrweg, leider ohne Markierung. Wir

Die unbewirtschaftete Pilgerherberge Lysjøhimet (ohne Strom)

gehen nach rechts und in der folgenden Spitzkehre nach links. In der Kehre befinden sich OWZ. Es folgt der See **Granerudsjøen**. Wir wandern bis zur T-Kreuzung und dort links auf den **Granerudsvegen**. Der führt durch ruhigen, schönen Wald. Ein Stein ist mit einem OWZ versehen. Wir erreichen die Hüttenansammlung von **Granerud**. Es geht weiter auf einem breiten Schotterweg. Wir folgen einem blauen Schild mit der Aufschrift »Pilgrimsleden« nach links. Der Fahrweg ist durch OWZ markiert. Wenn von rechts der **Spitalsvegen** auf unseren Weg stößt, biegen wir links ab. An der nächsten Gabelung, nach 1100 m, zeigt ein Schild »Pilgrimsleden« nach rechts in Richtung **Romsætra**. Der schöne Weg führt stetig bergauf durch dichten Fichtenwald. Links im Gras liegt ein kleiner Fels mit GP, hier sind keine offiziellen Wegzeichen!

Es folgt Wald, ganz und gar mit Moos bewachsen. Sehr mooriger Boden. OWZ weisen den Weg zu 3 einsamen Hütten mit dem Namen **Romsætra**. An der ersten Hütte hängt eine Olavswegplakette, es gibt auch GP. Dann befindet sich ein OWZ an der nächsten Hütte.

ACHTUNG: Die Wegfortführung ist hier unklar. Richtig ist: Hinter dem OWZ einige Schritte nach links hinuntergehen und dann weiter nach rechts. So kommt man auf einen Trampelpfad und findet einen GP an einem abgesägten Baumstamm.

Auch hier ist die Fortsetzung des Weges schlecht markiert. Es hängen gelbe Holzbrettchen an Bäumen, ihnen muss man folgen. Der Pfad führt aus dem Wald und stößt auf einen Fahrweg, dort wandern wir nach rechts bis zur Kreuzung mit einer Stromtrasse. Ein OWZ zeigt links in den Wald. Unser Pilgerweg verläuft nun

Die neue kleine Herberge Skomakerbåkken, am Ekebergvegen.

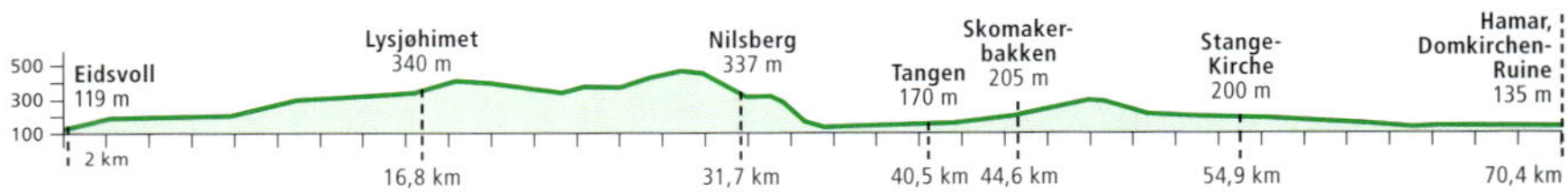

auf einem Trampelpfad, wo wir wieder nach gelben Brettchen gehen. An Bäumen sind auch GP. Mitten im Wald stehen zwei Hütten, an der linken finden wir ein OWZ und hinter der Hütte ebenfalls ein OWZ, das weiter auf den Trampelpfad weist. Wir überqueren einen braunen sehr moorigen Bach. Das Gelände wird flacher. Im Tal unter uns leuchtet jetzt der tiefblaue **Mjøsa-See**, der uns linker Hand bis **Lillehammer** begleiten wird. Unmittelbar vor der Gebäudeansammlung **Nilsberg** erreichen wir die feste Fahrstr. – OWZ.

*Es gibt zu dem beschriebenen Weg eine sehr schöne und leicht zu gehende Alternative: Man ignoriert den ersten Abzweig nach **Romsætra**, läuft 1,2 km auf der Str. weiter und biegt dann rechts in einen sehr schönen Waldweg. Nach 5,8 km erreicht man Nilsberg und ist wieder auf dem markierten OW.*

Nach Querung einer Viehsperre folgen wir der Str. 227 in nördlicher Richtung, sie fällt langsam zum Mjøsa-See ab – der Talblick wird mit jedem Schritt schöner und eindrucksvoller. *640 m hinter Nilsbergbiegt ein Weg links ab. Dieser führt nach 1,8 km zur Herberge **Hestnes Gård** in Espa.*

Vor der E 6 (3,2 km hinter **Nilsberg**) führt der OW in **Espa** durch einen Tunnel bis zur Eisenbahnlinie am Seeufer und weiter Richtung **Tangen**. An der Felswand rechts sind GP und links gegenüber OWZ. Wir gehen zwischen Eisenbahn und Schnellstr. etwa 50 m über dem Wasserspiegel. Die Str. ist kaum befahren, da fast alle Autos über die E 6 rollen. Ein OWZ weist nach links zu einem Schild **Kongevei** mit Königskrone. Wir pilgern also auf dem historischen Königsweg. Der verläuft (nach 1,8 km) links unter der Bahnlinie durch und dann nach rechts weiter am Seeufer entlang. Jetzt liegt rechts die Eisenbahn, links Laubwald und dahinter der See. Sehr schöne Passage. Nach Überquerung der Bahnlinie führt die Str. 229 nach links, zunächst bergauf, 12,1 km weiter bis **Tangen**.

*Der Campingplatz **Tangenodden** liegt links vom Ortskern am Seeufer.*

Wir pilgern auf dem Radweg Richtung **Stange**. Nach 1,5 km – vor der Autowerkstatt – (50 m vor einer Bushaltestelle) weist ein OWZ in die linke Richtung auf einen Weg, der durch Felder zum Waldrand führt. Hier ist die Markierung mangelhaft, es existieren nur GP an einer Tanne und später auf einem Felsblock. An Bienenhäusern stoßen wir auf einen breiten Fahrweg, wo wir rechts wandern. Hinter einem Wohnhaus geht es rechts weiter. Hier gibt es zunächst nur GP, dann folgt ein erstes OWZ. Der OW setzt sich als zugewachsener Trampelpfad nach links fort. Bei Erreichen einer Asphaltstr. (Nr. 204) müssen wir links abbiegen – am Telegrafenmast ist ein GP. Neben der Str. läuft ein schmaler Fahrweg mit einem Schild »Pilgrimsleden«. Dann kommt ein OWZ, welches rechts in den Wald hineinzeigt. Ein Schotterweg führt zurück zur Asphaltstr. 204, der wir nach rechts folgen. Hier ist keine Markierung! Die Str. führt durch Tannenwald zum nächsten OWZ. Dort biegen wir nach 200 m rechts in den **Ekebergvegen**, einen festen Waldfahrweg, ein. Beim **Hof Ekeberg** (nach 3,1 km) queren wir die Str. 204 und

Eidsvoll – Hamar
Teil 1: Eidsvoll – Tangen
Streckenlänge 40,5 km
Tangen
E6
Tangenodden
Camping
698 m
Skreikampen
Hestnes Gård
Espa
Nilsberg
612 m
Romsæterberget
Romsætra
E6
Sannfredstun
Mjøsa
Granerudsjøen
Hütten Granerud
Lysjøen
Finnsbråten
Lysjøhimet
Fløyta
Storenga Camping
Minnesund
Shelter
E6
Haug Pilgrimsrast
Hurdalssjøen
2500 m
Eidsvoll-Kirche
Eidsvoll
Eidsvoll Gamle Prestegårds

gehen geradeaus. Nach 3,6 km ab Tangenodden Camping erreichen wir die Herberge **Husmannsplassen Skomakerbakken**. Wir kennen die Herberge nicht, haben aber nur Positives von kompetenter Seite (Pilgerzentrum Hamer) gehört. Die Herberge hat mehrere Schlafräume, eine einfache Kochgelegenheit und Waschmöglichkeiten draußen, so wie eine Grillhütte. Proviant muss aus Tagen mitgebracht werden (siehe Bild S. 51).

Hinter der Herberge gehen wir geradeaus 5,2 km bis zum Hof **Sastad**. Dort biegen wir links in die Str. 203 und nach 220 m gleich wieder rechts ab in die **Almsgutua**. Wir verlassen die Wälder und erreichen offene Landschaften. Das ist typisch für die Provinz Hedmark. Links liegt der blaue Mjøsa-See und um uns herum liebliche Hügel mit Getreidefeldern.

Vor uns sehen wir die weiße Kirche von Stange mit ihrem schwarzen Turm. Die Stange-Kirche umgehen wir rechts und wandern weiter über den Radweg 7 Richtung **Hamar**.

Hinter der Stange-Kirche liegen die folgenden Herbergen

- nach 0,2 km rechts abbiegen nach Fokhol Gård
- nach weiteren 0,5 km links abbiegen nach Store Gillund Gård
- nach weiteren 1,7 km links abbiegen nach Staure Gård
- nach weiteren 0,1 km rechts abbiegen nach Møyrud
- nach weiteren 1,5 km links am Weg Herkestad Gård

Uns führt der OW nach 5,2 km links in eine schöne Baumallee zum **Hof Atlungstad**, an dem wir rechts auf den Weg **Ottestadstien** laufen.

Wir pilgern mit schönem Blick auf den See zwischen Feldern und über einen Golfplatz. Hier sind keine Wegzeichen! Es folgen eine Asphaltstr. und GP, die uns nach links führen. Geradeaus gehend erreicht man nach 400 m Fjetre Gård. Die Asphaltstr. verlassen wir bei der Fabrik Hias Renseanlegg und biegen dort rechts in einen Waldweg. Hier sind OWZ. Wir verlassen den wunderschönen breiten Weg, der zum Wasser führt und gehen nach rechts – OWZ und GP. Der OW passiert einen Bootsanleger mit Tisch und Bänken – ideal für Brotzeit und zum Naturtanken wenige Kilometer vor Hamar. Nach kurzer Wegstrecke zeigt ein GP nach rechts. Falsch! Am Wasser bleiben – dort passieren wir einen weiteren sehr schönen Rastplatz. Vor dem Seegrundstück mit hübschem Haus biegen wir rechts zur asphaltierten Str. ab und laufen auf ihr nach links weiter. Am Radweg sind OWZ. Wir passieren die 1000 m lange Brücke **Stangebrua** und sehen vor uns die berühmte Eislaufhalle von **Hamar** (s. Karte S. 60). Hinter der Brücke stoßen wir auf einen Kreisel. Gleich hinter dem Kreisel führt der OW nach links Richtung See auf einen Fuß- und Radfahrweg. Es geht hinunter in eine Eisenbahnunterführung. Dann überqueren wir einen großen Parkplatz nach rechts. Wir erreichen das Seeufer, lassen Bahnhof und Stadt rechts liegen und erreichen nach 3,5 km die Glaskathedrale. *An dem Kreisel hinter der Brücke geht es indes rechts zum Wanderheim (760 m; Angaben hierzu am Ende des nächsten Kapitels), das gegenüber der Eislaufhalle liegt.*

Eidsvoll – Hamar
Teil 2: Tangen – Hamar
Streckenlänge 29,9 km
Hedmarktoppen Hytteutleie
Hamar
Seiersted Pensjonat
Pilgrimssenter
Vandrerhjem Vikingskipet
Clarion Hotel
Glas-
kathedrale
E6
Fjetre Gård
Atlungstad
Herkestad Gård
Møyrud
Staure Gård
Fokhol Gård
Stange
Store Gillund Gård
Stange-Kirche
Hof Sastad
Mjøsa
123 m
Prestmarka
311 m
Skomakerbakken
636 m
Tangenodden Camping
Tangen
2500 m

Übernachten und Einkaufen

Übernachtungsmöglichkeiten

- **Haug Pilgrimsrast**, am Weg
  Sandholt/Røkoltgutua 32,
  2080 Eidsvoll
  Tel. 95111032, 90899954
  Koordinaten: 60.342074, 11.283297
- **Shelter/Cottage**, am Weg
  unbewirtschaftete Hütte
  Ljødalsuvegen, Eidsvoll kommune
  Koordinaten: 60.38236, 11.27650
- **Storenga Camping**, 2,3 km vom Weg
  Østsidavegen 860, 2092 Minnesund
  Tel.: 63968352
  E-Mail: hans.petter.flesvig@gmail.com
  Koordinaten: 60.39739, 11.24451
- **Lysjøhimet**, am Weg
  unbewirtschaftete Hütte am
  Südende des Lysjøen-Sees
  Koordinaten: 60.45731, 11.29359
- **Finnsbråten**, 1 km vom Weg
  2338 Espa
  unbewirtschaftete Hütte
  Tel.: 91743712
  E-Mail: sistensr@bbnett.no
  Koordianten: 60.462296, 11.311069
- **Sannfredstun – Spitalen Søndre**,
  am Weg
  Erikstuvegen 38, 2338 Espa
  Tel.: 95731156 und 95731796
  info@sannfredstun.no
  www.sannfredstun.no
  Koordinaten: 60.493801, 11.320760
- **Hestnes Gård**, 1 km vom Weg
  Stenbyveien 16, 2338 Espa
  Tel.: 62580201, 90847534
  E-Mail: mahestne@bbnett.no
  Koordinaten: 60.56314, 11.25871
- **Tangenodden Camping**,
  0,2 km vom Weg
  Tangenveien 54, 2337 Tangen
  Tel.: 90198917
  E-Mail: info@tangenodden.no
  www.tangenodden.no
  Koordinaten: 60.613996, 11.260772

Einkaufsmöglichkeiten

Eidsvoll, Tangen, Hamar

- **Husmannsplassen Skomakerbakken**,
  Ekebergvegen 791, 2337 Tangen
  Tel.: 95980968
  E-Mail: frank.ostby@gmail.com
  Koordinaten: 60.630272, 11.123607
- **Store Gillund Gård**, 900 m vom Weg
  2335 Stange
  Tel.: 62571677, 40404947
  E-Mail: helops@online.no
  www.gillundgaard.no
  Koordinaten: 60.713989, 11.117127
- **Fokhol Gård**, 2 km vom Weg
  Fokholgutua 216, 2335 Stange
  Tel.: 62571979
  E-Mail: fokhol@fokhol.no
  www.fokhol.no
  Koordinaten: 60.722558, 11.153655
- **Staur Gård**, 1,3 km vom Weg
  Vestbygdvegen 226, 2321 Ottestad
  Tel.: 41571222
  E-Mail: vertskap@staur.no
  www.staur.no
  Koordinaten: 60.725771, 11.108879
- **Husmannsplassen Møyrud**,
  1,1 km vom Weg
  Grimerudvegen 118, 2312 Ottestad
  Tel.: 95807032
  E-Mail: heiem@online.no
  www.facebook.com/moyrud
  Koordinaten: 60.738247, 11.135712
- **Herkestad Gård**, am Weg
  Vestbygdveien 370, 2312 Ottestad,
  Tel.: 99352653
  E-Mail:
  annebentepedersenki@gmail.com
  Koordinaten: 60.738228, 11.113067
- **Fjetre Gård**, 0,7 km vom Weg
  Sandvikavegen 185, 2312 Ottestad
  Tel.: 40479319
  E-Mail: sinnerud@bbnett.no
  www.fjetre.no
  Koordinaten: 60.762052, 11.089209

Eine Perle am Olavsweg

Hamar

Hamar, Hauptstadt und Verwaltungszentrum der Hedmark, ist ein besonderer Ort am Olavsweg, deshalb empfehlen wir hier einen Ruhetag und dann einen »Neustart«.

Die Gründe sind vielfältig:

1. In Hamar gibt es ein **Pilgerzentrum** (mit preiswerter Übernachtungsmöglichkeit), in dem man sich alle Informationen für den weiteren Weg holen kann (100 m vor dem Parkplatz des Hedmark-Museums, in dem sich auch die Glaskathedrale befindet.).
2. In Hamar steht die **Domkirchenruine**. 1567 wurde die Kathedrale aus dem 12. Jahrhundert durch Schweden zerstört. Stehengeblieben sind nur Ruinen, die mit einem Glasdach überbaut wurden. Die so entstandene Glaskathedrale oder Domkirchenruine wird heute für Gottesdienste, Konzerte und andere kulturelle Zwecke genutzt. Sie wird von manchen Besuchern als »schönste und eindrucksvollste Kirche« der Welt empfunden. Viele Pilger wählen diese Kirchenruine und mit ihr Hamar als Startpunkt für »ihren« Olavsweg, um von einem geistlichen Zentrum zu einem anderen zu pilgern. Neben der Kirche liegt der wieder aufgebaute Bischofssitz (errichtet im Jahr 1152) mit einem sehenswerten Blumen- und Kräutergarten.
3. In Hamar liegt das **Wanderheim**, hervorgegangen aus dem Olympischen Dorf. Das ist eine richtig schöne Herberge mit vernünftigen Preisen für Übernachtung und Verpflegung.

Hamar ist eine überschaubare Kleinstadt, wunderschön gelegen am Mjøsa-See, mit

Wanderheim und Pilgerherberge Hamar gegenüber der Eislaufhalle

Das gemütliche Pilgerzentrum in Hamar

allen Versorgungsmöglichkeiten für die Fortsetzung der Pilgerreise. Wer im Wanderheim neben der ebenfalls sehenswerten Eissporthalle wohnt, erreicht die Innenstadt in 25 Minuten und die Domkirchenruine in 45 Minuten:

Wer durch die Stadt zur Domkirchenruine möchte, muss vom Wanderheim nach rechts zum Kreisel gehen und dort rechts zum Bahnhof. Die Innenstadt liegt gegenüber. Zur Domkirchenruine gehen wir hinter dem Bahnhof links durch die Unterführung und folgen weiter dem Uferweg bis zum OWZ. Dort geht es nach links am See entlang zur **Glaskathedrale**. Die liegt im **Hedmark-Freilichtmuseum** (historische Häuser der Hedmark) und kann mit dem Pilgerausweis kostenlos besucht werden. Wenige Meter hinter dem Museumseingang befindet sich der Stein »488 km til Nidaros«.

*Wer zum **Clarion Hotel** möchte, folgt am Kreisel nicht dem OW, sondern geht geradeaus und biegt nach 1,2 km rechts in die **Torggata** ab, geht durch die erste Bahnunterführung nach rechts, überquert die Strandgata und biegt links in die **Torgata** ein.*

*Wer zum **Seiersted Pensjonat** oder zum **Clarion Hotel** möchte, verlässt den OW am Kreisel und geht geradeaus. Nach 1,2 km geht es rechts in die **Torggata** zum **Clarion Hotel**. Zum **Seiersted Pensjonat** läuft man 200 m hinter dem Bahnhof nach rechts in den **Vangsvegen** und nach 350 m in die **St. Olavs gate**, die zur **Holsetgata** wird.*

Zur Übernachtung im Hedmarktoppen Hytteutleie sind es vom Hedmark-Freilichtmuseum 3,8 km. Darum macht es Sinn, in diesem Fall auf dem OW weitere 5,3 km zu laufen bis hinter Furuberget. Das beschreiben wir im nächsten Kapitel (s. S. 61).

Wanderheim – Domkirche = 4,2 km

Die Domkirchenruine mit ihrem Glasdach um Mitternacht

Übernachten und Einkaufen

Übernachtungsmöglichkeiten

- **Hamar Vandrerhjem Vikingskipet,**
  0,76 km vom Weg
  Åkersvikvegen 24, 2321 Hamar
  Tel.: 62526060
  E-Mail: hamar@815mjosa.no
  www.815mjosa.no/hamar
  Koordinaten: 60.794882, 11.100311
- **Seiersted Pensjonat**, 1 km vom Weg
  Holsetgata 64, 2318 Hamar
  Tel.: 62521244, 99717066
  E-Mail: hamarbooking@gmail.com
  www.seiersted.no
  Koordinaten: 60.798337, 11.081729
- **Pilgrimssenter Hamar**, am Weg
  Storhamargata 125, 2305 Hamar
  Tel.: 47478266
  E-Mail: hamar@pilegrim.info
  www.pilegrimsleden.no
  Koordinaten: 60.792735, 11.042868
- **Clarion Collection Hotell Astoria,**
  0,3 km vom Weg
  Torggata 23, 2317 Hamar
  Tel.: 62707000
  E-Mail: cc.astoria@choice.no
  www.choise.no
  Koordinaten: 60.793259, 11.07482
- **Hedmarktoppen Hytteutleie,**
  1,5 km vom Weg
  Limhusvegen 15, 2305 Hamar
  Tel.: 62519370
  E-Mail: post@hamar-hytteutleie.no
  www.hamar-hytteutleie.no
  Koordinaten: 60.819519, 11.045895
  (s. Karte Hamar – Lillehamar Teil 1)

Einkaufsmöglichkeiten

Hamar Innenstadt

Kornfelder, Kirchen und Gottesdienst im Stabbur

Hamar – Lillehammer = 72,8 km

Unser Startpunkt in Hamar ist der Pilgerstein im Freilichtmuseum: »488 km til Nidaros«. Der Weg führt an sehr schönen alten Museumshäusern vorbei links zum See hinunter, dann direkt in das angrenzende Eisenbahnmuseum hinein und hinter ihm am Seeufer durch Nadelwald weiter. Auch dort gibt es noch Museumshäuser, immer mit Infotafeln (leider nur in norwegischer Sprache). An allen folgenden Gabelungen ist der OW gut markiert. Wir verlassen das Museum durch ein Tor und kommen zum **Strandvegen**, wo wir erst links und nach 360 m rechts in den **Nystuvegen** abbiegen. Wir unterqueren die Bahnlinie. Nach Kreuzen des **Furubergvegen** pilgern wir an Sportplätzen vorbei zur **Prestrudhalle** (550 m), die wir links liegen lassen. Hinter dem Parkplatz geht es leicht bergauf in den Wald weiter, am **Furubergvegen** links und nach 50 m rechts in das schöne Naturreservat **Furuberget**. Ein wunderschöner Waldpfad führt zunächst bergauf und jenseits der Bergkuppe wieder bergab. Beim Verlassen des Waldes wandern wir 300 m nach rechts über einen Schotterweg mit Heckenrosen und Himbeersträuchern. Rechts liegt der Wald, links haben wir freie Sicht auf goldene Felder und rote Höfe der **Hedmark**. Nun laufen wir links bis zur Str. und dort 360 m nach rechts. Wir stoßen auf eine Landstr., an der es rechts nach **Hamar** und links nach **Jessness** geht. ACHTUNG: Hier ist keine Markierung! Wir müssen nach links Richtung **Jessness**.

*Wer zum Übernachtungsplatz **Hedmarktoppen Hytteutleie** möchte, geht hier 1,4 km nach rechts bis zu den Hütten.*

Nach 470 m, hinter dem weißen Haus **Solhang 188**, gehen wir rechts zu einem auffallend roten Hof mit altem Stabbur, weiter zum Waldrand und dann in den Wald hinein. Wir passieren schöne norwegische Holzhäuser und erreichen die Str. **Hamar – Furnes**. Dort biegen wir nach links ab. Vor uns sehen wir den weißen Kirchturm der **Furnes-Kirche**. An ihr gibt es Bänke im Schatten (für Brotzeit) und ein WC. Hinter der Begrenzungsmauer, gegenüber den Toiletten, gibt es seit 2017 auch einen Pilgerstempel.

Der OW folgt jetzt der Str. Richtung **Berg**. Nach 1,3 km (gemessen ab Furnes-Kirche) liegt links das Gehöft **Bakketun**. ACHTUNG: Hier führt der Weg nach links, direkt am Haus vorbei und geradeaus in ein Brennnesselfeld hinein. Mangelhafte Markierung! Nach 200 m, hinter den Brennnesseln, folgt ein gut begehbarer Feldweg durch den Wald bergab an einem idyllischen Fischteich vorbei und dann in einen richtigen Tunnel aus Nadelbäumen. Hier gibt es riesige Ameisenhaufen! Anschließend kommen ein befestigter Weg und das erste OWZ am Laternenmast. An einer Hausansammlung erreichen wir einen breiten Fahrweg und laufen weiter nach rechts. Im Südwesten haben wir einen wunderschönen Blick auf den Mjøsa-See. *Man hätte auch an dem Abzweig Haus Bakketun geradeaus nach Berg gehen können,* aber der großartige Weg, auf dem wir jetzt pilgern, rechtfertigt den kleinen Umweg. Nach 800 m, 4 km vor **Brumunddal**, stößt der OW wieder auf die Str., die wir kurz hinter Furnes verlassen haben. Wir wandern auf dem **Kongsveg** weiter Richtung E 6, die wir unterqueren und dann nach links parallel zur Schnellstr. Es gibt wieder OWZ bis Brumunddal.

Die ***Herberge Pax Gjestehus*** *finden wir im* ***Kongsvegen*** *Nr. 36.*

Bevor wir einen Kreisel mit Wasserspiel erreichen, gehen wir bei der Tankstelle nach links in die **Gammelgata**. Sie führt uns halbrechts in die **Brugata**, eine Fußgängerzone. Hier gibt es alle Versorgungsmöglichkeiten und Restaurants. Wir queren einen kleinen Platz mit einem Bronzeelch und danach eine Brücke über einen wilden Gebirgsbach. Etwas später verlassen wir die Fußgängerzone. Den nächsten Kreisel durchlaufen wir in einer Unterführung. Dann geht es links in den **Fagerlundvegen**.

Wer im ***Mjøsa Ferie og Fritidssenter*** *übernachten möchte, geht am Kreisel 1,5 km nach links, biegt dann links in den Nesvegen und erreicht nach weiteren 1,5 km sein Tagesziel.*

Nach 1,2 km auf dem Fagerlundvegen biegen wir rechts ab zum Hof **Ånnerud**. Danach geht es links in einen geschotterten Weg zwischen Feldern auf ein Wäldchen zu. Gut ausgeschildert führt uns der Weg wieder aus dem Wald hinaus auf einen Schotterweg, der uns über eine wunderschöne Birkenallee zur Asphaltstraße leitet. Hier gehen wir nach links und erreichen nach 1,2 km die **Veldre-Kirche**.

Die **Veldre-Kirche** ist üblicherweise geschlossen, wenn man als Pilger vorbeikommt. Aber im linken Turmzimmer unten ist die Tür vom 1.5. – 15.10. geöffnet. Dort ist ein kleiner Gebetsraum und der Pilger findet auch einen Stempel für den Pilgerausweis.

150 m vor der Kirche befindet sich die **Pilgerherberge im Konfirmantsalen** – rechts von der Str. und gut markiert.

Unmittelbar hinter der Prestrudhalle führt der Olavsweg raus aus der Stadt und hinein in den Wald.

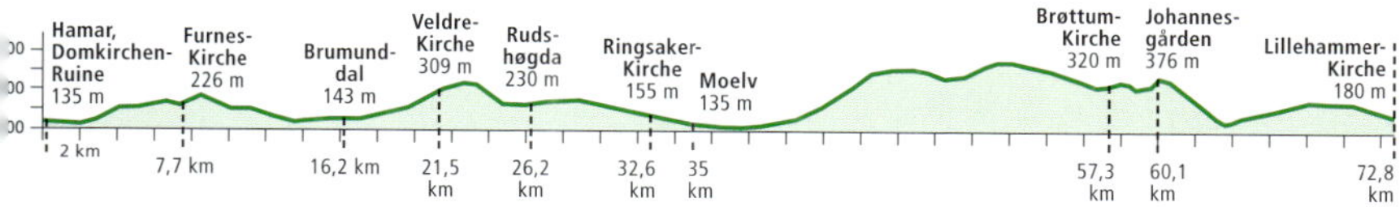

600 m hinter der Kirche stößt der OW rechts auf den **Præstvegen** und nach 500 m führt er links in den Wald (Privatweg). Wir passieren schöne norwegische Holzhäuser. Nach 370 m biegen wir rechts auf eine Asphaltstr. und dann links in den Wald ab. Ein Bach wird auf einer stabilen Brücke überquert, dahinter verläuft der Weg bergab in ein kleines Tal. Der Fahrweg endet auf einer Wiese, ein schmaler Pfad bringt uns (mangelhafte Markierung) zu einer 500 Jahre alten Pinie mit Infotafel. Gleich dahinter schließt sich eine Flussüberquerung an. Nun führt die Passage durch wildes Gebüsch wieder auf einen festen Fahrweg. Eine Bahnlinie wird überquert, gefolgt von einer Fahrstr. durch Mischwald. Wir kommen wieder auf den Præstvegen, passieren schöne Wohnhäuser und erreichen die Shell-Tankstelle in **Rudshøgda** (mit Einkaufsmöglichkeiten) direkt vor der Kreuzung mit der E6. *Auf dem Gelände befindet sich auch die Unterkunft **Kroene På Rudshøgda**.* Der OW führt am Kreisel links hinüber. Die Markierungen durch OWZ sind hier gut. Hinter der E6 wandern wir nach links und am 1. Kreisel rechts Richtung **Prøysenstua**.

Nach 1,1 km passiert der Weg das **Prøysenhuset** (ein Besuch des Schriftsteller-

Die Veldre-Kirche am Weg bietet Übernachtungen im Pfarrhof an.

Die Ringsaker-Kirche und ihr katholischer Altar

Die Ringsaker-Kirche ist dem Heiligen Olav geweiht und schon deshalb ein Muss für jeden Pilger. Die kleine Basilika wurde im 12. Jahrhundert gebaut und ist bis heute weitgehend unverändert erhalten geblieben. Deshalb gehört sie zu den großen Kirchenschätzen Norwegens.
Der einzigartige Altarschrank wurde in Antwerpen kurz vor der Reformation geschnitzt. Das Kunstwerk besteht aus fast 100 großen und kleinen, teilweise vergoldeten Figuren und einer sehr realistischen Darstellung von Christi Leib und Blut im unteren Mittelteil. Der barocke Altar ist also urkatholisch – und das war auch Pastor Ansten Jonssøn Skonk bei der Bestellung.
Aber der Altarbestellung in Antwerpen folgte 1536 schnell die Reformation und – fast – ganz Norwegen wurde protestantisch, weil der König protestantisch wurde.
Aus dem katholischen Pfarrer wurde ein lutherischer Pastor, der »seinen« urkatholischen Altar nach dessen Lieferung so sehr liebte, dass er ihn beibehielt.
Bis heute ist der Altar der alten Ringsaker-Kirche der katholischste in Norwegen – und auch die Protestanten lieben ihn ! So kann Ökumene funktionieren – nicht nur am Olavsweg.

hauses lohnt sich!). Hier endet der Fahrweg. Der Præstvegen wird jetzt zu einem wunderschönen Waldweg. Jenseits vom Wald geht ein Fahrweg nach links, der OW verläuft aber geradeaus und wird zu einem schmalen Pfad (gute Markierung). Dieser mündet wieder in einen Fahrweg. Zunächst führt er durch Felder und dann erneut in dunklen Wald hinein. An einer Asphaltstr. (1,8 km hinter dem Prøysenhuset) endet der Præstvegen, hier biegen wir links ab (mangelhafte Markierung!). Erst nach 100 m folgt das erste OWZ. Rechts sehen wir die Spitze der **Ringsaker-Kirche**. Wir erreichen eine T-Kreuzung und pilgern nach rechts noch 2 km bis zur Ringsaker-Kirche.

1,5 km hinter diesem Abzweig finden wir links liegend die Herberge ***Sveinhaug gård & historisk pensjonat****. An der* ***Ringsaker-Kirche*** *gibt es eine kleine* ***Pilgerherberge*** *mit 4 Stockbetten und Küche.*

Von der Ringsaker-Kirche folgen wir der Str. 2,4 km auf dem Radweg weiter bis **Moelv**. Rechts liegen schönste Häuser und links der Mjøsa-See. Kurz vor Moelv verläuft der Rad- und OW nach rechts und gleich wieder nach links. Dann geht es bergab durch eine Unterführung zurück zur Straße 213.

Wir folgen dem Fahrradweg. Am Beginn des **Mjøsasees**, kurz vor dem Campingplatz **Steinvik** in Moelv, verlassen wir die Straße und gehen zum Wasser hinunter. Der Weg verläuft links der Leitplanke und ein Schild nennt uns den Namen der Bucht: **„Evjuvika"**. Beim ersten großen Bootsanleger finden wir Bänke und Tische. Ein wunderschöner Rastplatz. Der Weg führt uns jetzt genau auf und durch den Campingplatz **Steinvik**, vorbei an der Rezeption und dann halblinks am Wasser entlang. Auf dem Campingplatz sind keine Markierungen, aber der Weg ist nicht zu

Pilgerherberge an der Ringsaker-Kirche

Bauernhäuser aus dem Gudbrandstal im Maihaugen-Freilichtmuseum

übersehen. Wir halten uns am Wasser und verlassen den Campingplatz durch ein Tor in einem Holzzaun, dort ist wieder die Markierung. Jetzt tauchen wir in einen dunklen Nadelwald ein und dort hängen auch die ersten Hängebrettchen. Der Waldweg ist wunderschön, dunkel und schattig. Auch hier gibt es wieder Rastplätze mit Tischen und Bänken direkt am Seeufer. Wir passieren einen Bootshafen, dort gibt es wieder mehrere OWZ, gehen auf dem **Strandvegen** weiter und durch die Brückenunterführung der E6. Jetzt biegen wir nach links ab. Es folgt ein Waldweg mit mangelhafter Markierung. Aber man kann sich nicht wirklich verlaufen, denn links ist das Seeufer und rechts – nicht weit entfernt – die Hauptstr. von Moelv, die wir 1,9 km hinter der E6-Unterführung erreichen. *Der Pilger kann auch den Abzweig über den Campingplatz ignorieren und durch Moelv – mit allen Versorgungsmöglichkeiten – Richtung **Lillehammer** pilgern. Am Ortsausgang trifft er wieder auf den markierten OW.*

An der Hauptstr. 213 setzen wir unseren Weg nach links gehend auf dem Radweg fort. Nach 1,9 km sehen wir eine Gärtnerei, an der wir rechts Richtung **Lundehagen** abbiegen. Der OW folgt in Serpentinen der Str. bergauf. *In der ersten Kehre liegt auf der linken Seite die Herberge Ringli.* Die Ausblicke zum See hinunter werden mit jedem gewonnenen Höhenmeter großartiger. Die Markierung ist gut. Hinter der letzten Kehre, kurz vor Lundehagen, führt der OW weg von den spektakulären Aussichten zum See in einen Wald hinein, ist aber weiter wunderschön zu gehen. Nach weiteren 3,6 km kommt eine T-Kreuzung, wir laufen rechts Richtung **Byen** und nach 1 km links auf den Fahrweg Richtung **Purke Svea**. Der Weg endet im **Hof Svea**. (Das ist nicht Purke Svea). Aber so weit müssen wir gar nicht gehen! Bereits nach 100 m biegen wir rechts ab auf einen schmalen Waldpfad. ACHTUNG: Der Abzweig ist leicht zu übersehen. Genau auf die Markierung achten! Dieser Waldweg ist märchenhaft schön – aber man muss auf Elche achten. Hier treiben sich besonders viele herum, die früh morgens auf den nahen Höfen Äpfel und anderes Obst klauen! Die Markierung ist sehr gut und die Waldpassage besonders eindrucksvoll. Es gehört zu den Besonderheiten des gesamten

E6
Moelv
Steinvik Camping
Prøysenhuset
Rudshøgda
Ringsaker-Kirche
Sveinhaug gård
Slettumvegen
Mjøsa
Gjøvik
2500 m

Hamar – Lillehammer
Teil 1: Hamar – Moelv
Streckenlänge 35 km
Konfirmantsalen Veldre
Veldre-Kirche
Brumunddal
633 m
Vangsåsen
E6
1. Pax Gjestehus
2. Kongsvegen Pilegrimsherberge
Mjøsa Ferie og Fritidssenter
berget
486 m
Furnesfjorden
Lykset
Furnes-Kirche
E6
Hedmarktoppen Hytteutleie
Mjøsa
123 m
Hamar
Seiersted Pensjonat
Clarion Hotel
Pilgrimssenter
Glaskathedrale
Vandrerhjem Vikingskipet

Lillehammer
Lillehammer-Kirche
Langset
E6
Bergseng
Johannesgården
Mjøsa
123 m
Brøttum-Kirche
Brøttum Camping
E6
Vismunda
Biri-Kirche
806 m
Åsgardshaugen
794 m
3000 m

Hamar – Lillehammer
Teil 2: Moelv – Lillehammer-Kirche
Streckenlänge 37,8 km
Nord Mesna
Sør Mesna
Lismarka
Næra
Biskopåsen
527 m
Hof Svea
Amlisberget
595 m
Lundehagen
Mjøsa
Ringen
Ringli
Moelv
E6
Steinvik Camping

Weges, dass wir Stunden auf einer Str. gehen und dort mit einzigartigen Ausblicken belohnt werden und dann plötzlich in dunkle Wälder eintauchen, wo hinter jedem Baum ein Troll oder zumindest ein Elch stehen könnte. Dieser Weg erreicht nach 1,4 km die Str. Richtung **Brøttum**, wo wir links abbiegen. Vom Höhenweg gibt es wieder wunderschöne Blicke auf den Mjøsa-See. Wir wandern auf dem **Nærosvegen** und später auf dem **Kløvstadhøgtvegen**. Vor Brøttum kommt eine scharfe Rechtskurve – in der wir ein tolles Panorama haben auf den kleinen Ort mit Kirche und Supermarkt direkt am Weg.

500 m hinter der scharfen Rechtskurve geht man links 300 m bis zum ***Campingplatz Brøttum****.*

Hinter dem Supermarkt laufen wir 250 m bis zum **Hof Mælum**, dort links in den Hof hinein und dann rechts durch das Tor hinaus in Wiesengelände. Es gibt wieder schöne Ausblicke auf den Mjøsa-See. Jetzt folgen verschiedene Holzgatter, immer mit guter Markierung. Wir durchpilgern ein Birkenwäldchen mit Infotafeln, leider nur in norwegischer Sprache. Gleiches gilt für die folgenden Tafeln über Blaubeeren, Vögel und andere Waldbewohner. Viele Holzgatter kann man durch spezielle Pforten gut umgehen. Dieser dunkle Wald strahlt große Ruhe aus, die E6 ist ja auch weit weg am jenseitigen Seeufer. Der OW führt weiter geradeaus, aber es gibt einen gut markierten Abzweig nach rechts zur Pilgerherberge **Johannesgården**.

Im Stabbur befindet sich eine Kapelle, die für Andachten oder Meditationen genutzt wird.

Bei Regenwetter kann der Pilger Johannesgården auch über die Str. erreichen: Beim Abzweig zum Hof Mæhlum bleibt man dann auf dem asphaltierten Radweg und geht weiter zur T-Kreuzung und dort nach links auf den **Holtevegen** *Richtung* **Bergseng**. *Nach 2,2 km ab* Supermarkt *liegt Johannesgården rechts am Weg.*
Johannesgården gehört zu den ausnehmend schönen Herbergen am OW; an diesem Ort lässt sich besonders gut meditieren; im schönen Garten der Herberge haben wir im Juni bis 23 Uhr in der Mitternachtssonne gesessen. Im alten Stabbur bietet Karen, die freundliche Leiterin der Herberge, für Gruppen späte Abendandachten an. Da konnten wir das »Vaterunser« in mehreren Sprachen gleichzeitig beten – einen schöneren Tagesabschluss kann sich ein Pilger kaum wünschen.
Der OW führt von Johånnesgarden auf festem Fahrweg weiter leicht bergab zur asphaltierten Str. 213 Moelv – Lillehammer. Wer nicht den Abzweig nach Johannesgården nimmt, läuft geradeaus und kommt auch auf den festen Fahrweg. Die Str. 213 wird überquert, dann gehen wir Richtung **Bergseng**. Gute Markierung. In Serpentinen wandern wir hinunter zum Seeufer und dort – leicht oberhalb zwischen Ufer, Baumgruppen und einzelnen Häusern – weiter nach Norden. Die Str. ist teilweise asphaltiert und dann wieder geschottert. Wir pilgern auf dem **Kongsvegen** und treffen auf einen markierten Abzweig nach links in Farmland hinein, der mitten durch Felder und nasse Wiesen läuft und dann wieder zur Str. zurückführt. Wir raten ab. *Man kann getrost auf der Str., die nach Lillehammer führt, bleiben und verpasst nichts.*
Vor uns sehen wir die große Olympiaschanze an den Hängen oberhalb von **Lillehammer**. Unmittelbar vor Lillehammer

Der Pilgerweg führt über Bergseng am Seeufer entlang nach Lillehammer.

befindet sich rechts eine Statoil-Tankstelle. 200 m hinter ihr macht die 213 eine Linkskurve, genau da gibt es eine Unterführung. Der OW verläuft rechts hinunter zur Unterführung und dort nach links unter der Str. durch. Der OW führt über einen Bach (Holzbrücke) zur nächsten T-Kreuzung. Dort geht es links weiter. Keine Markierung. Wir laufen durch eine ruhige Wohnsiedlung bis zum **Årettaveien**, dann rechts in die **Møinichens gate** und später nach links in die **Weidemanns gate**. Hinter einer Rechtskurve taucht die **Kirche von Lillehammer** vor uns auf. Der Weg stößt auf einen Sportplatz, dahinter erreicht man die Kirche. Vor der Kirche steht ein Stein: »417 km til Nidaros«.
Hier trifft der Westweg auf den von uns gelaufenen Ostweg, und von hier führt nur noch *ein* Weg weiter nach Trondheim!
Wer das OWZ an der Unterführung (hinter der Statoil-Tankstelle) übersieht, kann auch auf der Str. 213 bis zur Lillehammer-Kirche weitergehen.

Übernachten und Einkaufen

Übernachtungsmöglichkeiten

- **Kongsvegen Pilgegrimsherberge,** am Weg
  Kongsvegen 93, 2380 Brumunddal
  Tel.: 99379921
  E-Mail: kongsvegen93@gmail.com
- **Pax Gjestehus**, am Weg
  Kongsvegen 36, 2380 Brumunddal
  Tel.: 95731105
  E-Mail: in-braas@online.no
  www.paxgjestehus.com
  Koordinaten: 60.878034, 10.950255
- **Mjøsa Ferie og Fritidssenter,** 3 km vom Weg
  Bureisvegen 5, 2380 Brumunddal
  Tel.: 62359800
  E-Mail: post@mjosaferie.no
  www.mjosaferie.no
  Koordinaten: 60.879493, 10.890927
- **Konfirmantsalen**, Veldre, am Weg
  Flesakervegen 15, 2380 Brumunddal
  5,3 km hinter Brumunddal
  Tel.: 47719326
  E-Mail: konfirmantsalen@gmail.com
  www.konfirmantsalen.blogspot.com
  Koordinaten: 60.918706, 10.893341
- **Frich's Motell Rudshøgda**, am Weg
  Rudsvegen 3, 2360 Rudshøgda
  Tel.: 62355050
  E-Mail: rudshogda@frich.no
  www.frich.no/no/rudshøgda
  Koordinaten: 60.911831, 10.812640
- **Sveinhaug gård & historisk pensjonat,** am Weg
  Åshøgdvegen 606, 2360 Rudshøgda
  600 m vor Ringsaker-Kirche
  Tel.: 62364421, 90938045
  E-Mail: sveinhaug@sveinhauggard.no
  www.sveinhauggard.no
  Koordinaten: 60.902354, 10.736389
- **Pilegrimsstuggua Ringsaker Kirche,** am Weg
  Storgata 554, 2390 Moelv
  Tel.: 91142194
  E-Mail: post@kirken-ringsaker.no
  www.kirken-ringsaker.no
  Koordinaten: 60.90289, 10.72475
- **Steinvik Camping og Hyttegrend,** am Weg
  Kastbakkveien 5, 2390 Moelv
  Tel.: 62367228, 91703880
  E-Mail: nur über Internetseite möglich
  www.steinvik-camping.net
  Koordinaten: 60.917189, 10.701499
- **Ringli**, am Weg
  Ringsvegen 44, 2390 Moelv
  Tel.: 45414373, 47458906
  E-Mail: sunde.solvi@gmail.com
  Koordinaten: 60.958260, 10.676520
- **Ringen Rehabiliteringssenter**, am Weg
  Nordre Ringveg 82, 2390 Moelv
  Tel.: 62334500
  E-Mail: post@ringen-rehab.no
  www.ringen-rehab.no/
- **Brøttum Camping,** 1 km vom Weg
  an Str. 213, Turistvegen 1265,
  2372 Brøttum
  Tel.: 62360275, 99626803
  E-Mail: simen.mahlum@gmail.com
  www.brottumcamping.no
  Koordinaten: 61.02423, 10.55380
- **Johannesgården**, 0,6 km vom Weg
  Holtevegen 190, 2372 Brøttum
  Tel.: 93035018
  E-Mail: post@johannesgarden.no
  www.johannesgarden.no
  Koordinaten: 61.039485, 10.5271

Einkaufsmöglichkeiten:

Hamar, Brumunddal, Rudshøgda, Moelv, Brøttum, Lillehammer

Let's go west

Oslo Bispegården – Haslum = 19,8 km

Der Westweg beginnt wie der Ostweg am **Bispegården** und zweigt nach 600 m auf der Halvards Gate nach links in den **Åkebergveien** ab. Hinter dem nächsten Kreisel biegen wir rechts in die **Brinken** ab. Am Anfang der Brinken führen 50 m steil bergauf. An der ersten Kreuzung bleiben wir auf der Brinken, nicht nach links gehen! Erst am Ende der Str. befinden sich OWZ an Laternenmasten. Die Str. endet in einem Wendehammer, wir laufen in den dahinter liegenden Hof und links aus ihm hinaus. Keine OWZ! Wir stoßen auf eine Kreuzung – dort sind OWZ – überqueren den **Økernveien** und die **Finnmarkgata** auf Zebrastreifen. Der **Okernveien** wird zur **Hagegata** die uns über die **Toyengata** in den **Toyenpark** führt. Wir folgen dem Parkweg nach links und verlassen ihn nach 170 m. Wir biegen rechts in die **Jens Bjelkes gate** und finden an einem alten blauen Haus OWZ. Nach Überquerung der **Sexes gate** und der **Tøyengata** kommen wir zum Botanischen Garten, den wir rechts liegen lassen. Unser Weg führt weiter geradeaus und bleibt in der Jens Bjelkes gate. Keine OWZ! Die Jens Bjelkes gate wird zu einer Sackgasse, aber nur für Autofahrer. Wir queren den **Trondheimsveien** und bleiben auf der Jens Bjelkes gate, erreichen dann eine T-Kreuzung und finden OWZ. Weiter nach links in die **Rathkes gate**. An der nächsten Kreuzung passieren wir die **Toftes gate** und stoßen rechts auf einen kleinen grünen Park, den **Schous plass**. Rechts ist ein Kino. Wir überqueren den gepflasterten Platz davor und treffen auf eine Ampelanlage, an der wir links in die **Nordre gate** laufen. Auf der **Nordre gate** überqueren wir den Fluss Akerselva, die Str. heißt jetzt **Møllerveien**. Nach wenigen Schritten folgt eine Kreuzung, dort pilgern wir rechts in den **Maridalsveien** und gleich wieder links – einige Stufen hinauf – Richtung

Kirchenruinen aus dem späten Mittelalter im Bispegården

Oslo Bispegården – Haslum
Streckenlänge 19,8 km
Sæteren Gård
Biwak-Hütte
Biwak-Hütte
Haslum
Haslum-Kirche
Bekkestua
Lysaker
Fornebu
Oslo Fjord
1000 m

Oslo
Vandrerhjem
Haraldsheim
Gjestehuset
Lovisenberg
Frogner-Park
Gamle-Aker-Kirche
Anker Hostel
Oslo
Bygdøy
Marien-Kirche
Oslo Fjord

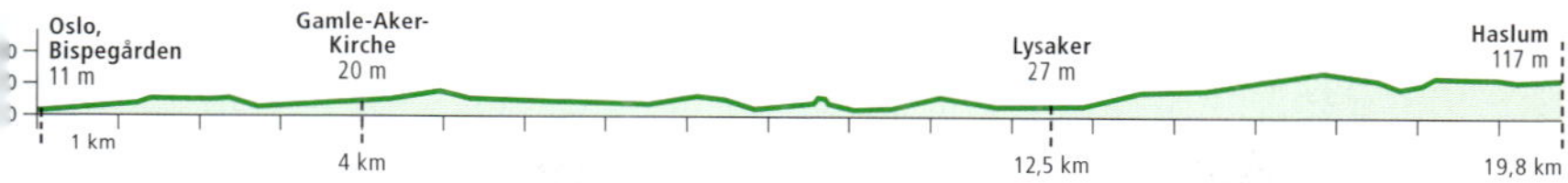

Gamle-Aker-Kirche. Nach ca. 100 Schritten folgt rechts eine Gartenanlage, die OWZ sind hier von Wicken überwuchert. Wir gehen nach rechts und erreichen über einen schmalen Schotterweg die Gamle-Aker-Kirche. Diese Kirche aus dem 11. Jahrhundert ist Oslos ältestes Gebäude und die einzige mittelalterliche Kirche in Oslo, die bis heute genutzt wird. Leider ist auch diese Kirche (eine dreischiffige romanische Basilika) meistens geschlossen. Im **Telthusbakken** stehen sehenswerte Holzhäuser aus dem 18. Jahrhundert. An Haus Nr. 27 finden wir ein OWZ.

Unsere Route führt links auf dem Telthusbakken weiter. Nach wenigen Schritten gehen wir nach links in den **Akersbakken**. Im Haus Nr. 30 befindet sich das **Pilgerzentrum Oslo**.

*Wer zum **Gjestehuset Lovisenberg** möchte, geht 50 m hinter dem Pilgerzentrum rechts in den Bergstien, an dessen Ende rechts in den Geitmyrsveien und kommt nach 600 m rechts in die Lovisenberggata.*

Am Ende des Friedhofs halten wir uns rechts in den **Ullevalsveien** und gehen gleich wieder links in den **Dalsbergstien**. OWZ. Wir biegen einmal rechts und einmal links ab, um dann an einer T-Kreuzung nach rechts in die **Pilestredet** und gleich wieder nach links in den **Homansbakken** zu gehen. Keine OWZ! Wir laufen in eine Sackgasse, queren einen Parkplatz und stoßen auf die **Josefines gate**. Keine OWZ! Hier geht es nach links. An der Kreuzung **Hegdenhaugsveien** ist wieder ein OWZ an einem Laternenmast. Jetzt nach rechts und nach ca. 50 Schritten links in die

In Oslo führt der Westweg durch den Frogner-Park mit seinen großartigen Skulpturen von Gustav Vigeland.

Professor Dahls gate abbiegen. Dort gibt es wieder OWZ. Am Linksknick der Prof. Dahls gate gehen wir rechts über den Zebrastreifen in den **Majorstuveien** und nach 150 m links in die **Industrigata**. OWZ. Nach 70 m führt der OW rechts in die **Ole Fladagers gate**. Die **St. Dominikus-Kirche** lassen wir rechts liegen. Nun wird aus der Ole Fladagers gate die **Middelthuns gate**. Wir überqueren den **Kirkeveien** und gehen am **Frogner-Stadion** vorbei. Danach führen uns die OW-Zeichen durch den **Frogner-Park**. Wir verlassen ihn nach rechts und passieren die Rückseite eines Alters- und Krankenhauses. Rechts gibt es ein großzügiges Areal für verschiedene Sportdisziplinen, das zur **Skøyen Skole** gehört. Hinter der Schule steht die **Skøyen-Kirche**, wir lassen sie rechts liegen und folgen dem Fuß- und Radweg. An dem Schild, das auf spielende Kinder hinweist, ist ein OWZ ohne Richtungspfeil. Dort müssen wir nach rechts und bergab! Der Weg führt weiter durch schöne Grünanlagen mit Reihenhäusern und Wohnblocks. Wir kreuzen den **Konventveien** und wandern auf einem Schotterweg in den Wald. An der Brücke über den Fluss Hoffselva befindet sich ein OWZ. Wir laufen weiter geradeaus bis zum **Hoffsveien**, den wir überqueren und kommen auf einem Fuß- und Fahrradweg in den **St. Edmunds vei**, dem wir in einer leichten Rechts-Kurve für 900 m folgen. Dann biegen wir kurz in den **Bekkefaret** nach links ab und 100 m weiter schon wieder nach rechts in den **Ullernveien**. Nach 60 m wenden wir uns nach links durch eine Siedlung hindurch bis wir auf den **Bestumsveien** stoßen. Wir durchlaufen eine schöne Villengegend. Nach Querung des **Vækerøveien** stoßen wir auf OWZ. Wir folgen dem **Bestumveien** bis zum Kreisel, wo wir rechts in den **Lilleakerveien** gehen. Beim ersten Zebrastreifen auf die linke Straßenseite wechseln. In **Lysaker** gibt es gute Möglichkeiten für Kaffee- und Brotzeitpausen (mehrere Lokale). Jenseits des kleinen Zentrums CC Vesth laufen wir links durch die Unterführung

Eine einfache Ruhebank am Weg ist besser als gar keine.

und dahinter nach links leicht bergauf ins Grüne. Der Schotterweg steigt zu Häusern hoch und am Fluss Lysakerelva entlang. Wir queren den Granfossen und finden an der Brücke OWZ, hinter denen wir nach rechts gehen. Wir sind immer noch mitten in Oslo, pilgern aber im Grünen, hören das Rauschen von Wasser und Bäumen und dazu Vogelgezwitscher.

Wir passieren die Jar Schule. Erst an der nächsten Kreuzung sehen wir, dass die Str. **Vollsveien** heißt. Nach wenigen Schritten kommt der **Storengveien** von links. Dort queren wir unsere Str. auf dem Zebrastreifen und finden OWZ. Kurz danach biegen wir links in den **Wedel Jarlsbergs vei**, und nach 30 Schritten wieder nach rechts in den **Peder Ankers vei**. Der Weg klettert steil bergauf und stößt auf den **Skogveien**, wo wir uns rechts halten. Hinter dem Haus 5b (100 m) biegen wir nach links in einen schmalen Fahrweg.

Der Pfad führt auf einen breiteren Asphaltweg, den Alfheimveien, bis zum markierten Abzweig nach links. Wir erreichen den **Jarveien** und laufen rechts durch ein schönes stilles Wohngebiet mit großen Gärten. Der Jarveien trifft an der T-Kreuzung wieder auf den Vollsveien. Wir gehen nach links und überqueren auf der Brücke die Eisenbahn und die Schnellstr. Bærumsveien. Am folgenden Kreisel wandern wir rechts in den **Vollsveien**, den wir am nächsten Kreisel nach links gehend wieder verlassen. Unsere neue Str. heißt **Bjerkelundsveien**. An der Kreuzung mit dem **Nordveien** halten wir uns rechts und nach 30 m wieder links in eine kleine nur für Anlieger freie Fahrstr. Dieser Weg führt zum Krankenhaus, das wir zunächst rechts liegen lassen. Wir gehen dann in den Innenhof des Krankenhauses und dort die Metalltreppe hoch – OWZ. Nach Erreichen einer Terrassenfläche laufen wir links auf die Fahrstr. **Capralhaugen**. Hier haben wir einen schönen Blick gen Süden auf den **Oslofjord**. Am Ende des Capralhaugen biegen wir links in den Fuß- und Radweg, der bergab führt. Aus dem Weg wird eine Zufahrtstr., die **Gamle Grav vei** heißt und nach 200 m auf den **Hosleveien** stößt. Dort wandern wir rechts und passieren nach 100 m den **Nadderudveien**, bleiben aber auf dem Hosleveien. Am nächsten Kreisel biegen wir rechts in den **Magnus Blikstadts vei** ein. Wenige Schritte später gibt es eine Gabelung, an der wir links im Magnus Blikstadts vei bleiben und nach 80 m links auf den Fuß- und Radweg abbiegen, der als schmaler Schotterweg in den Wald führt. Der Weg quert einige Str. und mündet in den **Hoslebakken**. Nach 80 m betreten wir rechts einen kleinen Schotterweg. Wir passieren einen Hof. An der Reitanlage gehen wir nach links. OWZ befinden sich in Bäumen (Hängebrettchen). Wir pilgern die **Hoslegata** hinunter und stoßen auf den **Gamle Ringeriksvei**. Wir haben **Haslum** und damit die Stadtgrenze erreicht.

*An dieser Kreuzung führt der OW rechts weiter! Wir können aber auch die Str. queren und am Krematorium vorbei zur **Haslum-Kirche** gehen; entweder über den Kirkeveien oder – wie ausgeschildert – über den Friedhof.*

*Wenn wir den Gamle Ringeriksvei nach links gehen, erreichen wir nach 20 Minuten den Stadtteil **Bekkestua** mit allen Versorgungsmöglichkeiten und dem Bahnhof der T-Bane (U-Bahn von Oslo) falls man zur Übernachtung nach Oslo zum alten Quartier zurück möchte.*

Wer bis zur Pilgerherberge **Sæteren Gård** möchte (2,8 km), geht auf dem OW 1,2 km weiter und zweigt dann rechts ab in den Waldweg Murenveien (siehe nächstes Kapitel).

Übernachten und Einkaufen

Übernachtungsmöglichkeiten

- **Oslo Vandrerhjem Haraldsheim,**
  5 km vom Weg
  Haraldsheimveien 4, 0409 Oslo
  Tel.: 22222965, 22155043
  E-Mail: oslo.haraldsheim@hihostels.no
  www.haraldsheim.no
  Koordinaten: 59.941105, 10.788360
- **Anker Hostel**, 2 km vom Weg
  Storgata 55, 0182 Oslo
  Tel.: 22997200
  E-Mail: bookinghostel@anker.oslo.no
  www.ankerhostel.no
  Koordinaten:59.917236, 10.757654
- **Gjestehuset Lovisenberg,**
  4,4 km vom Startstein,
  1,3 km von Gamle-Aker-Kirche
  Lovisenberggata 15 A, 0456 Oslo
  Tel.: 22358300
  E-Mail: gjestehuset@lovisenberg.no
  www.gjestehuset.lovisenberg.no
  Koordinaten: 59.93407, 10.74849
- **Bærum Lean** (kostenlos) und
  Garlaus Markastue
  2 unbewirtschaftete Hütten,
  unterhalb des Gardlaushøgda,
  etwas abseits vom Weg
- **Sæteren Gård**, 0,8 km vom Weg
  Leiter: Ane Marte u.
  Jan Kenneth Gussiås
  Murenveien 151, 1356 Bekkestua
  Tel.: 67581850, 91916501
  E-Mail: turinfo@dntoslo.no
  www.seterengard.dntoslo.no
  Koordinaten: 59.947854, 10.562196

Weitere Herbergen siehe Ost-Weg (S. 33).

Der Weg zu den Herbergen vom Bahnhofsvorplatz der Oslo Sentralstasjon in der Strandgata:
Zum Anker Hostel: Aus dem Bahnhof kommend nach rechts in die Nygata und dort weiter bis zur Storgata gehen. Nach rechts abbiegen.
Zum Gjestehuset Lovisenberg: Von Oslo Sentralstasjon mit dem Bus 37 Richtung Nydalen bis Lovisenberg. Auf der gegenüberliegenden Straßenseite nach rechts gehen und sofort wieder links in einen kleinen Fußweg. Nach 300 m erreicht man das Gjestehuset.
Zum Oslo ***Vandrerhjem Haraldsheim****:*
Von Oslo ***Sentralstasjon*** *mit der Tram 17 Richtung* ***Sinsen-Grefsen*** *stasjon bis* ***Sinsenkrysset*** *fahren. Neben der Bushaltelle quer durch den* ***Muslundenpark*** *auf das Wanderheim zugehen.*

Da sich die Busverbindungen ändern können, bitte vorher im Internet überprüfen unter:
https://ruter.no/en/

Einkaufsmöglichkeiten

Oslo:
Von der St.Halvards Gate nach links in die Schweigaards Gate;
am ersten Kreisel hinter Galgeberg;
Brinken, kurz hinter der Ullensakergata;
Økernveien/Hagegata;
Tronheimveien/Jens Bjelkes gate;
Dalsbergstien ; Neubergstraße, hinter der St. Dominikus-Kirche;
Engebretsvei, Querstr. zum Hoffsveien;
am Lilleakerveien
Dies sind nur einige Nennungen,
es gibt weitere Möglichkeiten am Weg.
Bekkestua, Haslum

Ein Traumweg mit Hindernissen

Haslum – Bønsnes-Kirche = 39,8 km

Vor der Haslum-Kirche zeigt ein OWZ nach Norden. Wir gehen nicht hinunter auf den Friedhof (von dort sind wir gekommen, wenn wir den OWZ gefolgt sind), sondern auf dem ***Kirkeveien*** *am Krematorium vorbei zum* ***Gamle Ringeriksvei****.* Dort gehen wir nach links auf dem Radweg bis zum Kreisel. Vor ihm überqueren wir die Str. auf dem Zebrastreifen und nehmen den Radweg bergab zur Brücke. Vor der Bücke gibt es einen kleinen Abzweig, der nach 170 m wieder auf den Radweg kommt. Im Verlauf des Weges bis **Sundvollen** gibt es immer wieder solche Abzweige vom Hauptweg, die uns in das Gelände führen. Diese kann man auslassen, da sie immer wieder zum Hauptweg zurückführen.

500 m weiter führt der OW rechts auf eine Schotterstr. An der ersten Gabelung sind OWZ. Dieser Markierung folgen wir in den Wald.

Der rechte Weg führt zur Herberge Sæteren Gård = 1,6 km. Von der Herberge kommt man wieder zum OW. Wer auf dem Pilgerweg bleibt, findet 2 Abzweige zu unbewirtschafteten Biwak-Hütten: **Garlaus Markastue** *und* **Bærum Lean.**

Der Pilgrimsleden führt tiefer in einen dunklen Wald. Der Weg klettert bergauf über nackten Fels – bei Nässe rutschig. Nach 1 km wird der OW flacher, an Bäumen hängen OWZ. Der Weg wird breiter und weniger felsig. Es ist erstaunlich, wie schnell wir hinter Haslum in tiefe stille Wälder eintauchen! Oslo ist weder zu sehen noch zu hören. Die Kreuzungen im Wald sind hier gut markiert. Hinter einem roten Holzhaus wird der Waldpfad wieder zum bequemen Schotterweg. An Telegrafenmasten sind OWZ. Auf dem Westweg gibt es keine GP, da der inoffizielle Urheber dieser Pfeile diesen nicht als OW akzeptiert. Wir erreichen eine

Der Bergenske Kongeveg gehört zu den besonders schönen Passagen des Olavswegs.

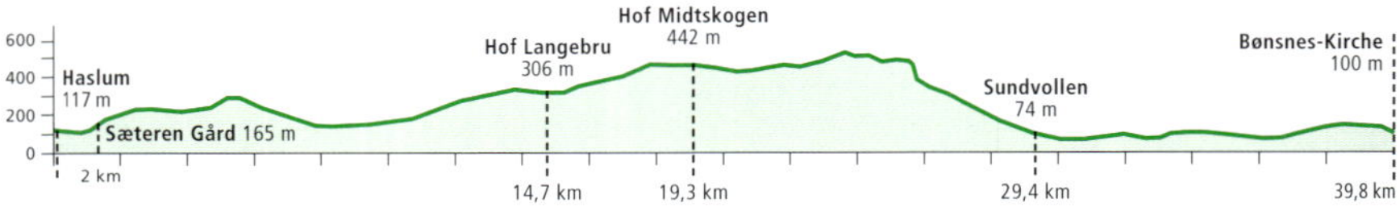

Gabelung mit einer Wanderkarte auf einer Tafel und verschiedenen Wegweisern. Der OW führt geradeaus, d.h. an der Gabelung links weiter. Vor **Hof Muren** muss man sich links halten und den schmalen Pfad bergauf in den Wald wählen. Die Route wird steiler, steiniger und nasser. Auf der Kuppe **Skriverberget** öffnet sich der Wald, und wir haben eine schöne Aussicht voraus auf bewaldete Berge und Täler, Höfe und kleine Siedlungen. Hinter dem Gipfel steht ein Wegweiser: **Mura 1 km** nach hinten und **Kleiva 1 km** nach vorne. Wir pilgern Richtung **Kleiva**. Der schmale Steig bergab verführt zu schnellem Hinunterspringen, bei Nässe ist Vorsicht geboten. Gute Markierung! Es folgt ein breiter Schotterweg leicht bergab, hier ist wieder schnelles Gehen möglich. In der Wohnsiedlung **Lommedalen** trifft der OW auf die Asphaltstr. **Trulsebråten**. Wir gehen weiter nach rechts bis zur Reitanlage und davor links in den **Annikveien**, dann rechts in den **Skollerudveien** und schließlich Richtung Golfplatz (Lommedalen golfbane) in den **Burudveien**. In der Linkskurve gibt es OWZ. Die Strecke verläuft durch den Golfplatz – gute Markierung durch OWZ – , dann auf einem Schotterweg, der zu einem schmalen Pfad wird, und durch die Grüns des Golfplatzes führt. Hinter dem Golfplatz stößt der OW auf eine Asphaltstr., wir gehen links. Nach kurzer Steigung folgt eine T-Kreuzung, hier halten wir uns links. OWZ an Laternenmast und Pfahl. Unser Weg führt bergab zur Brücke und zu einer Str., die wir an der Bushaltestelle **Kirkebyveien** queren. Wir wandern weiter geradeaus bergauf in den **Bjerkeveien**. Nach 200 m Steigung folgt eine T-Kreuzung. Wir laufen rechts in den **Gamleveien**. Rechts liegt ein zweiter Golfplatz. Nach 350 m biegen wir links in eine Schotterstr. Der Weg ist durch eine Schranke für Autos gesperrt. Der OW steigt um westliche Ausläufer des Golfplatzes herum immer höher. Endlose Kurven leiten durch schönsten Wald weiter bergauf.

Auf der Höhe kreuzt der OW eine Stromleitung. Bei der Gabelung rechts bleiben. Der Weg fällt in das Tal mit einem See und dem **Hof Langebru**. Dort wohnen Polen, an ihrem Haus hängt eine Warntafel vor Elchen. Der OW verläuft weiter wunderschön durch dichten Nadelwald, ständig in Kurven und Kehren bergauf und bergab. Wir passieren immer wieder Wochenendhäuser im Wald. 2 km hinter Langebru zeigt ein OWZ nach rechts in einen kaum sichtbaren Pfad, der bergauf geht. Uns ist unklar, warum der OW von diesem besonders schönen und ruhigen Fahrweg hinauf zum Felsen **Midtskogsteinen** führt und dann wieder über einen Traktorweg zurück zur Str. Dieser unsinnige Umweg (etwa 30 Minuten) ist in alten Karten nicht eingezeichnet. Wir raten, den Abzweig zu ignorieren! Wir pilgern auf dem **Bergenske Kongeveg** (hat auch den Namen **Ringeriksveien**). Dieser historische Königsweg führt von Oslo nach Bergen, und auf dem Westweg wurden mehrere Passagen des OW in den Bergenske Kongeveg – auch **Hovedveg** genannt – integriert. In den nächsten Tagen, speziell im **Hadeland,** werden wir immer wieder auf diesen interessanten Weg stoßen. Wir kommen zum

Hof Midtskogen. Davor steht eine ausführliche Infotafel (nur in norwegischer Sprache) mit Ortsbestimmung. Ähnliche Tafeln gibt es jetzt in fast regelmäßigen Abständen, z.B. werden da historische Bilder von Köhlerfamilien bei ihrer Arbeit im Wald gezeigt und beschrieben. Dieser Bergenske Kongeveg ist ähnlich schön wie der Abschnitt am »Silbersee« auf dem Ostweg. Da der Weg für Autos gesperrt ist – Anwohner dürfen hier fahren –, strahlt der Wald unglaubliche Ruhe aus, die durch Vogelgezwitscher und plätschernde Wasserläufe nur unterstrichen wird. Weit und breit keine E6 und keine Gardamoen-Flugzeuge! Auf allen Infotafeln gibt es Wegskizzen mit markiertem Standpunkt. Wunderschönes Pilgern!

Etwa 1000 m hinter dem **Hof Bruløkka** zeigt ein OWZ rechts in den Wald. Der OW folgt einem Graspfad bergauf. Markierung gut! Auch hier taucht die Frage auf: Warum weg vom schönen **Kongeveg** und wohin? Der OW führt im Zickzack bergauf, stößt auf einen breiten Waldweg und erreicht die Kuppe ohne bemerkenswerte Aussicht. Bergab laufen wir auf ein rotes Holzhaus zu und von dort auf nassem Fahrweg weiter bergab. Der OW wird schmal und mündet wieder auf den Kongeveg. *Unsere Empfehlung: Pilger sollten auf dem Bergenske Kongeveg bleiben und auch diesen zweiten Abzweig ignorieren, vor allem bei nassem Wetter! Außerdem kommt man dann auch am Hotel* ***Kleivstua*** *vorbei. 1 km hinter dem Hotel Kleivstua kommt der OW wieder auf den Kongevegen.* Vom OW kommend muss man rechts abbiegen und nach 50 m wieder links in den Wald. Ein kaum sichtbarer Pfad bringt uns zunächst durch den Wald (mangelhafte Markierung!) und mündet in einem felsigen Flussbett, das sehr steil bergab zur asphaltierten Str. **Dronningveien** führt. Dort hat man wunderschöne Talblicke auf den **Tyrifjorden**.

Am Bergenske Kongeveg stehen in regelmäßigen Abständen Infotafeln mit dem Standort auf einer Karte.

Steinsfjorden
Steinsåsen
Vik
Hof Søhol
Gjesvold Gård
Sundvolden Hotel
513 m
Bønsnes-Kirche
Sundvollen
Storøya
Rørvik
Camping
Kleivstua
547 m
Tyrifjorden
60 m
Hof Bruløkka
Holsfjorden
620 m
Øverskogen
2000 m

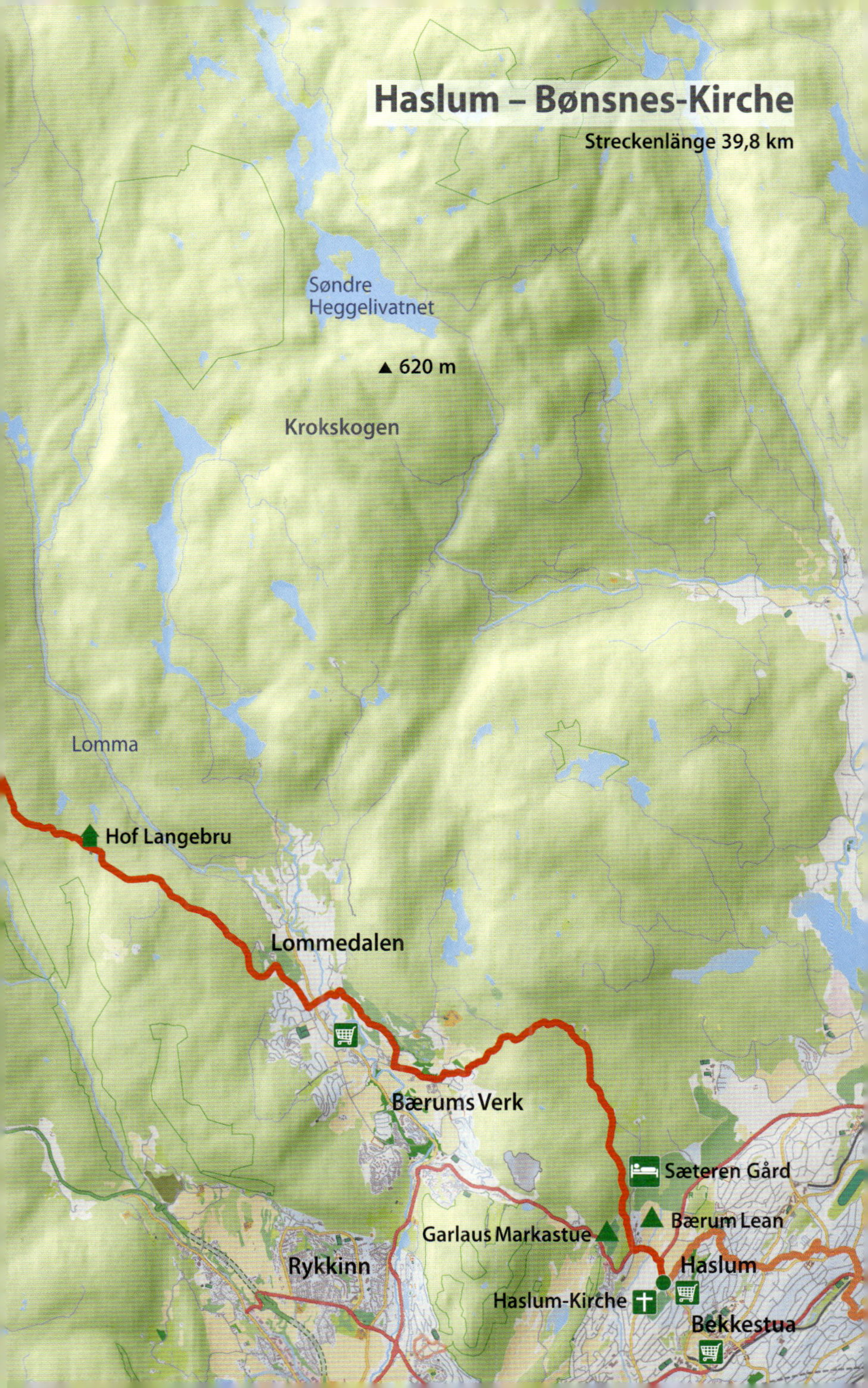
Haslum – Bønsnes-Kirche
Streckenlänge 39,8 km
Søndre
Heggelivatnet
620 m
Krokskogen
Lomma
Hof Langebru
Lommedalen
Bærums Verk
Sæteren Gård
Bærum Lean
Garlaus Markastue
Haslum
Rykkinn
Haslum-Kirche
Bekkestua

Der OW verläuft geradeaus über die gegenüberliegende Leitplanke und stößt auf einen Wanderweg, der eine halbe Stunde lang sehr steil bergab und in einer Linkskurve wieder auf den **Dronningveien** trifft, dann eine Schule, die **Kleivhallen** und das Hotel **Sundvolden** passiert. Von dort geht es auf dem Radweg weiter zum Damm.

*Es ist auch möglich und bequemer, über den **Dronningveien** nach rechts in einer weiten Kehre nach **Sundvollen** zu wandern. Wir bevorzugen diesen Weg, auch wenn er 2 km länger ist. Bevor es über die Brücke geht, führt der **Holeveien** links zum **Rørvik Camping** (1,6 km).*

Der OW führt auf dem Fuß- und Radweg über den Sund und dann auf angenehmen kleinen Landstr., Pfaden und mittelalterlichen Wegen zur **Bønsnes-Kirche** (12. Jahrhundert) mit ihrer eigenen Olav-Geschichte. Hinter dem Damm gehen wir links in den **Gamleveien** und bergauf – OWZ. Auf der Höhe biegen wir links ab – OWZ und gehen weiter auf dem **Gamleveien**. Der OW führt steil bergab, bergauf und wieder bergab. Wir laufen auf einem breiten Fahrweg. *Bei einer T-Kreuzung liegt links die Herberge **Gjesvold Gård**;* wir biegen zunächst rechts und dann vor dem Kreisel links auf den Fuß- und Radweg ab. Beim Abzweig **Løkkenmoveien** bleiben wir auf dem **Brattbakken**. Der OW folgt dem Radweg, parallel zur Str. Dann wandern wir links in den **Bønsnesveien** – OWZ. Nach einigen Rechts- und Linkskurven steigt der OW rechts bergauf und weg von der Str. Wir haben einen schönen Blick auf den Fjord. Der Fahrweg wird zum gemähten Feldweg und bringt

Die fast 1000 Jahre alte Olavs-Kirche in Bønsnes ist ein Juwel am Westweg.

Dieser Stein neben der Kirche erinnert an eine Sturmfahrt des Königs über den Tyrifjord. Olav geriet in einen gewaltigen Sturm, überlebte und ließ aus Dankbarkeit diese Kirche bauen.

uns zu einem Hof – OWZ. Weiter geht es über Gras- und Rasenwege zum nächsten Hof und dort auf eine Fahrstr. zum **Hof Søhol**. Neben den Briefkästen befinden sich OWZ. Wir pilgern nach rechts und durch fruchtbare Felder zur Hauptstr. Dort läuft der OW rechts weiter, links geht es hinunter zur besonders sehenswerten **Bønsnes-Kirche**; 1,6 km durch schönste Felder mit großartigem Ausblick zum Fjord. Der Sage nach geriet Olav während einer Überfahrt auf dem Tyrifjord durch einen gewaltigen Sturm in Lebensgefahr. Er und seine Männer überlebten das schlimme Wetter und aus Dankbarkeit ließ Olav hier eine Kirche bauen.
Vor der Kirche steht ein Kasten mit Gästebuch, Stempel und Telefonnummer von Paul Ullern: 32157314. Er kommt gerne und führt durch die schöne alte Kirche.

Übernachten und Einkaufen

Übernachtungsmöglichkeiten

- **Bærum Lean** (kostenlos) und **Garlaus Markastue,**
  2 unbewirtschaftete Hütten, unterhalb des Gardlaushøgda, etwas abseits vom Webg
- **Sæteren Gård**, 0,8 km vom Weg
  Leiter: Ane Marte u. Jan Kenneth Gussiås
  Murenveien 151, 1356 Bekkestua
  Tel.: 67581850, 91916501
  E-Mail: turinfo@dntoslo.no
  www.seterengard.dntoslo.no
  Koordinaten: 59.947854, 10.562196
- **Kleivstua**, 1 km vom Weg
  Dronningveien 500, 3531 Krokkleiva
  Tel.: 32161400
  E-Mail: booking@kleivstua.no
  www.kleivstua.no
  Koordinaten: 60.046418, 10.322514
- **Sundvolden Hotel**, am Weg
  Dronningveien 2, 3531 Krokkleiva
  Tel.: 32162100
  E-Mail: sundvolden@sundvolden.no
  www.sundvolden.no
  Koordinaten: 60.062313, 10.309746
- **Rørvik Camping,**
  Holeveien 1292, 3531 Krokkleiva
  Tel.: 91382886
  E-Mail: marianne@rorvikcamping.no
  www.rorvikcamping.no
  Koordinaten: 60.056260, 10.291890
- **Gjesvold Gård**, am Weg
  Fekjærveien 10, 3530 Røyse
  Tel.: 48285343
  E-Mail: christian@gjesvold.no
  www.gjesvold.no
  Koordinaten: 60.073630, 10.279300

Einkaufsmöglichkeiten

Bekkestua, Haslum, Lommedalen, Bærums Verk, Vik

Vom Fjord zu den zwei Schwestern

Bønsnes-Kirche – Granavollen = 50 km

Der nächste Pilgerabschnitt führt durch das liebliche und sehr fruchtbare **Hadeland**. Doch lieblich und friedlich war es hier nicht immer; Hadeland bedeutet »Hadenes Land«, und Haden waren berüchtigte und gefürchtete Krieger im 2. und 3. Jahrhundert.

Der Weiterweg wird geprägt durch fruchtbare Felder, dunkle und stille Wälder und auf den Höhen von grandiosen Ausblicken zunächst auf den Tyrifjorden, dann auf den Randsfjorden und schließlich auf den Mjøsa-See. Dazwischen gibt es Kultur: schöne mittelalterliche Kirchen, historisch interessante Plätze, Museen und Galerien.

Die **Bønsnes-Kirche** ist ein fast romantischer und eindrucksvoller Ort (schon wegen der nächtlichen Beleuchtung), und keinem Pilger wird der kleine Umweg leidtun. Von der Kirche führt der OW über einen Fahrweg direkt gen Norden und stößt nach 1200 m auf die asphaltierte Hauptstr. (nach Osten Richtung E 6 und nach Westen zur E 134). Wir gehen nur bis zu dem Abzweig, an dem wir von Osten gekommen sind, und wenige Schritte weiter links in den **Fjellsveien** – OWZ. Nach 150 m biegen wir rechts in den **Skinnillveien** Richtung **Ringerike Sykehus** ein, OWZ. Die Str. endet am Krankenhaus, wir folgen einem Weg rechts am Haus vorbei und dann links in einen Wald hinein und bergauf. Auf dem anschließenden Abschnitt gibt es verschiedene Wanderwege, die wir kreuzen. Aber die Markierung ist gut und immer eindeutig. Wir pilgern durch schönen Mischwald und sehen links zwischen den Bäumen das Wasser des **Nordfjorden** blinken. Nach ca. 3 km öffnet sich der Blick auf schöne Wasser-, Wald- und Feldlandschaften. Der OW führt über einen breiten Fahrweg bergab zur Str. und zum **Hof Asbakken**. *Wer zum Campingplatz **Onsakervika** möchte, geht hier 0,6 km weiter geradeaus und biegt dann links ab. Nach weiteren 0,1 km rechts laufen.* Wir halten uns Richtung **Frøyhov**, auch wenn das OWZ hier etwas irreführend erscheint. Frøyhov ist richtig! Im Folgeabschnitt ist die Markierung mangelhaft, da die Str. und der Radweg neu gebaut wurden. Vermutlich sind dabei OWZ abhandengekommen. Einfach der Ausschilderung zur **Hole-Kirche** folgen (2-mal nach links). An der Kirche sind wieder OWZ. Der OW führt über den **Prestegardsveien** in Wiesengelände hinein. Man hat wunderschöne Ausblicke in die fruchtbare Landschaft.

Wir pilgern auf der Fahrstr. weiter Richtung **Svingerud** und zweigen dort rechts – OWZ – in einen Grasweg ab. Nach 100 m wird der OW zu einem schönen, bergab verlaufenden Waldweg. An der nächsten Gabelung (300 m) gibt es keine OWZ, richtig ist nach links und weiter bergab zur Str. *(wer zum **General Hotell** möchte, biegt hier links ab, 1,8 km)* und dort 500 m nach rechts zu gehen, dann wieder links – OWZ – in den Wald einzubiegen. Schöner Kiefernwald! *Von dieser Stelle 1 km weiter geradeaus liegt die Herberge **Bjørke gård**.* Unser Weg wird zum Trampelpfad. Einen Abzweig nach links zum Naturkundepfad ignorieren wir und gehen weiter geradeaus zum **Soendre Frok**. Es folgen die **Höfe Ra** und **Hof Frok**, dann die Hauptstr. Hier laufen wir links auf dem Radweg zur **Norderhov-Kirche**. *0,4 km hinter der **Norderhov-Kirche** erreichen wir den **Osloveien**, links gehend kommt man nach 1,9 km zum **Ringerike Gjestegård**.* Hinter der Schule wird die Fahrstr. zu einem Fuß- und Radweg, der in einem Tunnel die Hauptstr. E 16 unterquert. Dem OW Richtung **Jevnaker** folgen. Das OWZ zeigt nach links auf einen schmalen Weg in den Wald, der steil bergauf klettert. Der OW verläuft auf dem geschotterten Fahrweg **Sætrang gata**

Um die beiden Schwesterkirchen ranken sich viele Geschichten und Legenden. Eine besagt, dass hier zwei verfeindete Schwestern lebten und jede ihre eigene Kirche bauen ließ.

Auch auf dem Westweg gilt es viele Zauntreppen zu überwinden.

weiter zur **Haug-Kirche**. *Dabei queren wir ca. 1 km vor der Haug-Kirche den Klekkenveien. Wer zum **Klækken Hotel** möchte, geht hier 1,3 km nach rechts.* Gegenüber der Kirche liegt eine Schule mit Sportplatz. Diesen Platz umgehen wir rechts und halten uns an dessen Ende noch einmal rechts. Die OWZ führen uns links in die Siedlung (in der **alle** Straßen **Loveien** heißen) und dann nach rechts, bis wir zur großen Fahrstraße **Harehaugveien** kommen. Auf ihm folgen wir den OWZ bis sie uns in den Torpveien führen. Jetzt sehen wir rechts Felder und links den Wald. Bei Haus Nr. 29 steht ein Pfahl mit OWZ versteckt zwischen Eiche und Eberesche. Er führt uns in den Wald und dort bergab. Gute Markierung!

Es kommt ein schöner Waldweg. Nach der Bachüberquerung gibt es nur mangelhafte Markierung! Wir überqueren erneut einen Bach, dann eine Zauntreppe und treffen nach 300 m rechts auf eine kleine Hütte mit Unterstand für Brennholz, Feuerstelle und Sitzplatz – OWZ. Danach ist die Markierung wieder mangelhaft! Der Weg führt uns nach links zum und durch den **Hof Askilsrud**, auf seiner Zufahrtstr. ist ein OWZ. Weiter bis zur Hauptstr. 241, dort nach links auf den Radweg nach **Granavollen**. *Nach 2 km auf der Str. 241, gibt es auf dem **Hof Åsbygda** eine Selbstversorgerhütte.*

Der OW zweigt immer wieder kurz ab, um parallel zur Str. durch Wiesen- und Waldecken zu führen und Pilger von der Str. zu nehmen oder um historisch und kulturell interessante Plätze zu tangieren; **Jordbrudalen, Doedisgrop** (Pfähle mit Tafeln, die auf ehemalige Plätze hinweisen) und andere. An einer Linkskurve – nach etwa 1300 m auf der Str. 241 – verläuft der OW geradeaus Richtung **Almegrenda** und stößt nach 1600 m wieder auf die Hauptstr. Solche Abzweige sind angenehm, weil es da nur wenig Autoverkehr gibt.

Der OW erreicht **Jevnaker** mit allen Versorgungsmöglichkeiten. In Jevnaker gibt es mit der **Glashütte Hadeland** eine empfehlenswerte Touristenattraktion, die auch Pilger interessieren wird. Im Glaswerk, direkt am Ufer des Randsfjordes gelegen – also links vom OW – kann man Glasbläser bei ihrer Arbeit beobachten. Sie üben ihr Handwerk genauso aus wie im 18. Jahrhundert, als diese Zunft hier begann. Der Abstecher ist lohnenswert. *Der OW führt am Ort Jevnaker vorbei. Den Ortskern erreicht man, wenn man dem Ringeriksvegen nach links folgt. Von diesem biegt man nach rechts in den Sagvegen zum **Hotel Thorbjørnrud**.*

Wir laufen auf dem **Gamlevegen** weiter bis zur **Jevnaker-Kirche**. Vor ihr biegen wir links ab und laufen durch den **Hof Øvre Vang** auf einem Trampelpfad zunächst bergab und dann bergauf zum **Hotel Randsvangen** – OWZ hinter dem Hotel. Er stößt auf einen Schotterweg, der nach links führt. Wir überqueren auf einem breiten Traktorweg die Eisenbahn

Bønsnes-Kirche – Granavollen
Streckenlänge 50 km
Granavollen
Søster-Kirchen
(Schwester-
kirchen)
Granavolden
Gjæstgiveri
Jomfruburet
Sanner Hotel
Hotel Hadeland
549 m
Rands-
fjorden
135 m
Hof Kittelsrud
Sognsgården
Sløvika camping
Jevnaker
Thorbjørnrud Hotel
Asbygda Husmannsplass
Begna
Hof Askilsrud
Gapahuk
Honerud Gård
Haug-Kirche
Klækken Hotel
Hønefoss
Ringerike
Gjestegård
Norderhov-Kirche
neral Hotell
Bjørke gård
Hole-Kirche
Onsakervika Camping
Steins-
fjorden
Gjesfold
Gård
Vik
Bønsnes-Kirche
Sundvolden Hotel
Sundvollen
3000 m

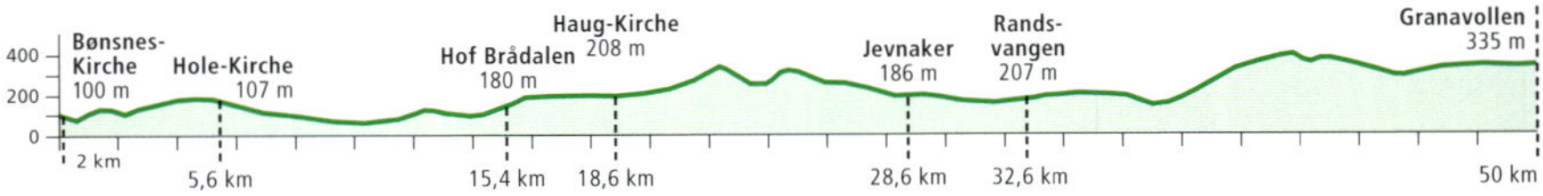

und eine Zauntreppe. Es folgt eine zweite Zauntreppe. Markierung gut! Nach wenigen 100 m fällt der Weg ab auf eine Wiese und geht dann wieder bergauf. Eine Zauntreppe und die Kreuzung eines Schotterweges schließen sich an. Der OW erreicht die Str. und führt parallel über einen gemähten Grasweg weiter. Beim Schild **Sløvika 600 m**, *das zum* ***Campingplatz Sløvika*** *führt*, erreicht der OW endgültig die Str. Wir folgen ihr, teilweise parallel auf einem Fußweg, nach **Sognsbygda** bergauf – gute Markierung. Wir passieren schöne Häuser und Höfe, dann pilgern wir wieder durch freie Wiesenlandschaft. Es gibt einen Abzweig von der Hauptstr., da führt der OW über Zauntreppen und durch den Wald und kürzt Schleifen der Str. ab. Gute Markierung an der Str. und ebenso an den Abkürzungen oder kleinen Umwegen. An einer Gabelung halten wir uns links und gleich wieder rechts Richtung **Kittelsrud** (Str. Nr. 14). Markierung gut! Weiter bis zur T-Kreuzung, an der wir links abzweigen. Von der nächsten Anhöhe in schönster Wald- und Wiesenlandschaft sehen wir die beiden **Schwesterkirchen** von Granavollen ca. 1000 m vor uns auf einem Hügel. Kurz vor den Kirchen stößt der Fahrweg auf eine Asphaltstr. Wir gehen 30 m nach rechts und dann bei Haus Nr. 11 an den grünen Briefkästen vorbei nach links. Kein OWZ! Der OW erreicht die Schwesterkirchen aus dem 12. Jahrhundert mit Pilgerzentrum (Stempel). Vor der Kirche steht der Stein »533 km til Nidaros«. Die Herberge **Granavolden Gjæstgiveri** liegt gleich daneben.

Wenn man vor den Kirchen rechts abbiegt, kommt man nach 400 m zum ***Hotel Scanner*** *mit der dazugehörenden Herberge* ***Jomfruburet****. Folgt man hinter den Schwesterkirchen dem OW, erreicht man nach 450 m das* ***Hotel Hadeland****.*

Übernachten und Einkaufen

Übernachtungsmöglichkeiten

- **Odin Camping,**
  Gomnesveien 372, 3530 Røyse
  Tel.: 45600382
  E-Mail: smaraaen@yahoo.no,
  solveig.raaen@odincamping.com
  www.odincamping.com
  Koordinaten: 60.09258, 10.18849

- **Onsakervika Camping,**
  1,5 km vom Weg
  Gomnesveien 366, 3530 Røyse
  Tel.: 97577187
  post@onsakervika.com
  www.onsakervika.com
  Koordinaten: 60.092123, 10.190012

- **General Hotell,**
  Helgelandsmoen, 3512 Hønefoss
  Tel.: 32160000
  E-Mail: booking@helgelandsmoen.no
  www.generalhotell.no
  Koordinaten: 60.111333, 10.228550

- **Bjørke gård**, 1,1 km vom Weg
  Kristin Færden Bjella u. Knut Bjella
  Bjørkeveien 25, 3512 Hønefoss
  Tel.: 90861366, 95450155
  E-Mail: post@bjorkegard.no
  www.bjorkegard.no
  Koordinaten: 60.113333, 10.274363

- **Ringerike Gjestegård**, 1,9 km vom Weg
  Osloveien 77, 3511 Hønefoss
  Tel.: 32127420
  E-Mail: post@ringerike-gjestegaard.no
  www.ringerike-gjestegaard.no
  Koordinaten: 60.147410, 10.252600

- **Klækken Hotel**, 1,3 km vom Weg
  Hadelandsveien 386, 3514 Hønefoss
  Tel.: 32140000
  E-Mail: salg@klaekken.no
  www.klaekken.no
  Koordinaten: 60.168137, 10.325775

- **Gapahuk i Haug** auf **Honerud Gård**,
  am Weg
  Biwak-Unterkunft,
  kein Wasser, kein Strom
  Honerudgård, 3520 Jevnaker
  Koordinaten: 60.193478, 10.355871

- **Husmannsplass i Åsbygda**,
  Almveien 1, 3520 Jevnaker, am Weg
  Tel.: 48241496, 32127113
  mariannemaurer@hotmail.com
  einfache Hütte, mit Kochplatz
  Koordinaten: 60.198282, 10.365460

- **Thorbjørnrud Hotel**, 1 km vom We
  Sagveien 8, 3520 Jevnaker
  Tel.: 61317100
  E-Mail: booking@thorbjornrudhotell.no
  www.thorbjornrudhotell.no
  Koordinaten: 60.241089, 10.400791

- **Sløvika camping**, 1 km vom Weg
  3520 Jevnaker
  Tel.: 61315580
  E-.Mail: slovikacamping@hotmail.com
  slovikacamping.no
  Koordinaten 60.28447, 10.41025

- **Sognsgården**, am Weg
  Sogn Vestre, 3520 Jevnaker
  Tel.: 91862686, 97022684
  E-Mail: oyvind_sogn@hotmail.com
  60.304399, 10.418821

- **Granavolden Gjæstgiveri**, am Weg
  Granavollen 16, 2750 Gran
  Tel.: 61337700
  E-Mail: post@granavolden.no
  www.granavolden.no
  Koordinaten: 60366440, 10.528851

- **Jomfruburet**, am Weg
  Granavollen 1, 2750 Gran
  gehört zum Scanner Hotel
  Tel.: 91321120, 41684665
  E-Mail: amorine@me.com
  www.jomfruburet.net
  Koordinaten: 60.365676, 10.536575

- **Sanner Hotel**, am Weg
  Granavollen 3-5, 2750 Gran
  Tel.: 61333300
  E-Mail: post@sanner-hotell.no
  www.sanner-hotell.no
  Koordinaten: 60.365676, 10.536575

- **Hotel Hadeland**, 0,3 km vom Weg
  Granavollen 35, 2750 Gran
  Tel.: 61330225
  E-Mail: post@hotell-hadeland.no
  www.hotell-hadeland.no
  Koordinaten: 60.371299, 10.532928

Einkaufsmöglichkeiten

Ringerike, Hønefoss,
Haug (vor Haug-Kirche), Jevnaker

Unser Wiedersehen mit dem Mjøsa-See

Granavollen – Gjøvik = 73,3 km

Granavollen ist – wie Hamar – ein beliebter Ort, um hier den eigenen Olavsweg zu beginnen. Die beiden Schwesterkirchen stellen durchaus auch ein spirituelles Zentrum dar, und die Wegfortsetzung bis nach **Gjøvik** gilt als ein Höhepunkt auf dem Westweg.

Vor den Schwesterkirchen steht ein Stein: »533 km til Nidaros«. Der OW verläuft auf breitem Fahrweg zwischen Wohnhäusern und Feldern hindurch. Wir pilgern wieder auf dem historischen Kongevegen. An der zweiten Kreuzung sehen wir links – etwa 700 m entfernt – die kleine **Tingelstad-gamle-Kirche St. Petri** oben auf einem Hügel liegen. Der Besuch dieser alten Kirche aus dem 13. Jahrhundert ist empfehlenswert.

Der OW geht geradeaus bergauf und bergab durch schönes Farmgelände. Gute Markierung! Unser Weg wird zu einem Traktorweg und dann zum schmalen Pfad, der über zwei Zauntreppen führt und dann auf einen Fahrweg, von dem wir grandiose Talblicke nach rechts haben. Nach 2,5 km passieren wir die Herberge **Steinkjelleren** und 100 m vor der **Tingelstad-gamle-Kirche** liegen links am Weg die Herbergen Kongevegen 78 und Søndre Tingelstad. 300 m hinter der **Tingelstad-gamle-Kirche** führt rechts ein Weg nach 500 m zur Herberge **Hadeland Folkemuseum**. Der Weg wird in **Brandbu** zur befestigten und später zur asphaltierten Str. Wir laufen im **Brurbakkvegen** durch eine ruhige Wohnsiedlung. Mangelhafte Markierung! An einer Linkskurve zeigt ein OWZ nach rechts in den **Augedalsvegen**. Dort steht ein Wegweiser: **»Hadeland Folkehøk skole«** und **»Gartneri«**. Wir gehen an der Volkshochschule vorbei und dann bergab in ein kleines Tal. An der T-Kreuzung zweigen wir rechts ab, kreuzen vor der Hauptstr. den **Nordre Skogvegen** und laufen dann auf einem Fuß- und Radweg in die Unterführung – OWZ. Wir wandern über die **Augedalbrua** und folgen der Landstr. *An dieser Stelle geht es nach rechts in die Storlinna und vor dem Haus Nr. 44 links zur Herberge **Brovolden**.* Der OW steigt auf dem Radweg bergauf – 800 m weit. Auf der Kuppe wird der Fahrweg schmaler und der Radweg fällt weg. Es geht weiter bergauf. Da hier kaum Autos fahren, ist das Laufen angenehm. Es schließen sich kleine Siedlungen und Waldpassagen an. An der ersten Gabelung muss man sich rechts halten – Richtung **Høgkorsvegen** – OWZ. Etwa 2,5 km hinter der Gabelung liegt rechts am Weg der Hof **Lauvstuhagan** (Haus Nr. 217).

*0,3 km hinter **Lauvstuhagan** erreicht man rechts abbiegend nach 1 km die Hütte **Skålsætra**. Bevor wir zur Herberge Høgkorsplassen kommen zeigt links ein Wegweiser zum Übernachtungsplatz **Åstjern Hyttetun**.* Wir laufen über einen wunderschönen Höhenweg und erreichen den höchsten Punkt **Høgkorsplassen** mit 677 m. Hier stehen schlichte Holzkreuze, und die haben ihre eigene Tradition: Im Jahr 1594 erwähnte Bischof Jens Nilssøn bereits mehrere Kruzifixe, die er bei einer Reise zwischen Hadeland und Toten gesehen hatte. Diese Kruzifixe waren dort bis ins 19. Jahrhundert vorhanden. Ihre genauen Positionen sind unbekannt, aber es wird vermutet, dass sie sich immer an den höchsten Stellen einer Str. befanden. Die Kreuze werden mit frühen Pilgerfahrten nach Nidaros in Verbindung gebracht. Vermutlich markierten sie Ruhe- und Gebetsplätze nach anstrengenden Aufstiegen. Die neuen Kreuze am Høgkorsplassen wurden erst 2012 errichtet.

Hier gibt es neben der Geschichte auch einzigartige Fernblicke auf den See **Einavatnet**! Wir pilgern weiter bergab durch Wald, Wald, Wald! Ein wunderschöner Weg, großartige Passage! Gute Markierung! An der nächsten Gabelung gehen wir nach rechts und dann steil bergab zur Asphaltstr. und zum See Einavatnet.

Um die Pilger möglichst wenig auf Verkehrsstr. laufen zu lassen, haben die zuständigen Kommunen auch am Ufer des Einavatnet den Weg von der Str. E4 an das Seeufer verlegt. Am Anfang des Sees befindet sich ein Rastplatz bzw. eine Notunterkunft. Der OW führt über einen Grasweg am Ufer entlang, so dicht, dass sogar Geländer zum Schutz der Pilger zwischen Weg und Wasser dort angebracht sind, wo es Zuflüsse in den See gibt. Holztreppen bringen uns auf Felsen, oben gibt es schönste Ausblicke auf den Einavatnet. Gute Markierung! Unmittelbar vor der Str. stößt der OW auf eine Schranke und schickt uns dahinter nach links. Es geht 800 m weiter über die E 4 bis zum Abzweig, dort rechts – OWZ. Der Fahrweg führt zum **Hof Berg**, dann folgt ein schmaler Grasweg in dunklen Tannenwald. Hier sind viele riesengroße Ameisenhaufen (Zeichen für gesunde Wälder). »Wunderschönes Pilgern«, diktieren wir. Der OW wird zu einem sehr nassen Traktorweg mit Schlag- und Wasserlöchern und mündet in einen trockenen Schotterweg. Wir erreichen einen Hof. 800 m weiter trifft der OW auf die feste Str. 244, wo wir uns rechts halten –

Der Hof Lauvstuhagan liegt hoch oben im Wald auf einem Pferdehof.

Diese Kreuze stehen auf dem Høgkorsplassen. Auf der Infotafel lesen wir, dass es solche Kreuze bereits im Mittelalter auf hohen Pässen gegeben hat.

OWZ. Nach 2 km zweigen wir rechts ab – OWZ – und überqueren den Fluss Brandelva auf einer stabilen Brücke mit einer Zauntreppe. Jenseits der Brücke links halten. Der Weg ist nass und rutschig, er wird hinter der zweiten Zauntreppe leichter begehbar. Der OW klettert den Hang hoch und stößt erneut auf einen Traktorweg. Wir halten uns links und kommen auf offenes Wiesengelände. Vor uns liegen zwei Gebäude – rot und weiß – auf einer Kuppe. Dort wird der OW zur festen Fahrstr. Schnelles Gehen ist wieder möglich. Auf der Anhöhe liegt ein zweiter Hof, an dem wir links abbiegen. Irgendwann beginnt wieder Asphalt, genau da führt der OW rechts in einen schmalen Privatweg, der durch herrliche Felder und Wiesen läuft und grandiose Ausblicke nach links bietet – hinunter zum Einavatnet. Großartiger Pilgerabschnitt! Der Weg bewegt sich auf eine Gebäudeansammlung zu, dort stoßen wir auf eine Asphaltstr., auf der wir nach rechts weitergehen. *Wer im **Kloster Engen** übernachten möchte, geht an dieser Stelle ca. 1 km geradeaus, dann nach links über die **Ensrudbrücke** und bei der nächsten Gelegenheit noch einmal 670 m nach links.* Wir erreichen den **Hof Dyste**. *Wer zur Herberge **Holthe Gård** möchte, geht auf dem Hof Dyste nach rechts auf die Dystlinna bis zum nächsten **Hof Dystebakken** und dort nach rechts.* Auf dem Rasen steht eine schöne Sonnenuhr. Vor der braunen Scheune müssen wir links abbiegen. Ein Schild sagt, dass der Weg für Pilger ist und nicht für Reiter. Dann folgt ein Abzweig nach rechts auf einen Traktorweg – OWZ –, der zum schmalen Pfad wird und mitten durch ein Feld verläuft. Es kommt eine Zauntreppe, dahinter sumpfiges Wiesengelände, gut markiert! Nach 200 m führt der Weg aus nassen Wiesen durch ein Tor bzw. über eine Zauntreppe auf einen gut begehbaren Schotterweg, gefolgt von einem Wohnhaus und dahinter von einer festen Straße.

Auf allen Höfen, die wir heute passieren, bellen auffallend viele Schlittenhunde in Käfigen. Wir durchlaufen ein beliebtes Wintersportgebiet und haben fantastische Ausblicke auf typisch norwegisches Farmland! Der Weg stößt wieder auf eine Asphaltstr. An dieser Stelle wandern wir rechts, bergauf und bergab (2,6 km) bis zum Abzweig links zum **Hof Hol**. Dahinter folgt ein schmaler Wiesenweg, der abseits der braunen Wochenendhäuser auf einen festen Fahrweg mündet. Hier zweigen wir rechts zur weißen **Kolbu-Kirche** (18. Jahrhundert) ab.

Der OW führt vor der Kirche rechts und nach 300 m links auf einen Schotterweg – OWZ. Die anschließende Passage bewegt sich geradeaus in Richtung Norden und lässt sich sehr schön laufen. Wir haben eine wunderschöne Aussicht nach vorne! Dann zweigen wir rechts – OWZ – auf einen schmalen Wiesenpfad ab. Am **Hof Hubrei** gehen wir nach rechts über einen Schotterweg bis zur Str., wo wir links abbiegen.

Nach 200 m laufen wir rechts zum **Hof Sveom** mit großen Gewächshäusern. Ein OWZ weist auf einen schön gemähten Grasweg, der links und rechts von Ebereschen und Birken gesäumt ist. Wunderschönes Pilgern! Wir gehen zwischen Feldern, Wiesen und Hecken von Hof zu Hof, die alle keine direkten Fahrwegverbindungen haben. An der Asphaltstr. biegen wir links und schon wenige 100 Schritte weiter wieder links in einen Schotterweg ab – OWZ –, der mehrere Höfe miteinander verbindet. Tolle Ausblicke! Weit vor uns schimmert das erste Blau des Mjøsa-Sees. Wir queren die Str. Nr. 73 und bleiben auf dem Schotterweg. Dann passieren wir den besonders schönen alten **Hof Skjefstad**. *Hier finden wir rechts gehend nach 450 m die Herberge* ***Majer Gård***. Der OW führt links weiter. Bevor wir auf die **Hauptstraße 244** stoßen führt uns ein Schotterweg rechts durch die kleine Ansiedlung zur Brücke über die **Lena** und dahinter wieder bergauf. *Vor der Brücke links kommt man nach 80 m zur Herberge* ***Hajen***. Wir passieren sehr schöne und wohlhabende Höfe; z. B. **Hof Nedre Evang** mit einer Birkenallee als Zufahrt.

An einer Wohnsiedlung beginnt ein Asphaltweg. Gute Markierung! Bevor wir die **Hoff-Kirche** erreichen, passieren wir die Herberge **Hoff Gjestgiveri**. Vor der Hoff-Kirche steht ein Stein: »474 km til Nidaros«. Hier gibt es eine Pilgerherberge (mit Selbstbedienung) im **Hoffsvangen Menighetshus**, genannt Bygdestua. Der Eingang ist auf der Hausrückseite. Dort finden wir einen Hinweis, wo man den Schlüssel erhält. Hier befinden sich verschiedene OWZ. *Es gibt einen Abzweig in die »Sackgasse« zur* ***Balke-Kirche*** *(12. Jahrhundert). Diese nicht am OW gelegene Kirche ist für ein Marienbild aus dem späten Mittelalter bekannt, ebenso für mehrere Heiligenfiguren auf einem Altarbild. Dazu gehört auch eine Abbildung des Heiligen Olav. Die Entfernung zur Balke-Kirche beträgt 7 km.*

Wir gehen von der Hoff-Kirche über den Prestegarden in einen Grasweg, aus dem eine Zufahrtstraße zu Höfen wird. Nach 800 m biegen wir links in einen geschotterten Fahrweg ab und erreichen den **Hof Lie** – OWZ. Vor dem Hofgebäude links halten. Dann kommt ein Fahrweg. Am Feldende (160 m) zweigen wir rechts ab. Dort steht ein Briefkastenhäuschen. Erster schöner Blick auf den Mjøsa-See und das gegenüberliegende Ufer. Unsere Route folgt einem Grasweg. – OWZ.

Der Weg führt nach rechts und wieder nach links – überall gut markiert! Wir erreichen das **Agriculture Center Apelsvoll**.

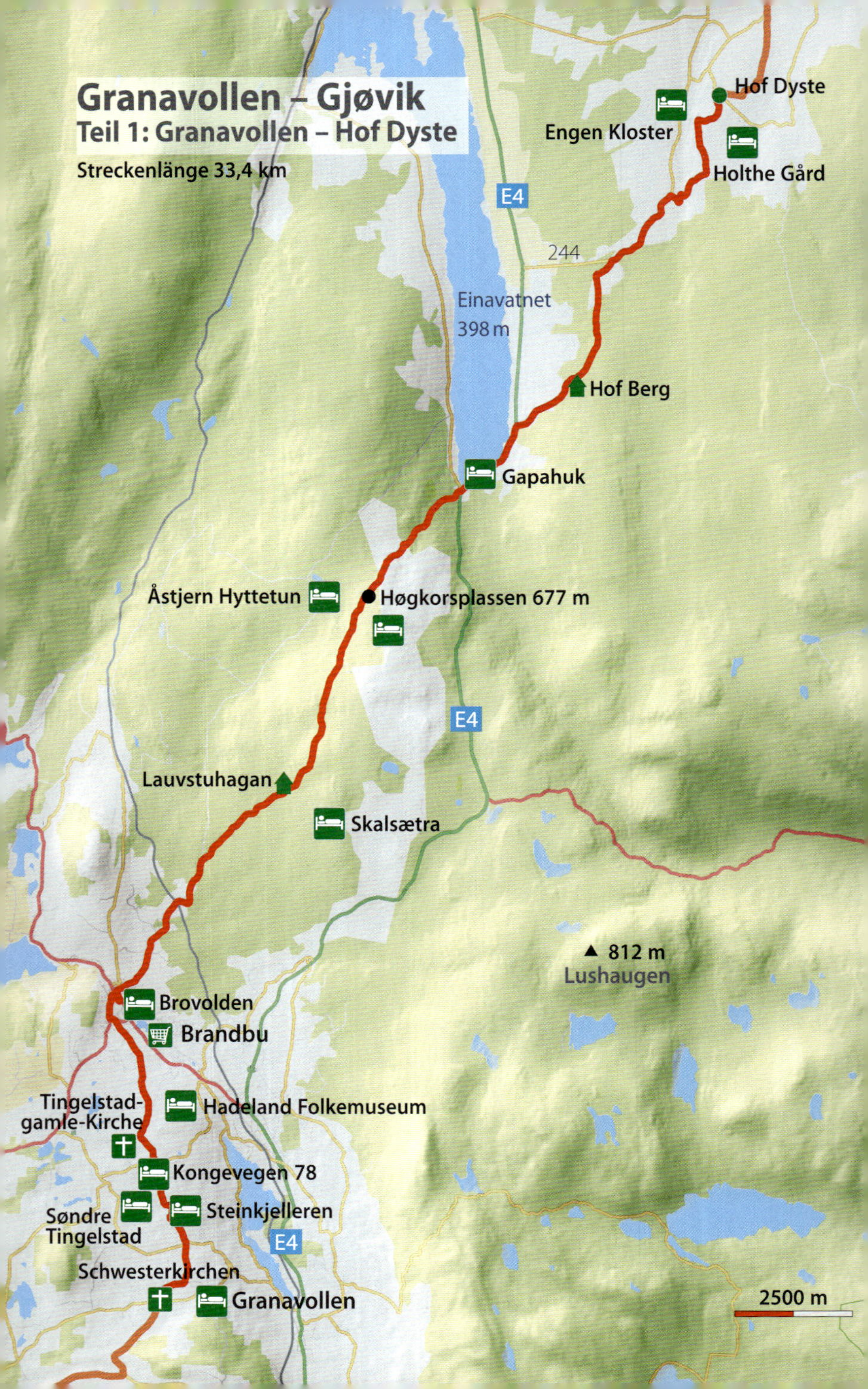
Granavollen – Gjøvik
Teil 1: Granavollen – Hof Dyste
Streckenlänge 33,4 km
Hof Dyste
Engen Kloster
Holthe Gård
E4
244
Einavatnet
398 m
Hof Berg
Gapahuk
Åstjern Hyttetun
Høgkorsplassen 677 m
E4
Lauvstuhagan
Skalsætra
812 m
Lushaugen
Brovolden
Brandbu
Tingelstad-
gamle-Kirche
Hadeland Folkemuseum
Kongevegen 78
Søndre
Tingelstad
Steinkjelleren
E4
Schwesterkirchen
Granavollen
2500 m

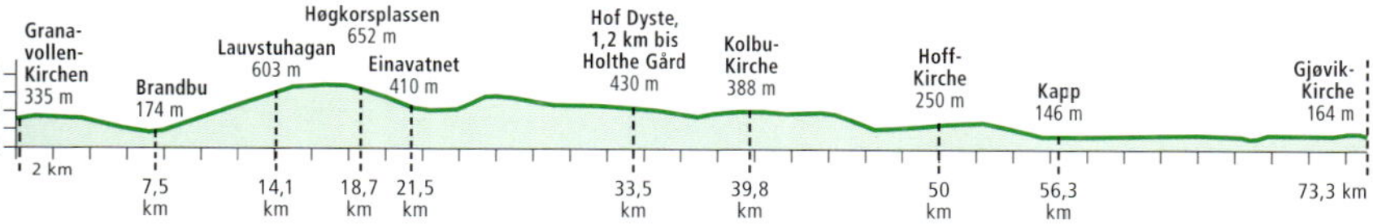

Von dort führt ein fester Fahrweg hinunter zum Mjøsa-See. Kurz vor und noch oberhalb des Sees stoßen wir auf die Asphaltstr. Nr. 92, die wir im Ort Kapp queren und dann den OW auf der anderen Straßenseite geradeaus fortsetzen. Der OW führt hinunter zum »Kapp«, dort unmittelbar am Ufer nach links und dann wieder zurück zur Str. Wir empfehlen, diesen unsinnigen Bogen zum Kapp zu ignorieren! Der OW berührt das Kapp nicht wirklich, da stehen (sehr schöne) Wohnhäuser direkt am Wasser, und einen freien Blick auf den See gibt es auch nicht, weil das Ufer zugewachsen ist. *Also gleich an der Str. auf den Radweg nach links gehen Richtung **Gjøvik**, bis uns ein blaues Schild »Pilegrimsleden« direkt vor dem **KIWI**-Markt rechts zum Seeufer schickt;* am Ufer dann links – OWZ – auf einen Schotterweg. Wir haben einen traumhaften Blick über den See hinüber nach Hamar und gehen zwischen Industrieanlagen und Bootshafen hindurch – immer am Seeufer entlang. *Auf diesem Weg passieren wir die Herberge **Stensveen**.* OWZ. Der OW folgt jetzt dem westlichen Ufer Richtung **Gjøvik** und ist deshalb logisch; man kann sich nicht verlaufen, denn links ist die Str. und rechts der See. Aber es gibt keine Uferpromenade für Spaziergänger! Am Seeufer liegen verschiedene Höfe, die nicht durch Wege direkt miteinander verbunden sind, sie haben immer nur breite Zufahrten von und zur Str., während der OW über schmale Pfade von Hof zu Hof führt, über Wiesen und Felder, durch Waldstücke, über Zauntreppen und durch geschlossene Viehgatter – meistens dicht am Ufer entlang und immer gut markiert. Wir überqueren den **Campingplatz Hekshusstranda** (Übernachtungshütten) mit großem Bootshafen, pilgern durch wunderschöne Birkenalleen, kleine und größere Höfe, dann wieder durch dunkle Urwälder, in denen vom nahen See nichts zu sehen ist, und stoßen plötzlich erneut ans Ufer mit tollem Blick auf **Gjøvik** halbrechts vor uns. Im **Hof Foss** muss man etwas nach OWZ suchen; mitten im Hof führt der Weg nach rechts zwischen Gebäuden hindurch. Es folgen sumpfige sehr langsame Passagen, Zauntreppen und dann wieder Traumwege mit atemberaubenden Fernblicken. Wir passieren schöne Wochenendhäuser, rasten an einem märchenhaften Uferplatz und diktieren: »Hier ist der stille Uferweg ein wahrer Pilgertraum!« Die Markierung ist bis auf wenige Passagen gut! Kurz vor **Gjøvik** erreicht der OW die Str. und verläuft auf dem Radweg in die Stadt. Auf dem Ortsschild grüßen die Olympischen Ringe und erinnern an das winterliche Großereignis von 1994.

*Wenn man dem OW folgt, erreicht man den Hunsvegen. Zu den Hotels **Clarion Collection Grand Gjøvik** und zum **Quality Hotel** biegt man rechts ab. Nach 200 m geht es links in die Jernebanegata zum Comfort Hotel Grand. Geht man auf dem Hunssvegen weiter bis zur Strandgate und dann nach rechts, erreicht man das Quality Hotel. Zum **Vandrerhjem Hovdetun** geht man auf dem OW vom Hunnsvegen nach links ab in die Prost Bloms gate und nach 350 m links in den Parkvegen.*

Granavollen – Gjøvik
Teil 2: Hof Dyste – Gjøvik
Streckenlänge 39,9 km
Gjøvik-Kirche
Skibladner
Gjøvik
Clarion Collection Grand
Quality Hotel Strand
Vandrerhjem Hovdetun
Annexstad Gård
Mjøsa
123 m
Hof Foss
Hekshusstranda Camping
Raufoss
Stensveen
Kapp
Agr. Center Apelsvoll
488 m
Hoffsvangen Menighetshus
Hoff-Kirche
Hoff
Gjestgiver
Hof Nedre Evang
Hajen Herberge
Majer Gård
Hof Skjefstad
Kolbu
Hof Sveom
Kolbu-Kirche
Hof Hol
Hof Dyste
Einavatnet
Engen Kloster
Holthe Gård
2500 m

Übernachten und Einkaufen

Übernachtungsmöglichkeiten

- **Steinkjelleren**, Majors Farm, am Weg
  Kongevegen 56, 2770 Jaren
  Tel.: 41621944
  E-Mail: pcalm@live.no
  Koordinaten: 60.387500, 10,518970
- **Søndre Tingelstad**, am Weg,
  200 m vor der Tingelstad-gamle-Kirke und 200 m l.v. Weg
  Kongevegen 82, 2770 Jaren
  Tel.: 91535590, 95481049
  E-Mail: olhoff2@online.no
  Koordinaten: 60.392430, 10.510380
- **Kongevegen 78**, am Weg
  Kongevegen 78, 2770 Jaren
  Tel.: 93063305
  E-Mail: m-tingel@frisurf.no
  Koordinaten: 60.393232, 10.512368
- **Hadeland Folkemuseum**
  Langgutua 17, 2770 Jaren
  Tel. 45437280
  E-Mail: morten_hjelløy@yahoo.no
  Nur nach vorheriger Absprache
  Koordinaten: 60.399030, 10.521160
- **Brovolden**, am Weg
  Elsie B. Eidsand
  Storlinna 42, 2760 Brandbu
  (vor Haus Nr. 44 links in Sackgasse abbiegen)
  Tel.: 90148455
  E-Mail: forum-h@online.no
  Koordinaten: 60.421024 10.509260
- **Skålsætra**
  Kjølvegen 227, 2760 Brandbu
  Tel. 95023829
  E-Mail: s.l.s.weden@medisin.uio.no
  Koordinaten: 60.455620, 10.584750
  Hüttenübernachtung, vorher buchen
- **Åstjern Hyttetun**, 0,5 km vom Weg
  Åstjernplassen, 2760 Brandbu
  unbewirtschaftete Hütte
  Tel.: 90505002
  E-Mail: post@aastjern.no
  www.aastjern.no
  Koordinaten: 60.49752, 10.57224
- **Skystasjonen Høgkorsplassen**, am Weg
  Kjølvegen, 2760 Brandbu
  Tel.: 99708060
  E-Mail: cathrinebarlinn@hotmail.com
  einfache, unbemannte Hütte
  per Tel.oder SMS Code anfordern
  Koordinaten: 60.494854, 10.596980
- **Gapahuk**, eine offene Übernachtungshütte ohne alles am Einafjord, direkt am Weg
  Koordinaten: 60.518593, 10.640216
- **Holthe Gård**, 1 km vom Weg
  Holtegutua 19, 2847 Kolbu
  Tel.: 94005030, 93417397
  E-Mail: siholthe@online.no
  Koordinaten: 60.584080, 10.745487
- **Engen Kloster**
  Kolbulinna 1118, 2847 Kolbu
  nur gegen Vorbestellung
  Tel.: 61167470
  E-Mail: engen.kloster@bbnett.no
  Koordinaten: 60.589520, 10.719700
- **Majer Gård**, 0,4 km vom Weg
  Kloppvegen 168 2850 Lena
  Tel.: 99475209, 40241037
  E-Mail: livmajer@yahoo.com
  Koordinaten: 60.661097, 10.838608

Die Tingelstad gamle Kirke liegt etwas abseits von unserem Weg, ist aber weithin sichtbar und wir empfehlen den kurzen Abstecher, schon wegen der schönen Aussicht von dort oben.

Im Hof Dyste passieren wir diese typische Auffahrt in das obere Scheunenstockwerk.

Übernachten und Einkaufen

- **Hajen Herberge**, am Weg
  Kampenvegen 8, 2850 Lena
  Tel.: 41280552
  E-Mail: blaavarp@online.no
  Koordinaten: 60.668140, 10.813340
- **Hoff Gjestgiveri**, 0,2 km vom Weg
  Totenvegen 105, 2850 Lena
  Tel.: 61161016, 91185544
  E-Mail:
  postmaster@hoffgjestgiveri.com
  www.hoffgjestgiveri.com
  Koordinaten: 60.682804, 10.842937
- **Hoffsvangen Menighetshus**, am Weg
  Tommerholsvegen 320
  Tel.: 95308539, 61165910, 90948877
  E-Mail: granlassegran@gmail.com
  Koordinaten: 60.68500, 10.84365
- **Stensveen**, am Weg
  Fabrikkvegen 26, 2849 Kapp
  Tel.: 97689283, 91127454
  E-Mail: stensveen@bbnet.no
  www.stensveen.no
  Koordinaten: 60.71641, 10.86080
- **Hekshusstranda Camping**
  Brennerivegen, 2847 Kapp
  Tel.: 61169157, 91594369
  E-Mail:
  mayliss@hekshustrandacamping.no
  www.hekshusstrandacamping.no
  Koordinaten: 60.72260, 10.85005
- **Annexstad Gård**
  Gjøvikvegen 963, 2820 Nedre Toten
  Tel.: 61168443, 47269384
  E-Mail: annexstad.gard@gmail.com
  www.annexstad.gard@gmail.com
  Koordinaten: 60.750268, 10.747966
- **Clarion Collection Grand Gjøvik**
  Jernbanegata 5, 2812 Gjøvik
  Tel.: 61140000
  E-Mail: cc.gjovik@choice.no
  www.grandgjovik.no
  Koordinaten: 60.79663, 10.69055
- **Quality Hotel Strand**
  Strandgata 15, 2815 Gjøvik
  Tel.: 61132000
  E-Mail: q.strand@choice.no
  www.strandhotelgjovik.no
  Koordinaten: 60.79443, 10.69421
- **Gjøvik Vandrerhjem Hovdetun**
  Parkvegen 8, 2819 Gjøvik
  Tel.: 61171011
  E-Mail: post@hovdetun.no
  www.hovdetun.no
  Koordinaten: 60.79768, 10.67158

Einkaufsmöglichkeiten

Brandbu, Dystebakken, Kolbu, Lena, Kapp, Gjøvik

Der »Weiße Schwan« Skibladner

Gjøvik – Hamar

Viele Pilger verlassen in Gjøvik den Westweg und fahren mit dem Oldtimerschiff Skibladner über den Mjøsa-See nach Hamar, um an der Domkirchenruine ihren OW fortzusetzen. Skibladner ist der älteste noch fahrende Schaufelraddampfer der Welt – mit einem guten Restaurant an Bord. Seit dem 19. Jahrhundert bringt das Schiff Pilger auf die gegenüberliegende Seeseite. Mit gemütlichen 12 Knoten Geschwindigkeit pendelt der Skibladner nur von Mitte/Ende Juni bis Mitte August täglich zwischen Gjøvik und Hamar, und an einigen Tagen fährt das Schiff auch bis Lillehammer, wo sich Westweg und Ostweg treffen. Für Wanderer mit Pilgerausweis gibt es ermäßigte Fahrkarten. Die Fahrt von Gjøvik bis Hamar dauert etwa zwei Stunden. Der Fahrplan kann sich ändern und muss jeweils unter www.skibladner.no oder am Anleger in Gjøvik eingesehen werden.

Informationen zum jeweiligen Fahrplan über:

- AS Oplandske Dampskibsselskap
  Skibladnerkontoret, Pb. 230
  2802 Gjøvik
  Tel.: 0047 61144080
  E-Mail: skibladner@skibladner.no
  www.skibladner.no

Der Oldtimer Skibladner wird auch liebevoll »Weißer Schwan« genannt.

Endspurt auf dem Westweg

Gjøvik – Lillehammer = 49,2 km

Der Uferweg von Kapp nach Gjøvik ist großartig, und nun denkt der Pilger, er könne genauso am See weiterlaufen bis Lillehammer. Aber da stellt sich die E6 quer! 20 km hinter Gjøvik kreuzt die E6 vom Ost- zum Westufer und bleibt bis Lillehammer zwischen See und OW. Um der viel befahrenen Schnellstraße zu entgehen, haben die Kommunen den OW nach Westen in die hügelige Landschaft verlegt, so dass der Pilger die E6 weder sieht noch hört. Das ist gut so!

Der OW führt auf dem Radweg nach **Gjøvik**. Wer mit dem Schiff nach Hamar übersetzen will, hält sich rechts Richtung Seeufer und findet da den Skibladner-Anleger. Wer den OW nach **Lillehammer** auf dem Westweg fortsetzt, geht geradeaus bzw. parallel zur Hauptstr. durch die Innenstadt bis zur Gjøvik-Kirche – OWZ, dort nach links in den **Hunnsvegen** und bergauf zum Friedhof. Rechts auf dem Rasen steht ein Stein: »450 km til Nidaros«. Am Friedhof gute Markierung! Wir lassen den Friedhof rechts liegen, queren den **Nordahl Griegs veg** und laufen auf dem **Tranbergvegen**, der zur **Tranberglia** wird, die steil bergauf steigt. Gjøvik liegt hinter und unter uns. Dem Asphalt folgt ein Schotterweg weiter steil bergauf. Der Weg führt durch einen schwarzen Torbogen an einer Reitanlage vorbei und wird zu einem richtigen Höhenweg. Dann nehmen wir einen kleinen Schotterweg bergab in Wald- und Wiesengelände. Es kommt ein Abzweig nach rechts in einen gut ausgebauten Waldweg. Der verläuft geradeaus zunächst durch dunklen Tannenwald, der später zu Laub- und Birkenwald wird. Eine sehr schöne Passage, und wir diktieren: »Dieser Waldweg ist ein wahrer Gehgenuss!« An einem Gehöft gehen wir rechts und bergab. OWZ. Der Weg führt hinunter zur Hauptstr. Nr. 172 und dort nach links weiter.

Wir wandern auf dem **Trondhejmsvegen** in eine Sackgasse und am Ende links in einen Grasweg, der den Hang steil hinaufklettert und bald zu einem total ausgewaschenen Traktorpfad wird. Der OW ist hier schwer begehbar und hat tiefe Spalten! Das kann aber am vergangenen starken Sommerregen (2012) liegen, nach dem der Weg noch nicht repariert wurde. Hoch oben treffen wir auf eine braune Scheune, die zum **Hof Bråstad** gehört. Dort gehen wir links auf einen Grasweg, der uns immer noch steil bergauf schickt. Der Weg führt nach der Höhe leicht fallend und wieder leicht steigend in einen Hochwald. Die Markierung ist ausreichend. Der Weg wird besser, schnelles Gehen ist wieder möglich. Er wird dann zu einem schmalen, nassen und rutschigen Pfad. Der Wiesenweg taucht erneut in dunklen Tannenwald und wird angenehm. Ein Abzweig leitet vom schönen Waldweg nach links und bergauf auf einen schmalen Pfad. Hier hat man einen wunderschönen Blick auf den Mjøsa-See! Der folgende Abzweig ist gut markiert, und der Weg wird wieder breiter und besser begehbar. Wir sehen rechts unter uns die Str., bleiben aber über ihr auf dem Fahrweg, der zum Traktorweg wird. Der OW passiert letzte Wohnhäuser und erreicht eine breite Fahrstr. Rechts haben wir einen schönen Blick auf die Ringsaker-Kirche am jenseitigen Seeufer. Die Passage auf diesem Höhenweg ist großartig, wir genießen die schönen Ausblicke auf den See.

Bei der Bushaltestelle Redalen geht es rechts durch eine Unterführung zum Sveastranda Camping.

Vor uns sehen wir die Brücke, auf der die E6 an unsere Uferseite gelangt. Der **Slettumvegen** fällt leicht bergab und lässt sich sehr angenehm laufen, bis hinunter zur Str., da mündet er in den Radweg Richtung Lillehammer. Wir gehen auf dem **Snertingdalsvegen** in den geschotterten **Redalsvegen** hinein. Der Weg lässt sich gut laufen, führt aber parallel zur verkehrsreichen E4, knickt dann nach links ab und wird dort ruhiger. Wir pilgern bergauf und dann rechts in eine Wohnsiedlung. Wir erreichen den **Smedmovegen** und biegen rechts ab, dann gehen wir beim **Hof Stenmoen** bergab auf den Radweg **Hanssveavegen**. Von ihm führt der OW nach links auf den **Skulhusvegen** und wieder steil bergauf. Überall sind OWZ.

Viele Passagen des Olavswegs werden von den Kommunen regelmäßig (oder selten) gemäht – so wie hier am Mjøsa-Ufer.

Am Haus Nr. 103 laufen wir links auf einen Grasweg und dann bergauf. Nach 600 m erreichen wir den Felsen **Dartisteina**. Es folgen Felder mit einem Abzweig nach links und nach rechts, überall OWZ. Kurz hinter einer rotbraunen Hütte ist der Scheitelpunkt der Kuppe erreicht. Bei einer Häusergruppe stößt der OW auf einen Fahrweg. Keine OWZ! Nach rechts ist richtig! Der Weg fällt jetzt bergab und mündet auf einer Asphaltstr. Wir wandern zum **Hof Klundby** und dort rechts Richtung **Biri**. OWZ. Eine weite S-Kurve läuft ins Tal. Der OW führt auf dem Radweg nach Biri und dort rechts in den **Klomsteinrovegen** *(in Hs.Nr. 41 befindet sich die **Herberge Husmanstuggua**)* und weiter links in den **Snippvegen**, der wenige Schritte später auf die Hauptstr. **Birivegen** stößt. Am Kreisel rechts gehend sind es 800 m bis zum **Vertshuset V-E6**; wir folgen dem Radweg und gehen 250 m weiter nach links zur **Biri-Kirche** – kein OWZ! Das kommt erst nach 100 m auf der rechten Straßenseite. Der OW führt hinter der Kirche auf eine Rasenfläche. An der Friedhofsmauer sind OWZ. Wir stoßen auf den Stein »424 km til Nidaros«. Auf einem Grasweg wandern wir an zwei Gehöften vorbei auf einen Schotterweg und dann nach rechts in den Wald. Dort schließt sich ein schöner breiter Waldweg mit einem großartigen Blick über die Felder zum See an. Wir passieren zwei kleine stille Waldseen mit toller Spiegelung. Gute Markierung. Dahinter queren wir eine

Gjøvik – Lillehammer
Streckenlänge 49,2 km
Lillehammer
Lillehammer-Kirche
Sør Mesna
Vingrom-Kirche
Biristrand Camping
Furuodden Camping
Brøttum
Hof Feiring
Neråsen
E6
Næra
Mjøsa
Hof Semb
Vertshuset
Biri-Kirche
Husmanstuggua
Biri
Ringsaker-Kirche
806 m
Åsgardshaugen
E6
Moelv
Hof Klundby
Hof Stenmoen
E6
Sveastranda Camping
565 m
Brennhaugen
E4
Hof Bråstad
Gjøvik
Gjøvik-Kirche
Skibladner
4000 m

asphaltierte Straße und gehen geradeaus in den Wald- und Wiesenweg **Biriturstier**. Der OW umgeht den **Hof Semb**. Nach rechts haben wir einen freien Blick auf See und die E 4. Der Weg führt jetzt steil bergauf und oben parallel zur Stromtrasse. Der Fahrweg wird schmaler und leitet nach links von der Stromleitung weg. Gute Markierung! Ein kleiner Bach wird auf Holzbohlen überschritten. Wir laufen auf einem Trampelpfad bergab bis zu einem Schotterweg und dann gleich wieder bergauf, stoßen erneut auf die Stromtrasse und wandern parallel dazu auf einem Grasweg bergauf und -ab! Hier mangelhafte Markierung! Nicht runter auf die Wiese gehen! Richtig ist nach links auf einen schmalen, schwer zu findenden Pfad in den Wald. Der Pfad führt auf eine Wiese und dann zu einem Fahrweg, wo wir nach rechts zur nahen Asphaltstr. laufen. Wieder OWZ. Wir gehen weiter nach links.

Von der Str. haben wir einen schönen Blick hinüber nach Brøttum und auf den See. Hinter **Engsvea** pilgern wir auf dem Radweg weiter, vorbei am Hof Freiring gehen wir auf dem Fahrweg steil bergauf. Oben biegen wir rechts auf einen Traktorweg ab. OWZ. Nach 200 m erreichen wir eine Fahrstr. Diese ist wieder eine Zufahrt zu Höfen hier oben. Wir durchqueren den **Hof Bjørnstad** und gehen zwischen zwei Gebäuden die Stiege hinunter auf einen Graspfad in den Wald. *Vor dem Hof Bjørnstad geht man rechts hinunter zum **Furuodden Camping** am Seeufer.* Nach 100 m erreichen wir den nächsten Hof und dann noch einen – OWZ. Nun verläuft der OW bergab zu einem kleinen Teich und auf einem schmalen Pfad wieder bergauf in den Wald. Markierung gut! Wir überqueren einen Bach auf einer breiten Holzbrücke und erreichen die Anhöhe mit einem braunen Stabbur. Hier haben wir den ersten schönen Blick auf Lillehammer mit den großen Skianlagen hinter der Stadt. Der Pfad führt auf einen Fahrweg und dort nach links bergauf. Wir müssen wieder zu den Häusern oben am Hang. Hinter dem obersten Gebäude endet der Fahrweg. Wir wandern auf einem Traktorweg weiter in den Wald. An einer Holzpforte ist ein OWZ, aber kaum zu sehen, da der Plakettenpfahl hinter der Pforte steht! Der schmale, kaum sichtbare Pfad mündet hinter einem Gehöft in einen Fahrweg. Dort geht es nach links und wieder bergauf zum nächsten Gehöft. Jetzt folgt ein bequemer Weg bis zu einer T-Kreuzung, an der wir rechts bergab laufen. Der Fahrweg führt hinunter zur Str. Wir halten uns links und bleiben auf dem geschotterten Weg, der auf dem **Jevnebakken** endgültig hinunter zum See führt. Dort biegen wir links auf die Str. 330 ab, gehen weiter bis zur T-Kreuzung, dann rechts auf den Radweg. Wir überqueren die Brücke und erreichen die Bushaltestelle **Vingrom Skole**. Dort ist ein OWZ. Der OW führt quer über den Schulhof und hinter

In der Altstadt von Lillehammer sind auch moderne Supermärkte in farbenprächtigen, historischen Holzhäusern untergebracht.

der Schule auf eine Wiese, dann auf einem schmalen Pfad sehr steil bergauf in den Wald und zu einer Fahrstr., die zu einem Hof führt. Hier steht das OWZ links im Gras versteckt. Wir müssen nach rechts über den Hof gehen und kommen in einen Fahrweg, der uns zur Asphaltstr. bringt. Dort sind wieder OWZ. Auf der Asphaltstr. laufen wir bergab und dann nach links auf einem schmalen Trampelpfad in den Wald. Der Pfad mit vielen Feldsteinen und Wurzeln steigt bergauf durch hohes Gras, Brombeer- und Himbeerbüsche. Der Pfad klettert immer höher auf den Hang und wird breiter und steiler. Keine OWZ! Hinter einer Hütte mit Gartentor mündet der Pfad in einen breiten Grasweg. Dort OWZ. An der nächsten Gabelung biegen wir links ab, nicht nach rechts zu der sichtbaren roten Hütte! Mangelhafte Markierung, aber die Richtung ist logisch; nach Norden und bergab.

Der Weg führt aus dem Wald und über verschiedene Höfe geradeaus. Halbrechts sehen wir Lillehammer mit der Brücke davor und der Kirche im Zentrum. Wir erreichen die **Vingrom-Kirche**. Am Toilettenhäuschen der Kirche sind OWZ! Besser dort als gar nicht! Wir wandern auf dem Schotterweg hinunter zur Str. Nr. 331 und dort nach links weiter parallel zur E6. Unsere Str. Nr. 331, auf der wir laufen, ist kaum befahren. Man kann gut gehen, hört aber den Verkehr von der E6. OWZ sind an Bushaltestellen. Der OW führt auf dem Radweg zur Brücke über das nördliche Ende des Mjøsa-Sees und nach **Lillehammer**. Am Ende der Brücke müssen wir nach rechts und gleich wieder nach links Richtung **Sentrum** bergauf. Wir sehen die Kirchturmspitze der Lillehammer-Kirche über den Häusern – und hören beim Weitersteigen genau um 18 Uhr die Glocken zum Angelusgebet läuten.

Übernachten und Einkaufen

Übernachtungsmöglichkeiten

- **Sveastranda Camping**,
  0,5 km vom Weg
  Stokkevegen 147, 2825 Gjøvik
  Tel.: 61181529
  E-Mail: resepsjon@sveastranda.no
  www.sveastranda.no
  Koordinaten: 60.888953, 10.675793

- **Husmanstuggua**, am Weg
  Klomsteinrovegen 41, 2836 Biri
  Tel.: 91142611
  E-Mail: ellen@krageberg.no
  Koordinaten: 60.951670, 10.610680

- **Vertshuset V-E6**
  Skumsrudvegen 33, 2836 Biri
  Tel.: 61185800
  E-Mail: info@vertshusetv-e6.no
  www.vertshusetv-e6.no
  Koordinaten: 60.957642, 10.622210

- **Furuodden Camping**, am Weg
  Biristrandvegen 888, 2837 Biristrand
  Tel.: 61184821, 90175124
  Koordinaten: 61.021381, 10.450487

- **Biristrand Camping**, am Weg
  Biristrandvegen 912B, 2837 Biristrand
  Tel.: 61184672
  E-Mail: post@biristrandcamping.no
  www.biristrandcamping.no
  Koordinaten: 61.022701, 10.449067

Einkaufsmöglichkeiten

Gjøvik, Biri, Vingrom, Lillehammer

Mitten durch die Olympiastadt

Lillehammer

Der OW durch Lillehammer ist sehr schön angelegt; zunächst führt er (vom Ostweg kommend) von der Str. 213 weg in ruhige Wohnsiedlungen, dort zur **Lillehammer-Kirche**, anschließend durch das Stadtzentrum und dann über den historischen **Gamlevegen** in grüne, nördliche Vororte. Vor der Lillehammer-Kirche steht der Stein »417 km til Nidaros«. Hier vereinigen sich die beiden Olavswege Ost und West zu nur noch **einem** Weg nach Trondheim. Der Mjøsasee liegt hinter uns. Ab jetzt begleitet uns der Lågen, der den Mjøsasee speist.

Von der **Lillehammer-Kirche** gehen wir über die **Kirkegata** nach links direkt in das Stadtzentrum. Die Hauptstr. macht einen Linksknick zum Tunnel. Wir laufen geradeaus am Kulturhuset Banken vorbei, queren die **Bankgata**, dann die **Jernbanegata** und kommen zum Kunstmuseum und Kino 123. *In der Jernbanegata geht man rechts zur Herberge bei* ***Øvergaard*** *und nach links zum* ***Lillehammer Vandrerhjem Stasjonen****. Wer zum* ***Hotel Birkebeineren*** *möchte, geht in der Bankgata nach rechts, dann links in den Maihaugenvegen, der zum Sigrid Undsets veg wird und dort wieder nach rechts in den Birkebeinervegen.*

Wir kreuzen die **Wieses gate** und halten uns hinter der Bibliothek halbrechts in den **Nymosvingen** bis zur **Storgata**. Rechts liegt das Rica Victoria Hotel und links

Die Lillehammer-Kirche von Innen, hier gibt es auch einen Pilgerstempel.

Der Olavsweg führt durch die Innenstadt von Lillehammer. Gute Markierung.

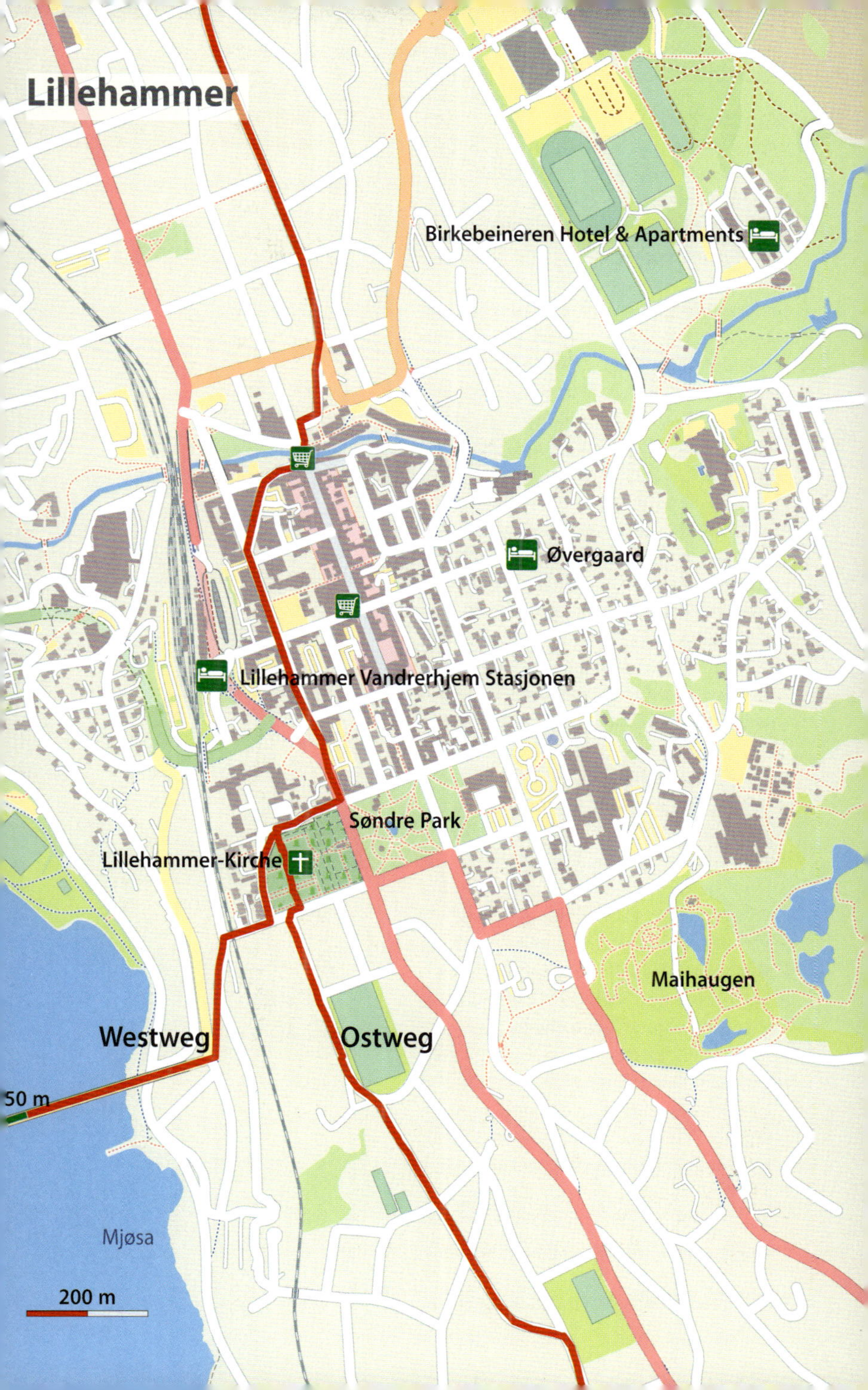

Lillehammer
Birkebeineren Hotel & Apartments
Øvergaard
Lillehammer Vandrerhjem Stasjonen
Søndre Park
Lillehammer-Kirche
Maihaugen
Westweg
Ostweg
50 m
Mjøsa
200 m

der Supermarkt **REMA 1000**. Auf der **Storgata** wandern wir links über die Brücke **Mesna bru** und vor dem Taxistand rechts in den **Gamlevegen** bis zur **Tomtegata**, dort nach links und wieder in den **Gamlevegen**. Es geht weiter bergauf, vorbei an schönen alten Holzhäusern.

Der **Gamlevegen** führt stetig bergauf und wird zu einem Wald- und Wiesenweg mit schöner Aussicht auf den Lågen, der bei Lillehammer in den Mjøsa-See mündet. Der OW passiert die historische Steinbogenbrücke **Skurva bru** aus dem 19. Jahrhundert. *Bei der letzten Kreuzung vor der Brücke geht man links und gleich wieder rechts zur Herberge* ***Casa de Solsikke***. Wir erreichen die Asphaltstr. **Hammersengvegen** im nördlichen Stadtteil **Smestad**. Ein OWZ schickt uns auf den geschotterten Radweg an Wohnblocks und Kindergarten vorbei. Dann gehen wir nach rechts in eine Röhre, die den **Sigrid Undsets veg** unterführt. Wir laufen wieder auf dem **Gamlevegen**, jetzt bergab. Hinter den Wohnsiedlungen wird es richtig ländlich mit Bauerngehöften und Stabburs, Feldern und Wald. Weiter unten folgen einzelne Wohnhäuser. Wir erreichen die Str. Nr. 312, dort gehen wir nach rechts und durch die Unterführung. Davor ist ein OWZ und ein blaues Hinweisschild: Fußgänger und Fahrräder nach Høgskolen und Lillehammer. Hinter der Unterführung steht eine Infotafel **Storhove**. Der OW verläuft links an der Infotafel vorbei zum Høgskolen und Lillehammer Internat und quer über den Parkplatz des großen Komplexes (mitten durch abgestellte Fahrräder). Hinter der Schule pilgern wir nach links auf der kleinen Asphaltstr. zur Straßenunterführung der E 6. Hier verlassen wir endgültig die Olympiastadt Lillehammer.

Lillehammer-Kirche – Storhove = 5,8 km

Übernachten und Einkaufen

- **Lillehammer Vandrerhjem Stasjonen,**
  0,1 km vom Weg
  Jernbanetorget 2, 2609 Lillehammer
  Tel.: 61260024
  E-Mail: post@stasjonen.no
  www.stasjonen.no
  Koordinaten: 61.114598, 10.461602
- **Øvergaard,**
  0,4 km vom Weg
  Jernbanegata 24, 2609 Lillehammer
  Tel.: 99614700
  E-Mail: oevergaard@gmail.com
  www.oevergaard.com
  Koordinaten: 61.115956, 10.471022
- **Birkebeineren Hotel & Apartments,**
  1 km vom Weg
  Birkebeinervegen 24
  2618 Lillehammer
  Tel.: 61050080
  E-Mail: booking@birkebeineren.no
  www.birkebeineren.no
  Koordinaten: 61.120247, 10.478833
- **Casa de Solsikke**, am Weg
  Staudevegen 2, Lillehammer
  Tel.: 926 59 921
  E-Mail: ellenkolberg@gmail.com
  Koordinaten: 61.128495, 10.458676

Einkaufsmöglichkeiten

Biri, Vingrom, Lillehammer

Das untere Gudbrandstal

Lillehammer – Dale-Gudbrands Gard = 76,0 km

Das wildromantische Gudbrandstal zwischen Lillehammer und Dovre gehörte schon vor und nach Olavs Zeiten zu den wichtigsten Verkehrsadern in Norwegen. Das galt für den Landweg ebenso wie für die Wasserstraße. Durch den Talboden fließt der Lågen vom Dovrefjell kommend bis nach Lillehammer. Die einzelnen Anrainerorte benutzen für den Lågen eigene Namen wie Elva, Losna usw. Und parallel zum Fluss läuft die E6, entweder als Autobahn oder als Landstraße. Parallel zur E6 führt auch der Olavsweg nach Dovre. Natürlich wird der Pilgerweg auch auf diesem Abschnitt immer wieder von der Hauptverkehrsstraße weggeführt – hinauf in die ruhigen Talflanken und Wälder. Einige Pilgerherbergen liegen hoch oben am Weg, andere unten im Tal. Da muss man also zum Übernachten und Einkaufen hinuntergehen. Streckenweise verläuft der OW aber auch direkt am Lågen entlang, z. B. zwischen Sel und Nord Sel. Im Gudbrandstal warten ganz besonders schöne Herbergen auf den Pilger, die aus mittelalterlichen Höfen entstanden sind und für den Olavsweg liebevoll restauriert wurden. Dazu gehören die Höfe Skåden gård bei Øyer, das Pilgerzentrum Dale-Gudbrands Gard in Hundorp, Sygard Grytting in Sør Fron und andere.

Trotz E6 und viel Bergauf und Bergab darf sich der Pilger auf eines der großartigsten Täler Norwegens freuen.

Innenaufnahme des historischen Fährhauses Sundgården

Wir unterqueren in **Storhove** die E6 und gehen vor der Eisenbahnbrücke rechts auf einen schmalen Wiesenweg, der zwischen Bahn und E6 weiterführt. Dann führt der Weg durch eine Röhre unter der Bahnlinie durch und nach rechts. Der Weg läuft an der sehenswerten, historischen Fährstation **Sundgården** vorbei und geradeaus weiter auf dem schmalen Pfad. Links ist der Fluss zu sehen. Hinter dem Gatter biegen wir an einer Gabelung rechts ab. Der Pfad quert einen steilen Hang und ist dort mit Baumstämmen und einem zusätzlichen Zaun gesichert. Bei einer Häuseransammlung unterläuft der OW die Bahnlinie. Wir gehen nach links und in den Wald. Dann kommen wir am **Fåberg-**Umformer vorbei und laufen über den **Smerudstuguvegen**. An der Bushaltestelle Fåberg Meneghetshus gehen wir rechts und nach Querung der Str. links in den **Carl Haugens veg**. Wir passieren ein ruhiges Wohngebiet bis zu einem Wendehammer, an dem wir links auf einem Schotterweg bis zur T-Kreuzung wandern und weiter nach rechts. Wir laufen an einem Werkhof vorbei und **geradeaus** auf den schmalen Pfad – OWZ sind hier weitgehend zugewachsen. Wir queren den Fluss auf einer Brücke. Es folgt hohes Gras, bei nassem Wetter mit Gamaschen laufen! Der nasse Pfad endet auf einem Fahrweg, der bergauf zur Str. führt. Wir bleiben nur 50 m auf der Str. Nr. 312,

Pilgerherberge Skåden gård.
Im Stabbur des mittelalterlichen Hofes befindet sich ein interessantes Museum.

dann biegt der OW links auf einen Pfad zwischen Feld und Str. Nach 700 m führt der OW zurück auf die Str., dort können wir neben der Leitplanke pilgern. Nicht besonders schön, aber akzeptabel. Am ersten Kreisel Richtung **Øyer** und hinter dem zweiten Kreisel nach rechts. Nach 100 m leitet der Weg links in einen Wald und steil bergauf. Wir haben zum ersten Mal das Gefühl, dass Lillehammer und das mit der Stadt verbundene Straßengewirr von Kreiseln, Kreuzungen, Unter- und Überführungen endgültig hinter uns liegen. Jetzt laufen wir in das schöne Gudbrandstal hinein und können richtig durchatmen!

Es folgen erste Zauntreppen. Die Markierung durch OWZ ist sehr gut! Der Waldweg kreuzt einen geschotterten Fahrweg, führt nach links und wieder nach rechts. Wir passieren einen Kindergarten mitten im Wald und erreichen die Fahrstr. **Tyttebærskogen** mit einem wunderschönen Blick auf das Gudbrandstal. Dann gehen wir wieder nach rechts in den Wald auf den Wanderweg **Her Gjekk Tjodveigen**. Im Wald pilgern wir an Gebirgsbächen und Wasserfällen vorbei. Wir durchlaufen richtigen Urwald mit umgestürzten Bäumen, dazwischen Moose und Farne. Wir treffen auf einen Fahrweg und gehen nach links bergab. Es folgen nasse Wiesen und dann der gewaltige Bergbach **Sagåa**, der auf einer Holzbrücke überquert wird. Danach wird der OW trocken und steigt steil bergauf und durch wunderschönen Wald. Wir wandern weiter geradeaus und ignorieren(!) den Abzweig zum Wasserfall Kjærlighetsfossen – den wir hören. Beim Verlassen des Waldes übersteigen wir wieder eine Zauntreppe. Der OW erreicht eine Str., wir gehen nach rechts bergauf und haben einen schönen Blick links in das Gudbrandstal. Wir wandern auf der Str. Nr. 361 bis zu einer T-Kreuzung. Dort halten wir uns links Richtung **Øyer Sentrum**. Unser Weg heißt **Sørbygds vegen**. *In Haus Nr. 476 bietet die Farm* ***Moe Gard*** *zwei einfache Übernachtungsplätze an.* Der OW schickt uns durch einen Tunnel, bergab nach **Nermo** und dort rechts in den Wald. Links liegt ein großer Golfplatz in traumhaft schöner Lage mit unvergleichlicher Fernsicht. Bei **Nermo** müssen wir nach rechts auf einen Trampelpfad und dann links auf die **Trimmloype**. *Dort wo man rechts in den Wald abbiegt, geht es links auf dem Nermovegen zum* ***Nermo Hotell***. Hinter dem Schild »Trimmloype« ist ein etwas zugewachsenes OWZ. Toller Blick auf das Gudbrandstal und den Lågen! Es folgt ein trockener Waldweg. Markierung gut! Es ist ein schönes Laufen durch Märchenwald mit vielen bemoosten Felssteinen. Der Boden ist ein großartiger weicher Moosteppich. Renate glaubt, dass hier Feen und Trolle wohnen. Die zwischendurch spärliche Markierung wird wieder besser. Die OWZ sind oft zugewachsen, aber erkennbar. OWZ am Hang und im hohen Gras suchen! Der Fahrweg führt langsam bergauf. Wir erreichen den **Hof Li** und wandern dahinter halblinks in Wald- und Wiesengelände. OWZ sind 10 m weiter.

Wir laufen sehr gut auf einem Traktorweg bergauf. Hinter einem kleinen Bach sind OWZ. Wir gehen links und bergab. Im Wald queren wir noch einmal den Bach, dann folgt ein von Kühen stark zertretener Waldweg bergab, der weiter unten besser wird. Wir erreichen einen Wasserfall, davor ist eine Holzbrücke. Dahinter sind OWZ und daneben steht das Schild: »Her Gjekk Todvegen«. Wir wandern bergauf – wieder in einen wunderschön bemoosten Wald. Hinter einer Zauntreppe befinden sich OWZ. Dann kommt ein breiter Waldweg. Beim nächsten Abzweig halten wir uns links. Mangelhafte Markierung! Man muss

Lillehammer – Dale-Gudbrands Gar

Teil 1: Lillehammer – Mageli Camping

Streckenlänge 41,5 k

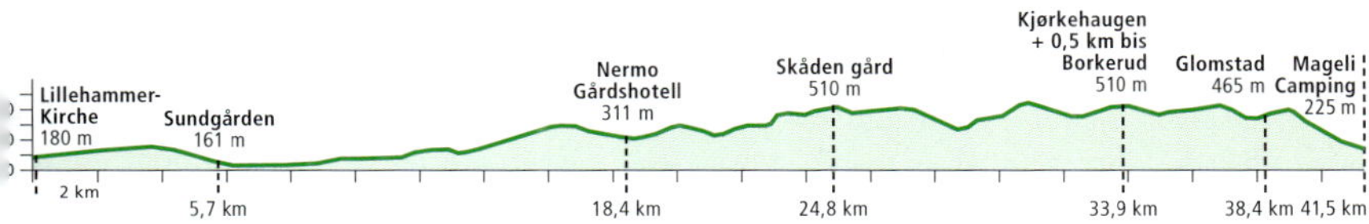

den schmalen Pfad nach rechts suchen und hineingehen. Ein OWZ steht links und der Weg nach rechts ist kaum erkennbar. Es folgt eine Zauntreppe, an der wir rechts und über zwei Brücken pilgern. Nun führt der OW bergauf und plötzlich hat man einen offenen Blick über das Gudbrandstal und zurück nach Lillehammer. Wir laufen weiter auf einem Grasweg, der links über Privatgrund führt und dann auf einen Fahrweg stößt. Beim Hinweisschild mit Haus Nr. »153 – 155 – 157« gehen wir rechts und gleich wieder links in den Wald, überqueren auf einem Holzsteg den Bach und laufen dann geradeaus auf einen Wiesenweg. Am Rastplatz **Håkåberget** sind OWZ. Über eine Holzleiter klettern wir auf die nächsthöhere Wiese. Es folgt noch eine Leiter plus Zauntreppe, dann geht es zum nächsten Hof. Wir wandern auf einem Trampelpfad und über eine weitere Zauntreppe. Dann folgen Gehöfte und ein Fahrweg bergab. Bei **Høvré** läuft man rechts über den Hof. Neben dem Briefkastenhäuschen ist ein OWZ. Der Weg führt bergauf, OWZ am Zaun. Die Markierung wird wieder gut. Es geht weiter über eine Zauntreppe und Wiese, noch eine Zauntreppe und einen Trampelpfad dahinter. Die Markierung ist hier ausreichend, man muss aber etwas suchen! Wir laufen auf der Wiese bergab zur nächsten Zauntreppe. Es schließen sich nasse Stellen an, die man auf Steinen und Bohlen queren kann. Noch mehr Zauntreppen! Der OW verläuft weiter über kleine Pfade und Zauntreppen zur festen Str., dort rechts Richtung **Skåe, Skåden gård**. Nach 200 m folgt ein Abzweig nach links. Von hier sind es noch 600 m bis zur Pilgerherberge Skåden gård. Vor ihr steht ein Stein: »392 km til Nidaros«. Die Besitzer dieser schönen Herberge unterhalten in einem alten Stabbur ein kleines Museum mit interessanten Geräten des Hofes aus vielen Generationen.

Der OW führt an der Herberge vorbei auf einen nassen Wiesenweg, durch Gatter, die mit Draht und Stricken verschlossen sind – wir sind in typisch norwegischem Farmland. Der Weg läuft zwischen Zäunen weiter in den Wald. Es folgt ein Abzweig nach links, und dann fällt der OW steil bergab zu einem Bach, der auf einer Holzbrücke überquert wird. Nun schließt sich ein längerer Aufstieg an. Markierung durch OWZ sehr gut! Wir passieren das prähistorische Gräberfeld Lånkehaugen. Auf der Infotafel steht: »Sie stehen hier an einem Gräberfeld mit Grabhügeln, die mit großer Wahrscheinlichkeit auf die frühe Eisenzeit datiert werden können. In den Gräbern wurden ein oder mehrere Personen begraben. Auch Feuerbestattungen und Beisetzungen in Urnen waren damals üblich.«

Wir laufen auf dem **Tjodvegen**. An den Gräbern ist die Steigung zu Ende. Der Weg über weichen Waldboden wird besonders angenehm und trocken. Es folgen eine Bachüberquerung und eine Zauntreppe, dann Wiesengelände mit wunderschönen Ausblicken auf das Gudbrandstal und den Lågen. Wir überqueren wieder Gatter und Zauntreppen. Der Wiesenweg wird nasser und schwerer. Die Markierung durch OWZ ist hier besser als der Weg.

Hinter der nächsten Zauntreppe liegt ein kleiner Teich mit Steintisch und Bank – toller Blick auf Gudbrandstal und Lågen. Der schwere Weg mündet in einen Hof mit Holzhäusern und einer schönen Glocke am Giebel.

An der rechten Steinmauer befinden sich zwei Familiengräber, dahinter folgt ein fester Fahrweg, der zur Str. **Nordbygdsvegen** führt, die wir bei der Bushaltestelle **Skønsberg** erreichen. Wir gehen nach links und kommen nach 1500 m an eine Gabelung. Dort halten wir uns rechts und laufen in den **Kanavegen**, nach 300 m rechts in den Wald und steil bergauf – etwa 200 m – dann nach links. Oben im Wald finden wir eine sehr schön bemalte Bank mit Olavskreuz. Der Weg führt wieder bergab auf einen Fahrweg und links auf einen Wiesenweg, der bergauf läuft und sich gut gehen lässt. An der Hauptstr. wandern wir nach links zur Zauntreppe. Der OW weist geradeaus und quert einen rauschenden Bach. Dann gehen wir nach links und steil bergauf. Markierung gut! Ein schmaler Pfad führt wieder bergab.

Mitten im Wald steht ein Toilettenhäuschen mit Schild: »Drinking Water 20 m«. In einem grünen Kasten liegt ein Gästebuch mit dem Eintrag: »Vorsicht, im WC sind Wespen!« Andere Einträge: »Vielen Dank für das Wasser, das war bitter nötig!« und »Heute ist schlechtes Wetter, kaum Aussicht vom Rastplatz. Wir sind pitschnass und es ist kalt. Auf zur nächsten Herberge!« Oder: »Fantastische Aussicht bei schönstem Wetter, blauer Himmel, Sonnenschein, aber kalt!«

100 m hinter dem Rastplatz läuft der OW auf einen Hof, die Herberge **Stalsberg**, und über einen Fahrweg sehr steil bergauf in den Wald. Es wird so steil, dass man sich an den Bäumen festhalten muss. Der Weg führt auf einer Fahrstr. nach links und dann zum **Sør Tretten vegen** und nach rechts. Dort folgt der Abzweig **til Sveavegen**. Wir bleiben auf dem Sør Tretten vegen und gehen bergauf zum alten Kirchplatz **Kjørkehaugen**. Hier stehen ein kleiner Glockenturm, ein Altar und Bänke für Freiluftgottesdienste. Wir queren den Fluss Moksa. *Hinter der Brücke geht es rechts 500 m zur gemütlichen Herberge **Borkerud**. Dort hat man u.a. die Möglichkeit, vor einem Wasserfall zu baden.* Der OW folgt geradeaus dem **Tårstadvegen** bis zum **Hof Tande**, davor pilgern wir nach links durch Wiesen in den Wald. Die Markierung ist gut, bei nassem Wetter sollte man Gamaschen tragen! Wir passieren eine Holzbank mit schönem Ausblick in das Tal. Der Weg führt dann zum **Hof Kleva**. Hinter dem Hof laufen wir nach rechts und 200 m weiter – direkt hinter der Viehsperre – links in einen Wald- und Wiesenweg. Die Markierung ist schlecht zu sehen, deshalb unser Hinweis auf die Viehsperre! Wir überqueren einen kleinen Wasserlauf. Der anschließende Weg ist stark zertreten. Wir halten uns links am Zaun bis zu einem Holzgatter, vor dem wir links in den Wald gehen. OWZ sind durch Birken verdeckt. Hinter der Brücke steigen wir nach links steil bergauf und über eine Zauntreppe in den Wald. Die OWZ müssen etwas gesucht werden, sind aber da! Wir erreichen eine Lichtung mit sehr schönem Blick ins Gudbrandstal. Es folgt eine weitere Zauntreppe. Links unter uns sehen wir den **Hof Glømme** mit Stabbur. OWZ hängen in Bäumen und sind oft durch Äste verdeckt! Das nächste Gebäude – weiß und braun – ist das Hotel und die Herberge **Glomstad**. Es folgen zwei Zauntreppen und *dann ein Abzweig nach links zur Herberge Glomstad. Sehr zu empfehlen, sehr gutes Frühstück! In Glomstad gibt es verschiedene Übernachtungs-*

modelle: Hotelzimmer mit Bettwäsche und Bad, Schlafsackübernachtung, Mehrbettzimmer. Wer zur Herberge gegangen ist, muss nicht zurück zum Abzweig. Aus dem Hotel kommend geht man nach rechts und erreicht schon nach wenigen hundert Metern wieder den OW.

Der OW führt geradeaus in den Wald, dort beim nächsten Abzweig nach links und über eine Zauntreppe hinunter zum festen Fahrweg. Auf ihm wandern wir nach rechts und biegen vor der Brücke links in den Wald. Es geht weiter – parallel zum Fluss – steil bergab durch Wald bis zum Fluss Vedemselva mit Brücke. Dahinter liegt ein Rastplatz mit Tisch und Bänken und einem Gästebuchkasten. Wir laufen weiter im Zickzack durch Wald bis zu einer Fahrstr. und dort nach rechts. Nach 100 m biegen wir links ab auf nasse Wiesen und gehen hinunter Richtung E6. *Jenseits der Schnellstr. liegt der Campingplatz **Mageli** (Übernachtungshütten).* Der OW führt nicht zum Campingplatz, sondern vor der E6 nach rechts über die historische Steinbrücke Rolla bru, die den rauschenden Fluss Rolla überquert. Der OW steigt leicht bergauf und führt langsam weg von der E6. Mitten im Wald folgen wir einem Abzweig nach links mit der Beschriftung »Pilegrimsleden«. Vor einem bemoosten Gemäuer gehen wir nach links und steil bergab auf rutschigem Pfad bis zu einem trittsicheren Fahrweg. Der OW läuft parallel zur E6 bis zu einem Abzweig nach Gopollen. Vor diesem Abzweig biegen wir rechts in den **Bjørgevegen** und gehen bergauf. Wir lassen den **Hof Krekke** rechts oben am Hang liegen und laufen nach Bjørga. Der Fahrweg bringt uns zu einer Häuseransammlung. Wir passieren ein auffälliges Grundstück mit Pool und Reitanlage und folgen weiter dem Fahrweg. Hier ist schönstes Pilgern mit tollen Ausblicken

Stabbur der wunderschön ruhig im Wald gelegenen Herberge Borkerud.

auf Feld- und Wiesenlandschaften. Der Weg führt nach Moastugu (winzige Ortschaft) und zu einer Gabelung. Da geht es links bergab zur E6 – 1,3 km – und geradeaus nach Tujord in den **Fåvangveg**. Dem folgen wir.

An einer Gabelung geht es links zur **Fåvang-Kirche** und geradeaus auf dem OW nach **Fåvang**. Markierung gut! Der Weg steigt und fällt im Wechsel. Es folgt ein Abzweig nach rechts auf den **Øverjordsvegen**. Der OW steigt steil bergauf zum **Hof Obsheim**. An einem Transformatorenhäuschen laufen wir links bergab über eine Holztreppe. Der Weg wird zu einem schmalen Pfad bis zur Zauntreppe. Der Ort **Fåvang** liegt jetzt unter uns.

Wir passieren die Herberge **Nordrum Gård** und auf einem guten Fahrweg pilgern wir weiter bergab und an einer Linkskehre rechts in den Wald. Mangelhafte Markierung! An der nächsten Kreuzung gibt es kein OWZ. Richtig ist es, links abzubiegen. Wir laufen auf ein weißes Haus zu und vor diesem rechts in einen Wiesenpfad, der steil bergab fällt, so steil, dass er

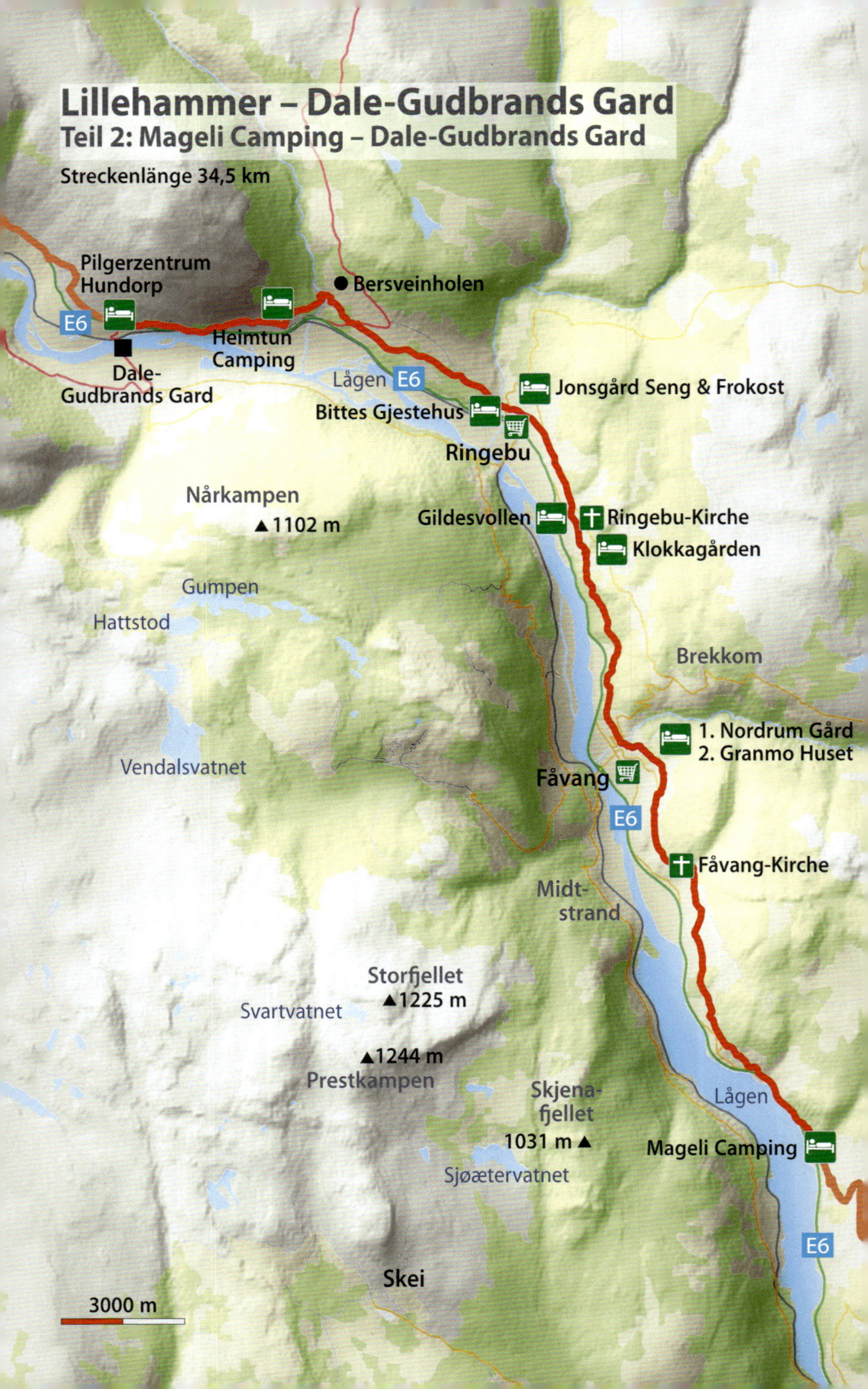

Lillehammer – Dale-Gudbrands Gard
Teil 2: Mageli Camping – Dale-Gudbrands Gard
Streckenlänge 34,5 km
Pilgerzentrum Hundorp
E6
Heimtun Camping
Bersveinholen
Dale-Gudbrands Gard
Lågen
E6
Jonsgård Seng & Frokost
Bittes Gjestehus
Ringebu
Nårkampen
1102 m
Gildesvollen
Ringebu-Kirche
Klokkagården
Gumpen
Hattstod
Brekkom
1. Nordrum Gård
2. Granmo Huset
Vendalsvatnet
Fåvang
E6
Fåvang-Kirche
Midt-strand
Storfjellet
1225 m
Svartvatnet
1244 m
Prestkampen
Skjena-fjellet
Lågen
1031 m
Mageli Camping
Sjøætervatnet
E6
Skei
3000 m

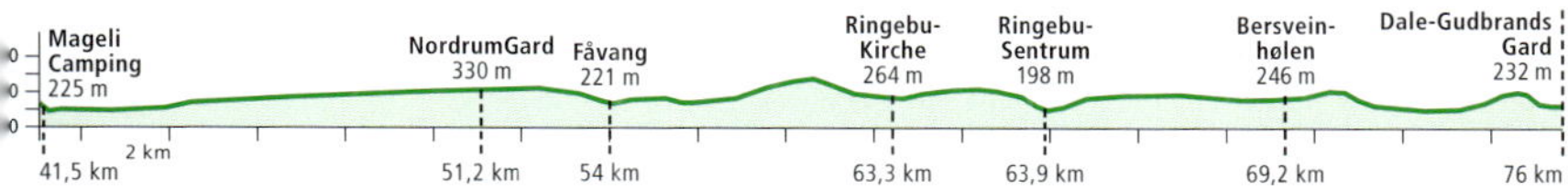

unten mit einem Sicherungsgeländer versehen ist. Der Weg mündet auf eine Asphaltstr. mitten in einer Wohnsiedlung und führt links weiter. Hier wieder gute Markierung! Eine Holztreppe mit Geländer bringt uns hinunter zur nächsten Asphaltstr., wo wir rechts und an der Gabelung links in den **Fossvegen** abzweigen. Nach 50 m gehen wir nach rechts und queren den Fluss Romsa auf der **Romsabru**. Wer zur Herberge Granmo Huset möchte, geht vor der Brücke links in den Fossvegen bis zum Haus Nr. 14. Unter der Brücke sehen wir einen sehr schönen Wasserfall. Dahinter pilgern wir steil bergauf bis zur Asphaltstr., dort 50 m geradeaus und dann links in den **Kongsvegen**. Kongsvegen ist hier »nur« eine Straßenbezeichnung, es handelt sich nicht um den historischen Königsweg. Der OW biegt vom Kongsvegen nach links ab in einen kleinen Weg für landwirtschaftliche Fahrzeuge; tiefe Fahrrinnen, der Schotter ist weggespült! Wir erreichen wieder eine feste Fahrstr. – hier OWZ. Am nächsten Abzweig gehen wir nach links, dort ist eine Markierung durch die Königskrone und zusätzlich ein OWZ. Der historische Königsweg lässt sich sehr gut laufen, Markierung bestens! Rechts und links ist schön bemooster Tannenwald. Vermutlich wohnen da Trolle! Dann folgt ein Abzweig an 4 grünen Briefkästen. Der OW führt geradeaus weiter auf einem breiten Fahrweg. Hinter einer Bachüberquerung gehen wir links und dann wieder bergauf in Wald. Wir kommen am Gehöft **Molund** vorbei. Auch beim nächsten Abzweig geradeaus gehen. Kein OWZ! Der Weg wird zu einem schmalen Fußweg. OWZ finden wir jetzt auf einem Felsen.

Wir passieren alte Fallgruben, in denen Mammuts gefangen wurden und eine Fliehburg, in die sich Bewohner bei Angriffen zurückziehen konnten. Solche Details des Weges entnehmen wir Infotafeln an betreffenden Punkten. Es folgen Häuser und der Weg wird wieder breiter. Am Abzweig gehen wir links bis zur Fahrstr. Kongsvegen. Den Fluss Brandstadelva überqueren wir auf einer Brücke (kein OWZ) und kommen zur Herberge **Klokkagården**. Nach wenigen 100 Schritten taucht die **Ringebu-Kirche** vor uns auf. *Vor der Kirche geht man links hinunter zur Pilgerherberge **Gildesvollen**.*

Der OW führt oberhalb der Ringebu-Kirche weiter auf dem **Panoramaveien** nach Ringebu Senter. Die Str. heißt **Gråvåbakken**. Wir passieren den **Prestegarden** mit der Weidemannsammlingen (Kunstsammlung) und erreichen den Rastplatz Kongsvegen mit Tisch und Bänken. Großartiger Blick über das Gudbrandstal und hinunter nach Ringebu! Der OW läuft rechts parallel zur Str. und kommt wieder auf diese zurück. 2,3 km hinter der Ringebu-Kirche folgt ein Abzweig nach links Richtung **Ringebu**. OWZ. Vor dem Ort queren wir eine Brücke und nach 100 m führt der OW rechts auf einem Weg direkt neben der Str. bergauf. *Wir empfehlen einen Abstecher in den Ort mit allen Versorgungsmöglichen – mit winziger aber liebenswerter Fußgängerzone in der **Jernebanegata**. Dort befindet sich die sehr gute Bäckerei Hansen (mit Außentischen) und gleich dahinter die Pilgerherberge **Jonsgård Seng & Frokost**. Am nahen Bahnhof gibt es eine Stadt-*

information und im Ort auch ein Sportgeschäft. Zur Herberge ***Bittes Gjestehus*** *geht man am beschriebenen Abstecher nicht in die* ***Jernebanegata****, sondern in die* ***Brugata*** *und nach 300 m links in die* ***Bjørgemogata*** *(vorher E 6 überqueren).* Der OW führt auf der Landstr. Nr. 27 in Serpentinen steil bergauf. Nach 15 Minuten erreichen wir die Kuppe und 5 Minuten später weist der Weg nach links in den festen Fahrweg **Midtvegen**. Gute Markierung! Angenehmes Laufen! An einer Gabelung bleiben wir links auf dem Midtvegen. Wunderschöner stiller Wald! Dann wird das Gelände offener; Felder und einzelne Gehöfte folgen. Der Weg stößt auf die Asphaltstr. **Venabygdsvegen**, wo wir uns links halten. Nach 50 m biegen wir rechts in den **Grådalshaugen** Richtung **Kjønås Sag** ein. Vor einem Holzplatz laufen wir rechts bergauf in den Wald hinein. Gute Markierung. An einer Gabelung mit vier grünen Briefkästen gehen wir links und bergauf zum Wasserfall **Bersveinhølen**. *Wer zum* ***Campingplatz Heimtun*** *möchte, kann vor dem Wasserfall nach links hinunter gehen und kurz vor der E6 nach rechts, überquert den Fluss* ***Frya*** *und erreicht nach 200 m sein Tagesziel.* Der OW führt auf der Höhe weiter um den Wasserfall herum, der auf einer Brücke überquert wird – toller Ausblick! Wir lassen einen Hof links liegen und laufen in offenes Wiesengelände. Rechts tobt der Fluss. Nun geht es über eine Zauntreppe in Nadelwald und dort auf schönem Waldweg weiter. Wir tangieren kurz einen befestigten Fahrweg und gehen nach 50 m rechts auf einen Holzarbeiterweg. Der führt bergab und mündet auf einer festen Fahrstr. *Das ist der Dålstiegen, der ebenfalls hinunter zur E6 führt. Nach 400 m führt links die Endenstrekka zum Campingplatz* ***Heimtun****.* Wir wandern links und gleich wieder rechts

Die Ringebu-Kirche – ein Juwel am Olavsweg

Nach der Christianisierung durch König Olav wurden im Laufe des Mittelalters bis zur Reformation (1536) schätzungsweise 1000 Stabkirchen in Norwegen gebaut. Davon stehen heute noch knapp 30. Die Stabkirche in Ringebu gehört zu den schönsten Kirchen am Olavsweg und wurde 1220 errichtet.
Als Stabkirche wird eine besondere Bauform bezeichnet, die einmal in Norwegen, Schweden und Dänemark verbreitet war. Aber in Schweden und Dänemark sind alle Stabkirchen verschwunden.
Die Konstruktion sieht so aus: Auf eine Grundmauer werden Schwellen gelegt. Sie tragen dann die Stäbe, die mit Säulen zu vergleichen sind. Alle Holzteile sind verzapft, man findet keine Nägel. Andreas-Kreuze und Halbbögen wirken dabei stabilisierend. Die Stabkirchen hatten zunächst keine Fenster, nur kleine bullaugenförmige Lichtöffnungen hoch oben in den Wänden. Längs der Wände befanden sich früher Bänke für Alte und Gebrechliche, während die übrige Gemeinde stehen musste.
Wenn wir vor der Ringebu-Kirche stehen, fällt uns die großartige Farbenpracht des alten Holzes und der leuchtend rote Turm auf. Im Gegensatz zu Ringebu sind die meisten norwegischen Stabkirchen dunkel und eher farblos. Nach der Reformation wurde die Stabkirche im Jahr 1630 von dem Baumeister Werner Olsen zu einer Kreuzkirche umgebaut. Das Querschiff und der Turm sind also nicht

so alt wie die Urkirche. Dann treten wir ein und stehen atemlos in einer komplett anderen Welt, im Mittelalter. Wir bewundern die dekorativ bemalten Säulen (Stäbe), die das Dach tragen, sehen viele historische Bilder, Kruzifixe aus dem 14. Jahrhundert und andere Zeugen der Vergangenheit. Im Hintergrund wird der Altar des Meisters Johannes Lauritzen Skraastad aus dem Jahr 1668 von Kerzen beleuchtet. Wir erkennen Bilder des heiligen Abendmahls, der Kreuzigung sowie Moses mit den Zehn Geboten, Paulus mit seinem Schwert, Aron mit dem Weihrauchgefäß, St. Jakobus mit einer Buchrolle, Johannes mit dem Adler und viele andere biblische Personen.

Kruzifix aus dem späten Mittelalter

auf den festen Fahrweg **Tjodvegen** und biegen an einer Kreuzung rechts ab. Wir passieren Wohnhäuser. Links ist die E6 hinter Wiesen zu sehen und zu hören. Der **Tjodvegen** mündet an einem weißen Gehöft in eine feste Fahrstr., die an einem braunen Holzhaus endet. Wir pilgern geradeaus auf den Wiesenpfad. Mangelhafte Markierung! Die Zauntreppe mit roter Markierung nach rechts ignorieren! Geradeaus ist richtig! Nach 400 m wieder ein OWZ dicht an der E6. Der Weg wird zu einem schmalen Pfad und klettert steil bergauf. Wir passieren einen Fluss auf einer Viehsperre, danach wird der Pfad schmal und steigt weiter bergauf. Es folgt eine Zauntreppe. Nach einer Bachüberquerung kommt eine kleine unangenehme Steilstufe, da kann man sich an einem Baum festhalten. 100 m weiter führt der Pfad aus dem Wald und wir sehen die Gebäude des **Pilgerzentrums Dale-Gudbrand** in **Hundorp**. Der Pfad führt auf einen Fahrweg und dieser zur E6. Nach gut 100 Schritten auf der E6 oder auf der Wiese neben der Leitplanke erreichen wir den Abzweig nach links zum Pilgerzentrum mit Herberge.

Das Pilgerzentrum Dale-Gudbrand liegt auf dem historischen **Hof Dale-Gudbrands Gard** und wird liebevoll und sehr kenntnisreich von Per Gunnar geführt. Empfehlung: Jeder Pilger sollte hier die Erinnerungssäule an die Christianisierung durch König Olav besuchen – 300 Schritte von der Pilgerherberge entfernt!

Eintrag im Gästebuch der Herberge: »Was für ein herrlicher Ort, um Ruhe und Frieden in unserer hektischen und leistungsorientierten Welt zu finden. Die Tage auf dem Olavsweg kommen mir vor, als habe jemand meinen Lebenskanal klarer gestellt. Man lebt den Tag intensiver und spürt seine Sinne viel feinfühliger. Danke für diese wundervolle Unterkunft.«

Die Stabkirche in Ringebu wird innen von Säulen – Stäben – getragen.

Übernachten und Einkaufen

Übernachtungsmöglichkeiten

- **Moe Gard Albuerge**, am Weg
  Sørbygdsvegen 476, 2636 Øyer
  Tel.: 92667817
  E-mail: 4stabbur@outlook.com
  Koordinaten: 61.240757, 10.459335
- **Nermo Nermo Hotell**,
  0,3 km vom Weg
  Nermosvegen 56, 2636 Øyer
  Tel.: 61275580
  E-Mail: booking@nermohotell.no
  www.nermohotell.no
  Koordinaten: 61.244375, 10.456753
- **Skåden gård**, am Weg
  Skåevegen 72, 2636 Øyer
  Tel: 61278160
  E-Mail: am-skaad@frisurf.no
  www.skaaden-gaard.no
  Koordinaten: 61.28565, 10.41112
- **Stalsberg**, am Weg
  Sveavegen 72, 2635 Tretten
  Tel.: 97052320
  E-Mail: s-er-blo@online.no
  Koordinaten: 61.300080, 10.320740
- **Pilegrimsloftet Borkerud**,
  0,5 km vom Weg
  Torsheimsvegen 81, 2635 Tretten
  Tel.: 95113064, 61276522
  E-Mail: alv@lillelien.net
  www.facebook.com/pages/Pilegrims loftet-Borkerud/109567652547213?ref=stream
  Koordinaten: 61.32508, 10.33185
- **Glomstad Gjestehus**,
  0,2 km vom Weg
  Nord-Tretten veien 471, 2635 Tretten
  Tel.: 61276257, 91799850
  E-Mail: post@glomstadgjestehus.no
  www.glomstadgjestehus.no/
  Koordinaten: 61.35689, 10.3072
- **Mageli Camping og Hytter**,
  0,2 km vom Weg
  Kongsvegen 2220, 2635 Tretten
  Tel.: 61276322
  E-Mail: info@magelicamping.no
  www.magelicamping.no
  Koordinaten: 61.367161, 10.285349
- **Nordrum Gård**, 0,3 km vom Weg
  Mjogdalsvegen 59, 2634 Fåvang
  Tel.: 91144211, 91378381
  E-Mail: ninavnonline.no
  Koordinaten: 61.453949, 10.214420
- **Granmo Huset**,
  Fossvegen 14, 2634 Fåvang
  Tel.: 41334648, 48290415
  E-Mail: post@husetgranmo.no
  www.husetgranmo.no
  Koordinaten: 61.456773, 10.198388
- **Klokkagården / Halstad**,
  0,1 km vom Weg
  Kleivavegen 24, 2630 Ringebu
  Tel.: 97687950
  E-Mail: eihoysta@bbnett.no
  Koordinaten: 61.505550, 10.177310
- **Gildesvollen**, am Weg
  Gråvåbakken 85, 2630 Ringebu
  neben der Ringebu-Kirche
  Tel.: 61280030, 95940499
  E-Mail: tretrad@start.no
  www.gildesvollen.com
  Koordinaten: 61.509489, 10.171087
- **Jonsgård Seng & Frokost**,
  0,1 km vom Weg
  Jernbanegata 10, 2630 Ringebu
  Tel.: 61280180
  E-Mail: hoeyesve@online.no
  www.rlb.no/seng/info/5454
  Koordinaten: 61.530950, 10.138879
- **Bittes Gjestehus**, 1 km vom Weg
  Bjørgemogata 9, 2630 Ringebu
  Tel.: 41041853
  E-Mail: bri-nils@online.de
  Koordinaten: 61.527435, 10.134909
- **Heimtun Camping**, 1,1 km vom Weg
  Endenstrekka 79, Frya, 2647 Sør-Fron
  Tel: 61296231, 90639249
  E-Mail: ikrbajon@venabygd.net
  www.heimtuncamping.no.
  Koordinaten: 61.550419, 10.048907
- **Pilgrimssenter Dale-Gudbrand Dale-Gudbrands Gard**, 0,2 km vom Weg
  Hundorpgjelin 10, 2647 Sør-Fron
  Tel.: 45604608
  E-Mail: pilegrim@gudbrandsdalsmusea.no
  www.pilegrimsleden.no
  Koordinaten: 61.548559, 9.965866

Einkaufsmöglichkeiten: Lillehammer, Øyer, Fåvang, Ringebu

König Olav kommt nach Hundorp

Der Großgrundbesitzer Gudbrand-im-Tal herrschte wie ein König über Gudbrandsdalen. Eines Tages – das war vor etwa 1000 Jahren – bekam er Nachricht, dass König Olav nach Lom gekommen sei und dort die Leute gegen ihren Willen zwänge, Christen zu werden. Daraufhin rief Gudbrand-im-Tal seine Männer zu einem Thing (Volks- und Gerichtsversammlung nach germanischem Recht) an einen Ort, der Hundorp heißt und den man zu Land oder zu Wasser leicht erreichen konnte. Vor der großen Versammlung ergriff der Führer des Tals das Wort: »Nach Lom ist ein Mann namens Olav gekommen, der sich König nennt. Er will uns einen neuen Glauben aufzwingen und unsere Götterbilder zerstören. Olav behauptet, er hätte einen viel größeren und mächtigeren Gott. Ich aber denke, wenn wir Thor aus unserem Tempel heraustragen und hierher bringen, dann wird Olavs neuer Gott dahinschmelzen.«

Nach dieser Rede hörte man viel Geschrei und die Männer riefen wütend: »Olav, der sich König nennt, wird sein Erscheinen hier in Gudbrandsdalen mit dem Leben bezahlen!«

Daraufhin suchte Gudbrand-im-Tal achthundertvierzig Männer aus und stellte sie unter das Kommando seines Sohnes, der erst achtzehn Jahre alt war und sich doch schon vollen Respekt verschaffen konnte. Das stattliche Heer zog Olav entschlossen entgegen.

Dieses Bild im Museum der Pilgerherberge Dale-Gudbrands Gard zeigt Olav in Hundorp.

Inzwischen hatte der König Sel erreicht. Dort hörte er von Gudbrand-im-Tals Sohn, der ihm mit einem Heer entgegenkam. Olav und seine Leute legten jetzt Waffen an und zogen die Sel-Ebene hinunter nach Süden. In Bredebygden sah er seinen Gegner in Schlachtordnung vor sich stehen. Nun stellte der König auch sein eigenes Heer auf und ritt selbst an der Spitze. Mit kraftvoller Stimme forderte er die Bauern aus Gudbrandsdalen auf, das Christentum, seit tausend Jahren auf dem Vormarsch, anzunehmen. Die Gegner dachten aber gar nicht daran und schlugen mit ihren Waffen drohend gegen ihre

Die Erinnerungssäule an die Christianisierung durch Olav steht 200 m von der Pilgerherberge entfernt.

Schilde. Daraufhin stürmten die Königsmannen vor, schossen Pfeile ab und warfen Speere.

Die Bauern ergriffen erschrocken die Flucht, Gudbrands Sohn geriet in Olavs Gefangenschaft. Aber der König sprach zu ihm: »Gehe zurück zu deinem Vater und melde ihm, dass ich sehr bald nach Hundorp kommen werde.«

Gudbrand-im-Tal erfuhr durch seinen Sohn von der Schmach und hielt es für klug, nicht mit Olav zu streiten, sondern ihn selbst zum Thing einzuladen. So geschah es.

Olav erschien zum verabredeten Thing und meldete Gudbrand-im-Tal, dass die Leute in Lom und auch in Vaage christlich geworden seien und ihre alten Opferstätten zerstört hätten. »Sie glauben jetzt an den wahren Gott, der Himmel und Erde geschaffen hat.« »Wir wissen nicht, von wem du redest«, entgegnete Gudbrand-im-Tal. »Du nennst den einen Gott, den weder du sehen kannst, noch irgendein anderer Mann. Wir aber haben einen Gott, den man jederzeit sehen kann, der nur heute nicht aus dem Tempel geschafft werden konnte, weil das Wetter sehr nass ist. Er wird euch furchtbar erscheinen und mächtig, wenn ihr ihn anschaut. Da du aber behauptest, dass dein Gott alles kann, lass ihn doch bewirken, dass es morgen wolkig aber trocken ist. Dann wollen wir uns an dieser Stelle wieder treffen.« Die Männer verabschiedeten sich kühl und doch höflich.

Der König wachte in der folgenden Nacht und betete. Am frühen Morgen ging er wieder zum Thing. Es regnete nicht mehr, aber dichte Wolken hingen über dem Tal.

Olav hatte seinen Bischof mitgebracht, und der erzählte vom neuen Glauben

und von Wundern, die Gott vollbracht hatte.
Aber Gudbrand-im-Tal ließ sich nicht überzeugen und stellte neue Forderungen: »Wenn dein Gott Wunder vollbringen kann, wie du sagst, dann lass ihn morgen schönes Wetter und Sonnenschein über unser Tal schicken. Wir erwarten euch früh und werden uns dann entweder einigen – oder gegeneinander kämpfen.«
Unter Olavs Männern befand sich der besonders starke Kolbein aus dem Fjordgau. In seiner Hand trug er immer eine riesige Keule. Olav befahl Kolbein, sich am nächsten Morgen in seine Nähe zu stellen und zu den anderen Männern sagte der König: »Geht in dieser Nacht leise und unbemerkt zu den Schiffen der Bauern, die sie an das Ufer gezogen haben, und bohrt Löcher hinein. Dann treibt das Zugvieh aus den Ställen, so dass niemand mit Wagen fliehen kann.«
Der König betete auch in dieser Nacht. Als er früh zum Thing kam, sah er das große Bildnis des Thor in Menschengestalt mit dem Hammer in der Hand, reich geschmückt mit Gold und Silber. Als Thor zum Thingplatz getragen wurde, sprangen die Bauern auf und verneigten sich in Ehrfurcht vor dem Götzenbild. Da stand Gudbrand-im-Tal auf und rief: »Wo ist dein Gott, König Olav? Unseren Gott können alle sehen, euren dagegen nicht!«
Olav drehte sich zu Kolbein und flüsterte: »Ich werde gleich reden, und wenn sie ihre Blicke von ihrem falschen Gott abwenden, dann schwinge deine Keule gegen Thor.«
Und dann erhob sich der König und sprach mit lauter, klarer Stimme: »Du hältst es für seltsam, dass du unseren Gott nicht sehen kannst. Glaube mir, er wird schon bald hier sein. Dein Gott kann nicht einmal seinen Platz alleine verlassen, er muss von deinen Männern getragen werden. Schaut jetzt alle nach Osten, dort kommt unser Gott in vollem Glanz!« In diesem Moment schob sich der glühende Sonnenball strahlend hell über die östlichen Bergkuppen. Und Kolbein schwang seine Keule so gewaltig gegen die Götzenfigur, dass Thor in Stücke sprang. Die Bauern erschraken und flohen entsetzt zu ihren Schiffen. Aber sie konnten mit ihnen nicht fortfahren und auch nicht mit den Wagen, weil keine Zugtiere da waren.
König Olav rief die verängstigten Männer zurück: »Heute gibt es nur zwei Möglichkeiten zwischen euch und mir. Entweder ihr nehmt das Christentum an oder ihr müsst gegen uns kämpfen.«
Da ergriff Gudbrand-im-Tal wieder das Wort: »Schlimm ist man mit unserem Gott umgegangen. Aber wir sehen, dass er keine Macht hatte, uns zu helfen. Deshalb wollen wir ab heute an ***den Gott*** glauben, an den du glaubst und von dem dein Bischof so wundersame Geschichten zu erzählen weiß.«
Der Bischof taufte Gudbrand-im-Tal und seinen Sohn, und die Gegner schieden an diesem Tag als Freunde. Gudbrand ließ in seinem Tal die erste Kirche bauen.
An diese Geschichte erinnert die Säule neben dem Pilgerzentrum in Hundorp. Die Überlieferung wird unter anderem in Snorris Königsbuch aus dem 13. Jahrhundert erzählt und im Museum in Hundorp in Bildern dargestellt.

JOHAN HOVEMOEN
EMMA HOVEMOEN
INGA
AASARMOEN

Das obere Gudbrandstal

Dale-Gudbrands Gard – Dovre = 83,6 km

Der OW führt von Dale-Gudbrands Gard hinter der E6 weiter nach links, etwa 200 m über die Wiese und dann über eine Zauntreppe auf den **Gamlevegen**, der rechts bergauf steigt. Rechts und links des Weges liegen schön bemooste Trockenmauern, die an den Jakobsweg in Galicien erinnern. Auf der Kuppe taucht der Turm der achteckigen **Sør-Fron-Kirche** auf. Unmittelbar vor der Kirche führt der OW nach rechts auf einem Wiesenweg steil bergauf bis zur Asphaltstr. und dort nach links. OWZ. Die Str. **Bergevegen** bringt uns zu einer Gabelung, wo wir links bergab laufen. Die Str. führt zur E6 und davor rechts in eine Sackgasse. Nach 1000 m endet diese, und wir gehen auf dem Fuß- und Radweg **Holsvegen** weiter geradeaus. Vor der Einfahrt Rudi Gård wandern wir nach rechts und bergauf in den Wald und dann links nach Rudi Gård. Der OW verläuft durch die Luxusanlage Rudi Gård geradeaus weiter. Etwa 1000 m vor uns sehen wir das historische Hotel mit Pilgerherberge **Sygard Grytting** – 800 Jahre alt und ein empfehlenswerter Übernachtungsplatz! Wir passieren zwei Gatter, gehen um eine Wiese bergab zur E6 und dort rechts auf einen steil bergauf führenden Pfad. Es folgt Wiesengelände. *Empfehlung: Anstatt über Rudi Gård zu pilgern, kann man auf dem Radweg neben der E6 bis Sygard Grytting laufen und den Umweg ignorieren.*

Vor Sygard Grytting gehen wir nach rechts auf einem schmalen Pfad am Fluss entlang steil bergauf – OWZ. Dann wird der Bach über eine Zauntreppe und Holzbrücke überquert. Noch eine Zauntreppe. Dahinter tangiert der OW eine Asphaltstr., die aber unerreichbar bleibt (Leitplanke und Zaun!). 50 m weiter führt eine Zauntreppe mit der Bezeichnung **Lauvåa** zur Str. Nr. 407 **Kilevegen**.

Auf ihr laufen wir nach rechts bergauf und zwei Kehren weiter zu einem Abzweig nach links. Gute Markierung durch OWZ! Der OW führt über einen schönen breiten Fahrweg. Viele Blumen und rechts und links hohe Tannen! Wunderschöner Talblick! Nach wenigen hundert Metern folgt eine Gabelung, der OW führt geradeaus durch eine Schranke bergauf. Am Weg wächst die seltene Orchideenart Flekkmarihånd (Geflecktes Knabenkraut). Wir pilgern über eine der schönsten Passagen im Gudbrandstal. Unmittelbar vor der Alm **Skar** (2,3 km nach dem Straßenabzweig)

Die von außen und innen sehenswerte Sør-Fron-Kirche.

Pilgerherberge Dale-Gudbrands Gard

Dale-Gudbrands Gard – Dovre
Teil 1: Hundorp – Otta
Streckenlänge 48 km
E6
Sel-Kirche
Rondane-
Nationalpark
Killi Pensjonat
Thon Hotell Otta
Otta
Furusjøen
Hof Solgjem
Utsiktbredi
Varphaugen Gård/Sjoa Raftingsenter
Sjoa
Dalum
Sjoa
E6
Kvam
1431 m
Kirketeigen
Lågen
1035 m
Teigkampen
Vinstra
Øvre Skar Eldhuset
E6
Sygard
Grytting
Lågen
Sør-Fron-Kirche
Pilgerzentrum Hundorp
Dale-Gudbrands Gard
Feforkampen
1160 m
Feforvatnet
Gålåvatnet
5000 m

geht es rechts am Zaun entlang steil bergauf. Am Zaunende biegen wir links ab. Wir kommen zu einem Fluss, den wir viele Jahre über rutschige Steine überwinden mussten, und finden nun eine sichere Brücke. Danke an das Pilgerzentrum in Hundorp! Neben Vogelstimmen sind Almglocken von Schafen und Kühen zu hören. Großartige Talblicke bis hinauf zu Schneeflecken auf dem Fjell. Am Ende der Alm gehen wir links zum Wegweiser: »Nidaros 286 km, Jerusalem 3473 km, Santiago 3420 km«. Dort ist auch ein idealer Rastplatz mit Holztischen und Bänken – wir sind 600 m hoch. Hier finden die Pilger zwei unbewirtschaftete Hütten. Die Nummern für das Vorhängeschloss erfährt man per Telefon vom **Pilgerzentrum Hundorp**.

Gute Markierung durch OWZ. Der OW führt weiter durch schönen Wald auf eine Aussichtsplattform mit Fernsicht ins Gudbrandstal. Wir passieren ein Pilgrimsrefugio; eine Notunterkunft, die mit warmen Schlafsäcken durchaus gemütlich sein kann – das beweist ein dort liegendes Gästebuch: »Wir haben hier eine Regenfront abgewartet, über Gott und diese schöne norwegische Welt geredet und dabei gut gekocht und gegessen!«

Dann laufen wir auf eine senkrechte Felswand zu. Direkt vor dem Felsen gehen wir links auf einem schmalen Weg bergab und gleich wieder bergauf. Nach wenigen hundert Metern erreichen wir einen spektakulären Aussichtspunkt. Sehr gute Markierung durch OWZ! Wir pilgern auf einem breiten Fahrweg durch wunderschönen Nadelwald leicht bergab. Das OWZ, das nach rechts und steil bergauf zeigt, ignorieren! Geradeaus bis zum Gatter und dahinter in den Wald gehen. Wir sehen viele Blumen, ganze Rabatten von lila blühendem Storchenschnabel und diktieren: »Wir laufen durch eine farbenprächtige norwegische Bundesgartenschau.«

Wir passieren bewohnte Häuser und kommen zu einem Gatter, dahinter führt der

Historischer Hof und Pilgerherberge Sygard Grytting

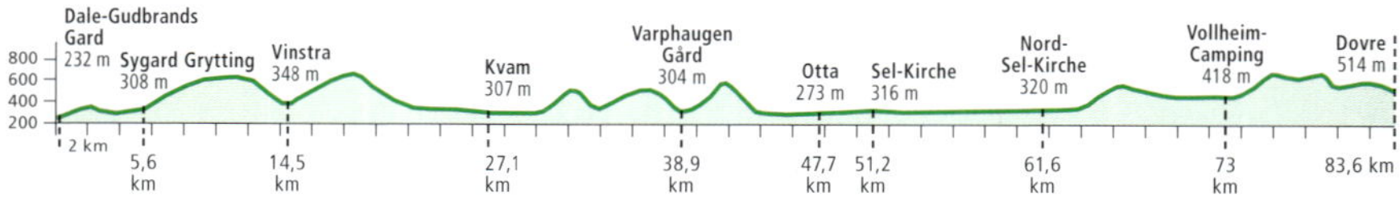

Weg zur asphaltierten Str. 421. Dort gehen wir nach links und bergab 600 m zum historischen Punkt **Helleristningsvelt** (mit Infotafel). Hier biegt der OW nach links, um Kehren der Str. abzukürzen. Der Weg führt über eine Zauntreppe und dann am Zaun entlang. Es folgt eine zweite Zauntreppe direkt neben der Str. Nach wenigen Schritten laufen wir auf die Str. zurück – OWZ – und links weiter bergab. Nach 100 m folgt wieder eine Abkürzung rechts in den Wald. Die Leitplanke ist hier für den OW unterbrochen – OWZ. Auf einem schmalen Grasweg wandern wir bergab – *bei nassem Wetter besser auf der Str. bleiben*. Diese Abkürzung mündet wieder auf der Str. Gegenüber liegt die Einfahrt zum Hotel Per Gynt Garden. Wir gehen die Str. hinunter nach **Toksa** und dort rechts in den **Sollivegen** (Hinweisschild **Toksegrunda 0,5 km**).

Der OW führt steil bergauf in ein Wohngebiet – wir gehen auf dem Radweg und biegen dann rechts in den Wald. Der OW umrundet eine Siedlung auf Pfaden und mündet in einen breiten Waldweg, der leicht steigend zwischen Wald und Wiesen bergauf führt. Am Waldende laufen wir nach rechts und queren die Asphaltstr. Vor einem roten Haus halten wir uns links, queren dann erneut die Fahrstr. und gehen links in den Wald. Der Pfad führt bergab. An Gabelungen immer gute Markierung! Hinter einer schön bemoosten Trockenmauer laufen wir halbrechts bergauf in den Wald; lange Passage. Durch den Wald hindurch haben wir schöne Tiefblicke auf den Lågen. Wir überschreiten einen Fluss und steigen weiter bergauf bis zu einer Alm. Vor dem Gatter müssen wir nach rechts und am Zaun entlanglaufen. Es folgt ein breiter Wanderweg, der sich gut und schnell gehen lässt. Eine Zauntreppe führt auf die nächste Alm, die wir durchqueren und über eine weitere Zauntreppe verlassen. Nach einer Straßenquerung kommt wieder Wald. Wir erreichen den **Gravdalsvegen**. Jenseits einer Kehre gehen wir rechts auf einen festen Fahrweg, aber nur für 300 m, denn dann biegen wir hinter der Viehsperre rechts in den Wald ab. Nun umrunden wir mit leichter Steigung ein Gehöft – plötzlich öffnet sich ein wunderschöner Blick in das weite Tal von **Kvam**.

Wegweiser auf der Skar Alm

Die neue Hütte auf der Skar-Alm

Der Weg leitet uns bergab zu einem Wasserfall, den wir auf einer Holztreppe überqueren. Hinter dem Wasserfall schließt sich eine leichte Kletterei über eine Zauntreppe und Felsen an. Dort ist ein Geländer! Dann geht es steil und rutschig hinunter zur festen Fahrstr. und dort nach rechts. Es folgt eine Viehsperre, dahinter mündet der OW auf die Panoramastr. Nr. 420, die Kvam am Talhang umläuft. Nach 300 m haben wir einen der schönsten Ausblicke auf das Tal und den Lågen im gesamten Gudbrandstal (s. Bild S. 140/141).
Der OW führt auf der Panoramastr. weiter geradeaus und dann nach rechts über eine Brücke in den **Leikavegen**. Von der wunderschönen Panoramastr. haben wir Kvam links unten gesehen, aber nicht berührt. *Wer Versorgung braucht oder in Kvam übernachten möchte, muss vom OW in den Ort laufen (560 m bis zur E 6). Dort biegt man links ab; nach 900 m liegt links im Bygdahusvegen das* ***Kirketeigen Ungdomssenter****, nach weiteren 200 m gibt es einen Supermarkt.*
Hinter Kvam folgt eine schwere und auch umstrittene Wegpassage bis zum Campingplatz Varphaugen in **Sjoa** an der E 6. Umstritten deshalb, weil es bereits mehrere Unfälle in steilen Geröllabschnitten und bei Flussüberquerungen gegeben hat. 2013 wurden außerdem Teile des Weges nach Schlamm- und Steinlawinen verschüttet und dieser Wegabschnitt zeitweise gesperrt. Trotzdem beschreiben wir diesen Wegabschnitt: Der OW führt neben dem Fluss Veikleåa einige 100 m aufwärts, dann überqueren wir ihn auf einer Holzbrücke mit tollem Blick in die Klamm und gehen weiter nach links bergab. Vor einem roten Holzschuppen laufen wir rechts. Der Fahrweg mündet in eine Asphaltstr. und führt an einer Wohnsiedlung vorbei bergab bis kurz vor die E 6 und dort rechts in den **Leinebakken**. Hier kein OWZ! Es folgt erst nach 150 m an einem Laternenmast. Die Asphaltstr. führt bergauf. Am Ende müssen wir links und an der ersten Gabelung rechts bergauf in den **Steinråket** gehen. An der nächsten Gabelung links halten. Der Weg läuft auf schöne Holzhäuser zu. Hinter ihnen endet die Asphaltstr. Dort ist ein Gatter mit schwieriger Markierung! Richtig ist: Vor dem Gatter nach links und bergab bis zu einer Zauntreppe. Dahinter nach rechts gehen. Der Weg führt fast bis zur E 6. Wir wandern zwischen zwei Zäunen bis zu einer Zauntreppe. Mangelhafte Markierung! Der Weg schickt uns über eine Wiese zur nächsten Zauntreppe. Keine OWZ! Hinter einer weiteren Zauntreppe müssen wir rechts bergauf in ein Birkenwäldchen und dann nach links in den Wald. Der Weg läuft auf einen Zaun zu und dann links bergauf zur nächsten Zauntreppe. Dahinter geht es nach rechts. Wir befinden uns wieder an der E 6 und es folgen weitere Zauntreppen. Dann führt der Weg nach rechts und steil bergauf. Die Markierung wird etwas besser! Endlich bringt uns der Pfad auf einen Weg, der als solcher erkennbar ist und breiter wird, so dass wir erstmals hinter Kvam flott gehen können. Wird auch Zeit nach dem Wirrwarr der letzten Meilen!
Der Weg stößt auf die Kehre einer Schotterstr. und führt rechts bergauf. Nach 100 m biegen wir links in den Wald ab. Im Wald laufen wir bergauf und bergab in wildem Zickzack – bis zu einer Zauntreppe. Wir folgen einer Stromtrasse und diktieren: »Der Strom über uns hat freie Bahn, wir hier unten bewegen uns wie Sisyphus von einem Loch über den nächsten Hügel zum nächsten Loch!« Endlich erreichen wir eine kleine Lichtung und

der Weg führt 200 m geradeaus. Dann geht es wieder bergauf und bergab im Zickzack. Wir diktieren: »Seit Hamar hat es so eine schlechte Wegstrecke nicht gegeben!«

An einem Telegrafenmast sehen wir ein OWZ. Wir steigen steil bergauf in den Wald. Der Weg quert einen Fluss und biegt dann nach links. Jetzt folgt ein sehr schöner Waldweg mit guter Markierung! Weiter geht es über eine Zauntreppe, der Weg bleibt gut, aber nur kurz. Dann mündet er in einen Steilpfad mit viel Schlamm und Rutscherei bergauf. Endlich glauben wir, die Kuppe erklommen zu haben, aber nach 50 m geht es wieder steil nach oben. Wir klettern durch Felsen und erreichen eine Alm. Nach 100 m führt der Weg nach rechts und wieder steil bergauf. Wir umlaufen ein Farmhaus rechts und erreichen eine asphaltierte Str. Mangelhafte Markierung! Wir müssen nach rechts. Der Fahrweg endet auf einem Bauhof. Der OW läuft links über den Bauhof und dann steil bergab in den Wald. Dort stößt der Weg auf einen Zaun. Wir gehen nach rechts. Es folgt ein schöner Waldpfad durch grün bemooste Felslandschaft. Wir erreichen einen Fluss in einem gewaltigen Felsbett (sieht nach Schuttlawine aus). Dort müssen wir große Steine überklettern und einen möglichen Übergang suchen. Hinter dem Fluss wird der Weg wieder erkennbar, bleibt aber schwer und langsam. Wir queren erneut die Stromleitung, erreichen dann einen festen Fahrweg. Dort gehen wir rechts und beim nächsten Abzweig geradeaus – vorbei an einer Schießanlage. Es kommt ein Abzweig nach links mit sehr schöner Markierung durch ein OWZ auf einer Schieferplatte, rot gemalt und als Plakette.

Es folgt ein fast zugewachsener Grasweg durch sehr hohes Farnkraut. Wir steigen

Pilgrimsrefugio hinter der Alm Skar

weiter bergauf in Hochwald und über so steile Felspassagen, dass wir uns an Bäumen festhalten müssen. Dann turnen und rutschen wir steil bergab über Felsen. Teilweise ist dieser Abgang mit Steinen auch als Treppe ausgebaut. Der Pfad führt aus dem Geröllfeld hinaus und wieder in den Wald. Kurzfristig wird der Weg besser. Umgestürzte Bäume müssen überklettert werden. Unser Weg mündet in einem Flussbett und bleibt steil und rutschig. Dann folgt wieder ein Anstieg durch dichtes Himbeergestrüpp. Endlich erreichen wir einen breiten Weg mit Fahrspuren. Nun kommt eine Gabelung, links geht es hinunter zur E 6. Der OW läuft aber geradeaus weiter und landet auf einem befestigten Fahrweg. Hier wandern wir nach links und nach wenigen weiten Kurven erreichen wir einen Fahrweg mit dem Namen **Holsetervegen**. Der OW führt rechts weiter.

Das Gudbrandstal bei Kvam, fotografiert von der Panoramastraße

Wir befinden uns 40 m vor der E6. Gegenüber liegt das Varphaugen ***Gård/Raftingsenter*** *– mit Übernachtungshütten, sehr freundlichem Service und ausgezeichnetem Frühstück!*
Beim Sjoa Raftingsenter verläuft der historische Königsweg. Reste davon sind hinter dem Haupthaus zu sehen: große Felssteine. Dieser Punkt markiert genau die Mitte des ehemaligen Kongsvegen zwischen Oslo und Trondheim. Hier gab es eine Stelle, an der Reisende und Pilger in Form von Steinen eine private Seelenlast ablegen konnten. Aber im 17. Jahrhundert wurde in Trondheim aufgrund der Reformation bestimmt, dass alle alten Pilgerstätten beseitigt werden müssen.
Genau an diesem historischen Platz gibt es heute einen kleinen Erinnerungsgarten in **Varphaugen Gård**.

Die seit Kvam beschriebene Passage ist anstrengend und in einigen Abschnitten auch gefährlich. Sie kann ausgelassen werden, indem man ab Kvam an der E6 weiterläuft (teilweise auf Radweg) oder den Bus bis Sjoa/Varphaugen nimmt. Im Pilgerzentrum Hundorp hörten wir, dass die E6 in diesem Abschnitt verlegt werden soll, dann wird es vermutlich auch eine neue Olavswegführung geben.
Der OW führt ab Sjoa Raftingsenter/Varphaugen Gård gegenüber der E6 nach links laufend auf einem Fahrweg in Serpentinen hoch, etwa 300 Höhenmeter! Am ersten Abzweig nicht rechts, sondern weiter geradeaus laufen – OWZ Richtung **Ivangen**. Nach 1000 m gehen wir links in einen breiten wunderschönen Waldweg, der mit Moosen und Flechten bedeckt ist. Es folgen Farmland, eine Trockenmauer und dann wieder Wald. Mangelhafte Markierung! Der Weg weist auf einen Hof und dort nach links in den Wald. Wieder

OWZ! An einem Abzweig gehen wir rechts Richtung **Ørmsteinflate**! Markierung mangelhaft! Der Weg führt in felsiges Gebiet. Schönes Islandmoos! Wir kommen zum Aussichtspunkt **Utsiktbredi** mit OWZ. Hinter dem Felsen schließt sich wieder ein breiter Waldweg an. Ein OWZ schickt uns auf einen schmalen Grasweg und dann bergab bis kurz vor die E6. Wir erreichen einen tiefen Bach der früher auf Steinen überquert wurde. *Wir gehen wir auf einem breiten Weg bergab und stoßen nach 500 m auf eine Farm und dort auf einen festen Fahrweg hinunter zur E6. Hier pilgern wir rechts auf dem Radweg weiter, und nach wenigen 100 Schritten stoßen wir auf die Mündung des OW auf die E6.* An der E6 geht es auf dem Radweg rechts weiter. Nach 800 m folgt das Ortsschild **Otta**. Dort wechselt der OW die Straßenseite. Wir wandern wieder auf dem Kongsvegen parallel zur E6. Der Kongsvegen wird zum **Gamlevegen**. Im Grunde muss der Pilger an Otta vorbei und geradeaus laufen und möglichst auf dem Radweg bleiben, dann ist er richtig. *Wer in Otta übernachten möchte, überquert die E6 auf einer Fußgängerbrücke, geht links zum Kreisel in die Høgbrua und dann nach rechts in die Ola Dahls gate. Dort sind das **Thon Hotell Otta** und das **Killi Pensionat**.*

Gleich hinter **Otta** taucht die weiße Kirchturmspitze der **Sel-Kirche** vor uns auf (Sel-Süd). Wir passieren Versorgungsmöglichkeiten und laufen auf dem Radweg weiter Richtung **Sel-Kirche**. Eine Wand zwischen OW und E6 schützt die Pilger vor dem Lärm der Straße. Wir überqueren eine kleine Brücke und erreichen die **Sel-Kirche**. Vor der Kirche steht der Stein: »284 km til Nidaros«. Auf dem Stein in Dale-Gudbrands Gard steht »282 km«. Die Steinzahlen stimmen also nicht immer – siehe Kapitel »Wie finde ich den Weg«. Wir biegen nach links in den **Kyrkjevegen** ab. OWZ. Nach 700 m überquert der OW den Lågen auf einer Brücke, dann biegen wir nach rechts – OWZ – in die **Selsvollene**. Der OW läuft jetzt eben und schnell begehbar parallel zum Lågen. Sehr schönes Wegstück zwischen Lågen und Farmland mit einigen Höfen. Der Lågen erscheint uns wie ein grüner Fluss, da sich die grünen Hänge beider Talseiten im Wasser spiegeln. Der OW erreicht das Filmdorf **Jørundgard Middelaldersenter** (dort gibt es auch eine Herberge). Es wurde für die Verfilmung des Romans »Kristin Lavranstocher« gebaut. Das sehr schöne Denkmal der Pilgerin aus dem Mittelalter steht wenige Schritte entfernt vor der braunen **Nord-Sel-Kirche**.

Der OW führt hinter dem Friedhof rechts weiter auf den **Sigrid Undsets veg**. Nach 100 m – beim Schild **Mogeilen** – gehen wir rechts auf einem breiten Fahrweg durch die Siedlung. OWZ. Am Ende der Siedlung beginnt Wald, rechts ist die E6 im Tal zu hören. Am Haus Nr. 40 ist ein OWZ. Der Weg führt geradeaus zu einem Hof, den wir durchlaufen. Am letzten Schuppen ist ein OWZ. Hier schließt sich ein breiter gut und schnell zu gehender Waldweg an, der immer geradeaus führt. Abzweige ignorieren. Auf der Anhöhe steht ein Warnschild: »Stopp danger passing train«. Dahinter führt der Weg nach rechts und steil bergab. OWZ hängen an Bäumen. Schöner Waldweg, sehr weicher und angenehmer Boden. Es folgt eine zugewachsene Passage. OWZ am Holzzaun und gleich dahinter eine Gussplakette. Rechts – nur wenige Meter unter uns – rauscht der Lågen, hier mit großem sichtbaren und hörbaren Gefälle. Eine Zauntreppe führt auf eine kleine Felsstufe und eine Treppe wieder hinunter zur nächsten Geländestufe. Bodensicherung durch feste Bohlen! Der Weg ist nur 120 cm breit und besteht aus dicken Steinen. Trittsicherheit ist erforderlich, denn rechts geht es steil hinunter zum reißenden Lågen. In besonders ausgesetzten Passagen gibt es Holzsicherungen oder zumindest sichernde Baumstämme fest am Boden verankert, teilweise auch Trittstufen durch Querbretter. Der Weg ist langsam aber sehr schön und spannend! Wo keine OWZ sind, weisen rote Markierungen mit Punkten und Pfeilen weiter. Dann folgen wieder OWZ. Über eine Zauntreppe erreichen wir Stufen mit einem Geländer. Wir überqueren einen winzigen Bach auf einem breiten Brett und denken, so ein Brett hätten wir uns bei dem tiefen Bach vor der E6 auch gewünscht. Es folgen viele Stufen bergab bis zur Bahnlinie. Wir queren noch einen kleinen Fluss auf der Bahntrasse und laufen parallel zu den Schienen weiter. Zwischen Weg und Bahn ist zur Sicherung ein Bretterzaun. Der OW führt bergauf, während die Bahnlinie in einem Tunnel verschwindet. Oberhalb des Tunnels sind OWZ. Ein breiter Waldweg und felsiges Gelände schließen sich an. Der Weg wird breiter und führt bergab und wieder bergauf. Wir passieren Briefkästen mit OWZ und einem Gästebuch. Dann folgt ein Holzgatter. Wir laufen durch die **Höfe Rosten** – das ist eine Hausansammlung – und kommen zu einer Gabelung. ACHTUNG: Hier müssen wir den Fahrweg hinunter zur **Storrust**-Brücke verlassen und nach links gehen!

Wir wandern links und wieder bergauf. Nach 400 m kommen wir auf die Kuppe. Der Fahrweg verläuft eben weiter. Gute neue Markierung durch OWZ! Sehr schöner Waldweg. Wir erreichen einen Wegweiser und folgen ihm Richtung **Dovreskogen**. Nun gehen wir rechts über eine Viehsperre hinunter zur E6. Gute Markierung durch OWZ. Wir passieren den Wohnplatz **Opp-**

Dale-Gudbrands Gard – Dovre
Teil 2: Otta – Dovre
Streckenlänge 35,6 km
Toftemo Turiststasjon
Dovre
Dovre-Kirche
Engelshus
E6
Rondane-
Nationalpark
Vollheim Camping og Hytter
Dovreskogen Gjestegård
Jetta
▲ 1566 m
▲ 1617 m
Höfe Rosten
Sel
Nord-Sel-Kirche
Jørundgard Middelaldersenter
Sel
Lågen
Lalm-
vatnet
E6
Sel-Kirche
Otta
Killi Pensjonat
Thon Hotell Otta
Otta
4000 m

Die historische Storrust-Brücke (Storrustbrua) wurde 2012 wegen Baufälligkeit gesperrt.

heim und laufen links auf einen festen Fahrweg und weiter durch einen Eisenbahntunnel, auf der E6 nach links und gleich wieder nach rechts unter der E6 durch und über die Lågen-Brücke zum Campingplatz **Vollheim**. Dort gibt es Übernachtungshütten. *Wer zum **Dovreskogen Gjestegård** möchte, geht vor der Unterquerung der E6 rechts 600 m nach Süden.*

Von **Vollheim** führt der OW auf dem Radweg weiter. Gute Markierung! Der Weg steigt bergauf. Jenseits einer Brücke (1,6 km hinter Vollheim Camping) gehen wir rechts und steil bergauf – etwa 200 m – bis zu einem breiten Fahrweg. Der OW läuft parallel zur asphaltierten Landstr. Nach ca. 1000 m haben wir die Höhe erreicht und pilgern durch ruhigen Wald – ohne die E6 zu sehen und zu hören. An einer Rechtskurve verlassen wir den breiten Weg und gehen links auf einem Traktorweg leicht bergab. OWZ. Der Weg endet nach ca. 2 km in einem Wendehammer und führt weiter durch hohes Gras und Brennnesseln. Der Weg ist hier total zugewachsen, aber gut begehbar. Der Traktorweg endet abrupt. Der OW setzt sich auf einem schmalen Waldpfad fort. Steine müssen überklettert und der Weg muss gesucht werden. Die unangenehme Passage ist nur wenige hundert Meter lang, dann wird der Weg besser und steigt leicht bergauf. Danach wird der OW breiter und fällt bergab. Jetzt folgt leichtes und schnelles Gehen. Noch einmal kommen hohe Brennnesseln und eine steile Kletterei durch einen schrägen Hang bis zu einem Grasweg, der dann gut zu gehen ist. Der Pfad wird wieder zum Traktorweg und führt bergab zu einem Gehöft und zur Str.

Es gibt keinen ersichtlichen Grund, diese Passage zu laufen! Wir empfehlen, den Abzweig nach rechts 1,6 km hinter Vollheim Camping zu ignorieren und auf der Landstr. zu bleiben. Auf ihr pilgert man auch durch ruhigen Wald, sieht schöne norwegische Höfe und hat tolle Talblicke (die man oben in den Brennnesseln aber nicht hat).

Der OW führt jetzt auf der Str. bis nach Dovre hinein. Gute Markierung! Wunderschöne Holzhäuser und Stabburs. Wir passieren die Pilgerherberge **Engelshus**. Wir erreichen eine Kuppe und sehen vor uns Dovre mit dem Kirchturm; er ist mit einer Haube wie aus Zuckerguss. Unten im Tal taucht der sehenswerte Bahnhof auf. Der OW fällt steil bergab in den Ort mit allen Versorgungsmöglichkeiten. Vor Dovre führt der OW nach rechts Richtung **Budsjord** und auch geradeaus zur sehr schönen **Dovre-Kirche**. Dort steht der Stein: »250 km til Nidaros«. An dieser Stelle haben wir das Gudbrandstal durchlaufen und beginnen eine neue spannende Etappe über das hohe und ausgesetzte **Dovrefjell**.

*Empfehlung: Man kann an der Dovre-Kirche den OW verlassen und geradeaus zur E 6 laufen. Nach 1,9 km erreicht man das Hotel und den Campingplatz **Toftemo Turiststasjon**. Dort gibt es bezahlbare Zimmer, Hüttenübernachtung, Campingmöglichkeit, ein beheiztes Schwimmbad, sehr gute Küche und freundliche Bedienung (Familienbetrieb).*

Das schön gelegene Hotel Toftemo bietet neben guter Küche auch Hütten und Camping an.

Übernachten und Einkaufen

Übernachtungsmöglichkeiten

- **Sygard Grytting**, am Weg
  Grytting Gård, 2647 Sør-Fron
  Tel.: 61298588, 91306750
  E-Mail: post@grytting.com
  www.grytting.com
  Koordinaten: 61.576036, 9.893146
- **Øvre Skar Eldhuset**, am Weg
  2 unbewirtschaftete Hütten mit insgesamt 6 Schlafplätzen
  Die Code-Nr. der Vorhängeschlösser erfährt man per Telefon vom Pilgerzentrum in Hundorp (siehe Aushang).
  Koordinaten: 61.590770, 9.842160
- **Kirketeigen Ungdomssenter & Camping**, 1 km vom Weg
  Bygdahusvegen 11, 2642 Kvam
  Tel.: 61216090, 48012167
  E-Mail: post@kirketeigen.no
  Web: www.kirketeigen.no
  Koordinaten: 61.666662, 9.693739
- **Hof Dalum**,
  Dalumsvegen 209, 2670 Otta
  Tel.: 48157821 und 48135299
  E-Mail: j-dahlum@online.no und wencda@online.no
  Koordinaten: 61.680434, 9.567349
- **Varphaugen Gård /Sjoa Raftingsenter**, 0,1 km vom Weg
  Gudbrandsdalsvegen 430, 2670 Otta
  Tel.: 61230700
  E-Mail: rafting@sjoaraftingsenter.no
  www.sjoaraftingsenter.no
  Koordinaten: 61.70686, 9.43720
- **Thon Hotell Otta**, 1 km vom Weg
  Ola Dahls Gate 7, 2670 Otta
  Tel.: 61210800
  E-Mail: otta@thonhotels.no
  www.thonhotels.no
  Koordinaten: 61.771580, 9.533687
- **Killi Pensjonat**,
  Ola Dahls Gate 35, 2670 Otta
  Tel.: 61230492, 95217275
  Koordinaten: 61.771970, 9.524920
- **Jørundgard Middelaldersenter**, am Weg
  2672 Sel
  Tel.: 61255700
  E-Mail: info@jorundgard.no
  www.jorundgard.no
  Koordinaten: 61.84823, 9.42543
- **Dovreskogen Gjestegård**,
  0,6 km vom Weg
  Gudbrandsdalsveien 2252663 Dovreskogen
  Tel.: 61240800
  E-Mail: post@dovreskogengjestegard.no
  www.mamut.net/dovreskogen
  Koordinaten: 61.91204, 9.36075
- **Vollheim Camping og Hytter**, am Weg
  Solsidevegen 19, 2663 Dovreskogen
  Tel.: 93039516
  E-Mail: camping@vollheim.no
  www.vollheim.no
  Koordinaten: 61.918948, 9.359193
- **Engelshus**
  Hildrun und Magnetit Granseth
  Solsidevegen 764 (Str. 491), 2662 Dovre
  Tel.: 41859626, 61240037
  E-Mail: hildrgr@online.no
  www.granseth.wordpress.com
  Koordinaten: 61.96674, 9.26764
- **Toftemo Turiststasjon**, 2 km vom Weg
  an der E 6, 2662 Dovre
  Tel.: 61240045, 93420303
  E-Mail: post@toftemo.no
  www.toftemo.no
  Koordinaten: 61.999603, 9.221402

Einkaufsmöglichkeiten

Hundorp, Vinstra, Kvam, Otta, Nord-Sel, Vollheim Camping, Dovre

Der Höhepunkt – Pilgern über das Fjell

Dovre – Oppdal = 100 km

Im Hotel **Toftemo** wird man immer wieder Pilger treffen, die hier einen Ruhetag einlegen (Ausruhen, Wäschewaschen, Baden im beheizten Schwimmbad usw.). Das ist auch unsere Empfehlung. Die folgende Etappe nach Oppdal unterscheidet sich vom bisherigen OW:

1. Der Weg führt über 1000 m hoch und durch wenig bewohntes Gebiet. Warme Kleidung ist unbedingt erforderlich! Wetterbericht bei Einheimischen einholen. Die Herberge Fokstugu betreibt eine eigene Wetterstation und gibt gerne Auskunft;

- Tel. 0047 61241497
  E-Mail: post@fokstugu.no

2. Es gibt bis Oppdal (ca. 100 km) weder Kiosk noch Supermarkt. Proviant in begrenztem Umfang kann in den Herbergen und Hütten gekauft werden. Auf Fokstugu gibt es ein kleines Sortiment an Lebensmitteln zu kaufen. Für die Fjell-Überquerung empfehlen wir Mückenschutz (Zitronenöl)!

3. Viele Pilger bezeichnen die Fjell-Überquerung als schönste Passage des gesamten Olavswegs!

Unser neuer Startpunkt ist die **Dovre-Kirche**. Hinter der Kirche gehen wir nach rechts auf einem befestigten Fahrweg zur Eisenbahn, die wir durch einen Tunnel queren. Auf der anderen Seite stoßen wir auf den festen Fahrweg Richtung **Budsjord**. Hier halten wir uns links. Wir passieren die Olavsquelle rechts am Weg und laufen steil bergauf auf den alten Königssitz Toftegård zu. Wir folgen der Ausschilderung nach Budsjord – gute Markierung durch OWZ. Schöne Aussicht auf Tal und Fjell. An einer Gabelung gehen wir rechts und steil bergauf nach Budsjord (600 m). Wir pilgern auf dem **Gamle Kongevegen**. Vor dem **Hof** und der **Herberge Budsjord** – sehr schöner historischer Übernachtungsplatz – teilt sich der Weg: Der OW führt rechts auf den Kongevegen und hat jetzt eine doppelte Markierung; einmal durch die blaue Königskrone und gleichzeitig durch OWZ.

Der OW steigt auf einem schmalen Fahrweg mit schönem Blick zum Fjell bergauf. Über uns sehen wir die Häuser von **Ruste** und **Åteigen**. Vor dem nächsten Gehöft führt der Weg in einen Wald, über einen Bach und durch ein Tor auf eine Wiese. Es geht weiter über eine Zauntreppe, einen Bach und noch eine Zauntreppe. Dann pilgern wir über eine Wiese zu den Häusern von Ruste und Åteigen und auf einen Fahrweg, dort nach rechts über die Brücke, vorbei an schönsten Wochenendhäusern mit viel Blumenschmuck bis zu einem schwarzen Tor rechts am Weg mit drei blauen Königskronen plus OWZ. Dieses Tor ist der Einstieg zum Fjell. Höhe 770 m.

Toller Blick auf das Tal und den Lågen sowie auf die gegenüberliegende Talseite.

Der Bahnhof Dovre ist – wie alle Bahnhöfe auf dem Fjell – ein richtiges Schmuckstück.

Der OW verläuft zunächst über eine Schafsweide und mündet nach 50 m in einen Fahrweg. Rechts und links stehen kleine Kiefern und Birken. Der Weg ist an allen Abzweigen durch Kronen und OWZ gut markiert. Nach dem ersten Steilanstieg wird der OW flacher und führt über ein kleines Plateau, das noch unterhalb der Baumgrenze liegt. Rechts stürzt der Bergbach Rådåa in Kaskaden zu Tal. 75 Minuten nach dem Einstieg in Åteigen erreichen wir den Altarstein **Bønnealteret** – Höhe 1015 m. Auf dem Felsblock liegen Steine, die an Manimauern im tibetischen Kulturkreis erinnern. Neben dem Altarstein hängt ein Kasten mit Gästebuch. Am Bønnealteret werden seit Jahrhunderten von Pilgern Gebete gesprochen und auch mitgebrachte Steine niedergelegt.

Stein vor der Dovre-Kirche

Nach wenigen Schritten erreichen wir die Baumgrenze, dann gibt es nur noch Gras, Moose, Flechten und Steine. Dazwischen stehen kleine Krüppelkiefern. Wir passieren Anfang Juli noch Restschnee vom letzten Winter. Der OW führt eben oder nur leicht steigend durch wunderschöne Heide- und Moorlandschaften. Dann kommt ein Abzweig, der links hinunter nach **Dombås** weist. Wir gehen geradeaus und weiter bergauf. Rechts von uns liegt der Gipfel des **Hardbakken** (1339 m) und vor uns der Steinhaufen **Allmannsrøysa** – 1204 m (s. Bild S. 149 u. S. 2/3). Bei diesem Steinhaufen handelt es sich um einen spirituellen Platz, an dem Pilger einen mitgebrachten Stein symbolisch als Seelenlast ablegen können – ähnlich

Historischer Hof und Pilgerherberge Budsjord

Allmannsrøysa, davor eine »Weyer-Gruppe« bei der Andacht

wie am Cruz de Ferro auf dem spanischen Jakobsweg. Wir haben hier viele Pilger weinen und dann erleichtert weitergehen gesehen.

Der Ausblick von Allmannsrøysa ist atemberaubend. Im Norden blinken Schneeberge, z. B. der 2286 m hohe Snøhetta (höchster Berg des Dovrefjell), und auch die weißen Gebäude von **Fokstugu**, dem höchsten bewirtschafteten Hof in Norwegen, der gleichzeitig Pilgerherberge ist.

Von Allmannsrøysa verläuft der OW weiter geradeaus langsam bergab. Wir erreichen rechts am Weg einen kleinen Hügel, der sich ideal als Rastplatz präsentiert – wegen des Windschutzes und der Sitzmöglichkeit am Hang. Ein kleiner Fluss wird auf Steinen überquert. Dahinter geht der Fahrweg in einen schmalen Pfad über. Dann kommt ein breiter Fluss, der ebenfalls auf Steinen übergangen wird (s. Bild S. 160).

Wir sind wieder in der Baumzone und erreichen ein Birkenwäldchen. Ein weiterer Fluss wird ohne Brücke überquert, und im nächsten Birkenwald folgt ein nasses Wiesen- und Heidestück. Besonders Anfang Juli können hier noch lästige Schneereste liegen. Wer früh im Jahr auf dem Fjell unterwegs ist (Ende Juni, Anfang Juli), sollte Mückenschutz mitnehmen!

Wir passieren einen kleinen Hügel (links am Weg) mit schönem Blick zum Bahnhof Fokstugu. Während wir diesen Weg schon viele Male gepilgert sind, haben wir nur einmal Elche dicht am OW beobachtet. Spuren, z. B. Losung, sehen wir regelmäßig. Der Weg ist durchgehend gut markiert!

Wir erreichen vor dem **Hof Fokstugu** die E 6. Der OW kreuzt die Schnellstr nicht, sondern führt gegenüber der Hofeinfahrt nach rechts wieder bergauf. Aber wer die Herberge Fokstugu ignoriert und weitergeht – weil er noch eine Etappe laufen kann –, verpasst einen der schönsten Punkte am OW: Die Herberge Fokstugu, ihre Besitzer Christiane und Laurits, die Kapelle im Schafstall und eine tolle Geschichte! (S. S. 150)

Fokstugu liegt 977 m hoch. Höher liegt in ganz Norwegen kein anderer bewirtschafteter Hof.

In Fokstugu gibt es eine begrenzte Versorgungsmöglichkeit mit Lebensmitteln. Pilger können die Küche benutzen und Lebensmittel kaufen.

Morgens um 8 Uhr und abends um 20.30

Da ließ Gott den Wind einschlafen

Fok heißt Schneetreiben (also Schnee in Bewegung) und stugu Hütte. Dieser Name deutet schon auf einen ungewöhnlichen Ort hin. Der Hof Fokstugu liegt auf dem Fjell fast 1000 m hoch und ist Wind und Wetter ausgesetzt wie kaum eine andere Herberge am Olavsweg. Kein Hof in Norwegen liegt höher zwischen Erde und Himmel.
Historische Dokumente belegen, dass König Oystein Magnusson bereits im 12. Jahrhundert auf dem Fjell vier Häuser bauen ließ, die Wanderern und Pilgern auf ihrem Weg über das Gebirge Schutz gewähren sollten. Bei diesen Häusern handelte es sich jeweils um ein »Sælehus« (Glückshaus). Das waren nicht bewirtschaftete Herbergen auf Selbstbedienungsbasis. Fokstugu ist das südlichste dieser vier Fjellstuer. Die ursprünglich sehr spartanische Unterkunft wurde Ende des 19. Jahrhunderts vom damaligen Besitzer Anton Solberg zu einem modernen Hochgebirgshotel mit etwa 100 Betten umgebaut. 1921 bekam Fokstugu sogar einen eigenen Bahnhof. Unter den Gästen waren auch viele Naturforscher aus dem In- und Ausland, die sich für die seltene Flora und Fauna der sumpfigen Landschaft um Fokstugu herum interessierten. So entstand 1923 das erste größere Naturschutzgebiet Norwegens nordwestlich von Fokstugu, das Fokstumyra Naturreservat. Dort findet man über 50 teilweise endemische Hochgebirgspflanzen und 170 Vogelarten, von denen etwa die Hälfte im Naturreservat nistet.
Heute gehört das schöne Anwesen Christiane und Laurits Fokstugu, zwei besonders liebenswerten Menschen, die uns am Abend ihre ungewöhnliche Geschichte erzählen: Zum Hof Fokstugu gehörte auch ein kleines Holzhaus, in dem früher Männer des Hofes lebten und das später als Schafstall genutzt wurde. Christiane und Laurits wollten diese verwaiste Hütte zu einer würdigen Kapelle umbauen.

Fokstugu ist der höchstgelegene bewirtschaftete Hof in Norwegen. Die Pilgerherberge befindet sich im mittleren der drei weißen Gebäude.

Da kam eines Tages ein norwegischer Pilger vorbei, hörte von dem Plan und erklärte, dass er diese Arbeiten des Umbaus als gelernter Zimmermann gerne übernehmen würde. Der Stall stammt aus dem 18. Jahrhundert, und deshalb mussten viele Holzstämme ersetzt werden. Der Pilger suchte zusammen mit Laurits die besten Bäume in der Umgebung aus und fertigte die Balkenstämme für den Hüttenbau. Christiane sammelte indes zwanzig Säcke voll Fjellmoos, das als Dichtung dienen sollte. Hier oben auf dem Fjell weht fast immer starker Wind, aber den konnte man nicht zum Hüttenbau gebrauchen. Er würde das trockene Moos wegwehen, ehe der nächste Holzbalken darauf drückte. Es gab für den Hüttenbau nur ein kleines Zeitfenster zwischen den Herbststürmen 2008, und man einigte sich auf den 25. November. Die Balken lagen bereit, das Moos in den Säcken war trocken. Da telefonierten Christiane und Laurits mit 100 Freunden in Europa, und die bildeten eine Gebetskette von Bilbao in Spanien bis ins Tautrakloster bei Trondheim und beteten

Die Kapelle im ehemaligen Schafstall von Fokstugu; Guds Huset.

um Windstille am Tag des Hüttenbaus. Am 25. November ließ Gott den Wind auf dem Fjell für einen Tag einschlafen. Die Balken wurden übereinandergelegt und das Moos dazwischengesteckt. In den folgenden Wintermonaten hat der Schöpfer seine winzige Kirche oben auf dem Fjell auch noch selbst eingeweiht, indem er eine 9 m hohe Schneewand um das neue Guds Huset – Gottes Haus – auftürmte. Dieses Guds Huset ist nicht nur ein Ort der Stille für Pilger auf dem Weg nach Nidaros, sondern ebenso ein Ort des Nachdenkens für alle Menschen, die hier vorüberkommen und teilweise auch länger verweilen. Inzwischen besuchen sogar Strafgefangene aus norwegischen Gefängnissen regelmäßig diese Kapelle, um dort zu meditieren und um einen Weg zurück in die Gesellschaft zu finden. Weil ihnen diese Besinnungstage in Fokstugu so gut gefallen, bringen sie regelmäßig selbstgefertigte Kerzen aus ihren Gefängniswerkstätten mit.

»Dieses kleine Gotteshaus«, so endet Christianes Erzählung, »soll für alle Menschen da sein: für christliche Pilger, für Gefangene, für Moslems, Buddhisten, Hindus und auch für Atheisten.«

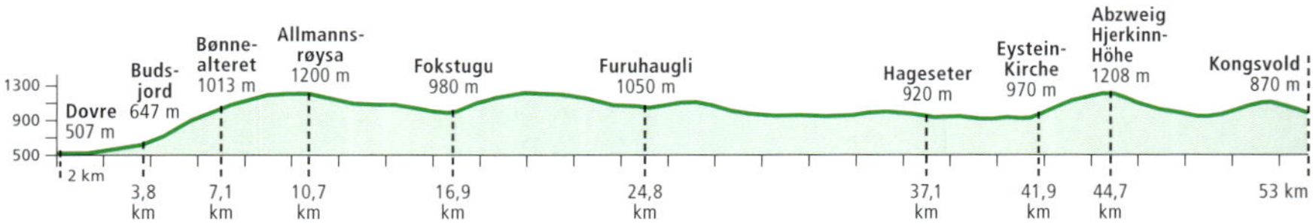

Uhr findet das Angelusläuten mit anschließender Andacht in der Kapelle statt. Dazu sind alle Pilger herzlich eingeladen. Der OW führt gegenüber Fokstugu durch ein Schafsgatter und bei der ersten Gabelung rechts steil den Hang hinauf. Wir folgen der Ausschilderung nach Grimsdalshytta und gehen auf die sichtbare Überlandleitung zu. OWZ sind auf Steinplatten angebracht. Oben auf 1090 m hat man einen tollen Blick zurück auf Fokstugu, den Bahnhof und das Fokstumyra-Naturreservat im Tal. Ein großer Steinmann markiert diese erste Höhe. Wir pilgern wieder über die Baumgrenze. Sehr gute Markierung! Der Weg führt durch ein Hochmoor, das gut mit Holzbohlen ausgelegt ist. Großartige Landschaft, aber man muss auf den Boden schauen, da sind viele Steine und Löcher! Dann folgen wieder Holzbohlen. Der Weg wird leichter und schneller. Keine Stolpersteine mehr und ein ebener Weg. Die Aussicht ist grandios; schönstes Pilgern mit Traumkulisse! Unsere Route tangiert einen kleinen Flusslauf. Auf der anderen Talseite blinken gewaltige Schneegipfel (Snøhetta). Wir queren viele kleine Bäche, die alle harmlos sind. Links unter uns liegen Birkenwäldchen, am Weg sind nur Moose und Flechten. Wir diktieren: »Dieser Weg gehört zu den schönsten Panoramapassagen des OW« und »Im gesamten Gudbrandstal ist der Weg nicht so gut markiert wie hier oben auf dem Fjell!«

H. Weyer, Laurits Fokstugu, R. Weyer und Christiane Fokstugu

Der Weg bewegt sich in einem großen S zunächst nach links und dann nach rechts langsam bergab. Dann folgt ein leichter Anstieg durch ein Birkenwäldchen. Wir diktieren: »Heute gibt es zwei ganz große Geschenke; den wunderschönen Weg und das einzigartige Licht. Es ist unbeschreiblich intensiv, sauber, klar und durchsichtig – am späten Nachmittag, wenn unsere Schatten lang werden.«

Moose leuchten, Birken leuchten, erste Herbstfärbung leuchtet, und über uns segeln weiße Wolken. Wir diktieren: »Eigentlich müssten wir hier oben beten: Lieber Gott, lass diesen Weg und dieses Licht nicht zu Ende gehen!«

Dann kommt ein kleiner Gipfel mit vielen Steinmännchen. Dahinter sehen wir links unten die Hüttenansammlung **Furuhaugli**. Der Weg führt bergab, die Birken werden größer. Wir überschreiten einen kleinen

Dovre – Oppdal
Teil 1: Dovre – Kongsvold
Streckenlänge 53 km
Dovrefjell-Sunndalsfjella-Nationalpark
2286 m
Snøhetta
Kongsvold Fjeldstue
E6
Eystein-Kirche
Hjerkinnhus Vandrerhjem
Hjerkinn Fjellstue
Hageseter Turisthytte
Fokstugu-Nationalpark
Dovregubbens Hall
Avsjoen
Furuhaugli Turisthytte
E6
Fokstugu Fjellstue
Dovre-Nationalpark
Dombås
Allmannsrøysa
Bønnealtaret
E6
Budsjord Historisk Gard
Toftemo Turiststasjon
Dovre
Dovre-Kirche
Rondane-Nationalpark
5000 m

Die Eystein-Kirche passt in ihrer kargen Schlichtheit zum Fjell.

Fluss auf einer zusammengebrochenen Holzbrücke. Der OW lässt die Hütten von Furuhaugli links liegen und weist geradeaus nach Mehorunden und Grimsdalshytta. *Gut markierter Abstieg nach* ***Furuhaugli Turisthytte****. Übernachtungshütten und begrenzte Versorgung möglich; Frühstücksbuffet, Mittagessen, Abendkarte mit Zwei- und Drei-Gänge-Menü und Lunchpaket.*

Der OW verläuft von Furuhaugli geradeaus, erst fast eben und dann leicht steigend bergauf. Bequemer und gut sichtbarer Pfad. Immer wieder passieren wir Infotafeln, die über besondere Punkte oder Naturreservate berichten – norwegisch und englisch; über Siedlungsformen aus der Bronzezeit, Jagdmethoden durch Fallgruben (die noch sichtbar sind), besondere Permafrostböden oder die Vogelwelt in Naturschutzreservaten, die man vom OW einsehen kann. Wir überqueren einen Fluss auf einer Holzbrücke, dann gehen wir über Bohlen durch eine Moorlandschaft. Abzweige sind gut markiert! Der OW steigt langsam in ein Birkenwäldchen und fällt in ein Tal mit kleinen Teichen. Es folgen nasse Passagen, die man auf Steinen überspringen kann. Dahinter hat man einen grandiosen Blick auf den See Avsjoen und das Tal mit der E6. *Wir erreichen einen Fahrweg, der 1 km hinunter nach* ***Dovregubbens Hall*** *führt (Hotel mit guter Küche, Herberge, Museum). Dort befindet sich auch die historische Steinbrücke, die ein Strafgefangener mit Namen Anfinn im 19. Jahrhundert so gut gebaut hat, dass er anschließend begnadigt wurde.*

Wir gehen weiter auf einem schmalen Pfad durch Heide und Birkenlandschaft bergab zum See **Avsjoen**. Nasse Abschnitte sind mit Bohlen überbrückt. Wieder eine Infotafel Bågåstelle; wir erfahren etwas über alte Jagdmethoden durch Fallgruben. Wir diktieren: »Der See gleicht einer Fata Morgana. Wir glauben, hinter der nächsten Kurve liegt das Ufer – und dann ist der See wieder endlos weit entfernt!« Ursache dieser Täuschung ist die unglaublich klare Luft auf dem Fjell. Wir stoßen auf einen festen Fahrweg und queren einen Fluss auf einer Betonbrücke. Nach ca. 200 m führt der Weg nach links über eine kleine Holzbrücke. Brücken und Bohlenwege folgen bis zum südlichen Seeufer. Man benötigt hier sehr lange für den Weg, es gibt viel Zickzack und ständiges Bergauf und Bergab. Am Ufer laufen wir über lange Bohlenwege. Wir passieren den alten Siedlungsplatz Alberbublassa. Der Weg bleibt langsam und führt bergauf und bergab, dann kommt ein längerer Aufstieg zur Kuppe. Dahinter ist wieder schnelles Gehen möglich. Traumhafter Blick! Wir sehen die Hüttenansammlung **Hageseter**, aber es sind bis dahin noch ca. 2 km. Der Weg führt bergab in ein Birkenwäldchen. Der letzte Teil des Weges ist wunderschön und entschädigt mit großartigen Ausblicken für die langsamen Zickzack-Passagen vorher.

*In **Hageseter Turisthytte** (200 m links vom Weg) gibt es Übernachtungshütten mit Frühstück, Restaurant mit Mittags- und Abendkarte. Begrenzte Versorgungsmöglichkeit. Höhe 925 m.*

An den Hütten – hinter dem Haupthaus mit Rezeption – finden wir die gut markierte Fortsetzung des OW.

Wir überqueren den reißenden Fluss Gautåe auf einer Holzbrücke und gehen in Birkenwald hinein. Rechts und links liegen große Teppiche aus wunderschönem Fjellmoos; hellgrau und leicht grün. Wir wandern im Zickzack bergauf und bergab, über Hügel und durch Mulden. Von den Hügeln sehen wir etwa 3 km vor uns die **Eystein-Kirche**. Wir erreichen die Hausruinen von Vesle Hjerkinn. Ausgrabungen haben gezeigt, dass hier im Mittelalter erste Fjellhäuser gestanden haben, und gefundene Gegenstände (Bleiamulett mit Runen, Silbermünzen mit Olavskreuz, Pfeilspitzen und mehr) beweisen, dass auch Wikinger hier lebten. Die Grundmauern und der untere Teil eines Fjellhauses konnten rekonstruiert werden.

Der Fluss Folla wird auf einer Brücke überquert. Dann folgen feuchte Wiesen, der Weg ist mit Bohlen ausgelegt. Solche Passagen werden länger. Markierung durch OWZ gut! Wir erreichen die Str. zur Eystein-Kirche, gehen aber nach rechts in einen Birkenwald und folgen dem Weg Richtung Hotelanlage **Hjerkinn Fjellstue**. Am nächsten Abzweig laufen wir dann den OW weiter bergauf oder nach links über die Eystein-Kirche. Wir empfehlen den kleinen Umweg über die Kirche – auch weil es dort für Pilger heißen Kaffee mit Gebäck gibt. An der Kirche finden wir außerdem Rastbänke, fließendes Wasser und ein WC.

Hageseter ist erreicht. Hier eine »Lohse-Gruppe« vor dem Haupthaus.

ACHTUNG: Seit 2013 gibt es einen neuen gut ausgeschilderten Weg zum ***Pilgerzentrum Dovrefjell*** *mit dem gegenüberliegenden Vandrerhjem* ***Hjerkinnhus****: 330 m hinter der Brückenquerung über den Fluss Folla führt der neue Weg nach links – gut ausgeschildert und leicht bergauf zur E 6. Die Schnellstr. wird überquert und der Weg führt über einen E 6-Parkplatz bis hinauf zur Bahnlinie. Unmittelbar davor läuft der OW rechts weiter zum Pilgerzentrum und dem Wanderheim (lange Zeit keine OW-Markierung). Von hier geht man über die Zufahrtstr. zur nahen Eystein-Kirche (1,4 km) und kommt damit wieder zum OW zurück. Der neue Weg ist 2 km länger als der alte.*

Wir folgen dem OWZ hinter der Kirche steil bergauf durch Birkenwald, nach dem ersten Absatz wird der Weg flacher. Dann kommt wieder Steigung und wir stoßen auf den breiten Hauptweg. Wir wandern nach links und bergauf. Der Wald öffnet sich zu einem wunderschönen Blick – rückwärts schauend – auf den See Hjerkinnsdammen, den Fluss Folla, den See Avsjoen und das Tal. Wir folgen dem breiten Fahrweg bergauf über die Baumgrenze bis hinauf zu einem Pass mit vielen Steinmännern – 1210 m. Der Fahrweg führt jetzt bergab unter die Baumgrenze immer geradeaus zum Parkplatz Pilegrimsleia an der E 6 – 931 m.

Der OW benutzt die Brücke über den Fluss auf der E 6 und biegt gleich wieder nach rechts ab. In typischer Heide-Fjell-Landschaft verläuft der OW im Zickzack bergauf. In Feuchtgebieten liegen kleine Bohlenübergänge. Markierung durch OWZ gut! Auf einer Höhe führt der OW sehr angenehm durch ebene Heidelandschaft weiter. Es folgt ein Birkenwäldchen. An Kreu-

Die Gebäudeansammlung von Kongsvold Anfang September – zu Beginn der Herbstfärbung. Das braune Gebäude im Hintergrund ist der Bahnhof.

zungen und Gabelungen gute Markierung, viele Olavskreuze auf Steinplatten. Wir wandern bergab in ein kleines Hochtal und auf Steinen über einen Fluss. Beim Abstieg wird der Weg breiter und schneller. Auf einer kleinen Terrasse stehen viele Steinmänner. Wunderbare Aussicht! An einer Gabelung müssen wir nach links gehen und auf Steinen durch das nächste Feuchtgebiet. Wir sehen den Bahnhof Kongsvold – ca. 1200 m entfernt. Wieder überqueren wir einen Fluss auf Steinen und viele Hochmoorlöcher. Dann liegen die Gebäude von **Kongsvold** direkt unter uns.

Hinter einem Holzgatter folgt ein breiter Traktorweg zu der sehr gepflegten Hotelanlage. Kongsvold ist ein historisches Luxushotel an der E6 – in dem schon Könige übernachtet haben. Pilger können hier in Hütten schlafen. Die Übernachtungspreise für Pilger müssen ausgehandelt werden, ebenso für Mahlzeiten. Zur Hotelanlage gehört auch eine Kaffeestube.

Der OW verläuft hinter Kongsvold rechts neben der E6 weiter über einen schweren und mangelhaft markierten Weg bergauf und bergab durch eine steile, unübersichtliche Hanglage. Wir empfehlen, ebenso wie die Hotelführung in Kongsvold, den OW zu ignorieren und 3,5 km auf der E6 bis zum **Parkplatz Vårstigen** zu gehen – dabei Warnweste tragen! Auf dem Parkplatz durch die Unterführung auf die rechte Seite wechseln und auf dem OW parallel zur E6 – vorbei an Schautafel Vårstigen – bergauf wandern. Wenige Schritte hinter der Tafel liegt ein Schieferstein mit rotem Olavskreuz. Ein schöner Grasweg führt leicht bergauf. Unter uns sehen wir die E6 und den wild rauschenden Fluss Driva. Auf einer breiten Holzbrücke überqueren wir einen Gebirgs-

Das Luxushotel Kongsvold im Mai – mit Schneeresten vom Winter.

Moschusochsen und Blumen

Kongsvold bietet dem Pilger ein Dach über dem Kopf und dem Naturfreund zwei weitere Attraktionen: Moschusochsen und Blumen. Oberhalb des Parkplatzes liegt auf einer Geländestufe ein liebevoll eingerichteter botanischer Alpengarten, in dem Blumen und Pflanzen auf Infotafeln mehrsprachig erklärt werden, denen der Pilger auf dem Fjell oder schon vorher im Gudbrandstal begegnet ist.
Und gegenüber der Kongsvold Fjeldstue beginnt der Dovrefjell-Sunndalsfjella-Nationalpark, in dem Moschusochsen leben.

Moschusochsen sind neben Rentieren die größten pflanzenfressenden Säuger der Tundra und leben in Mittel- und Nordgrönland, Nordkanada – und hier an den Fjellhängen im Nationalpark. Bullen erreichen eine Widerristhöhe von 150 cm und ein Gewicht von 330 kg. Kühe sind etwas kleiner und leichter. Das zottige Fell besteht aus einer 15 cm dicken Unterwollschicht, die regelrecht verfilzt ist, und langen Grannenhaaren darüber, die fast an den Boden reichen. Durch diese Haarkombination entsteht eine ideale Isolierung gegen Schnee und extreme Kälte.

Im Nationalpark leben etwa 300 Moschusochsen.

Die seltene Flekkmarihånd (eine Orchideenart) begegnet uns nicht nur im Botanischen Garten, sondern mehrfach auch direkt am Weg.

1945 wurde hier eine Herde von 35 Tieren aus Grönland eingeführt und im Nationalpark ausgesetzt. Heute wird die Population auf etwa 300 Tiere geschätzt. Von Kongsvold lässt sich der Park leicht erreichen. Hinter dem Bahnhof führt eine Brücke über den reißenden Fluss Driva und ein Wanderweg weiter Richtung Hestgjeter-Hytta. Auf diesem Weg kann man schon nach wenigen Kilometern auf Moschusochsen stoßen – meist sind das friedliche alte Männchen. Größere Herden mit manchmal aggressiven Muttertieren und ihren Kälbern treiben sich weiter oben an den Hängen herum. Informationen gibt es an der Hotelrezeption, dort können auch geführte Touren zu den Moschusochsen gebucht werden.

- Kongsvold Fjeldstue, 7340 Oppdal
  Tel.: 900 84 802
  E-Mail: post@kongsvold.no

bach – am Geländer ist ein OWZ. Wir passieren noch eine zweite Infotafel Vårstigen. Aus dem Grasweg wird ein steiniger Pfad. Der OW führt nach rechts und weg von der E6, die schon tief unter uns liegt. Die Steigung wird stärker. Es gibt weder Abzweige noch Gabelungen, deshalb bleibt der Weg eindeutig. Die gegenüberliegende Talseite hat senkrechte faszinierende Felswände. Auf einem kleinen Plateau stehen Infotafeln über Pflanzen und Vögel am Weg, dort gehen wir halblinks weiter. Markierung gut! Wir folgen einem schönen Pfad mit Krüppelbirken. Der OW fällt leicht bergab an Geröllfeldern vorbei. Markierung hier mangelhaft! Wir steigen weiter bergab in einen Birkenwald und danach wieder bergauf. Es folgt die Brücke Gangbru über einen reißenden Fluss. Hier gibt es wieder ein OWZ. An einer Gabelung müssen wir nach rechts Richtung **Vårstigsætra**. Über uns hören wir Glockengeläut von frei laufenden Schafen. Wir kommen in eine offene Landschaft mit schönem Blick in das tiefe, enge Drivatal und erreichen die Hochalm Vårstigsætra. Auf größter Höhe steht ein Steinmann – 1160 m. Dort sind auch OWZ. Hier oben gibt es drei Almhütten. Es folgen weitere kleine Gebäude und dann ein Wasserlauf. Der OW führt an einer grünen Hütte vorbei durch Heidelandschaft. Feuchte Wiesen mit Wollgras können umgangen werden. Auf einem nassen Weg gehen wir sehr langsam weiter und erreichen die Höhe. Markierung mangelhaft! Der Weg fällt wieder leicht bergab, wird trocken und mündet in einen breiten Fahrweg. Dort biegen wir links ab – OWZ. Wir sind 1145 m hoch. Nach ca. 200 m überqueren wir einen kleinen Fluss auf Holzbohlen. Wieder gute Markierung durch OWZ. Wunderschöner Weg: Moose und Heide und rechts kleine Seen.

Pilgerherberge Ryphusan mit »einem Stern«. Fließendes Wasser gibt es aus dem Bach direkt vor der Hütte.

Der Weg führt geradeaus leicht bergauf bis über 1300 m und mündet in die Schotterstr. **Bøasættervegen**, die immer geradeaus zur Hüttenherberge **Ryphusan** läuft. Die Herberge gehört zu einer kleinen Hüttenansammlung, ist offen und verfügt über Matratzenlager und Kochvorrichtung. WC hinter der Hütte, Wasser vorne im Bach. Entfernung Kongsvold – Ryphusan 21,6 km. Weil der Weg von Kongsvold lang und streckenweise steil und langsam ist, werden fast alle Pilger hier übernachten, und wenn die Hütte voll ist, zusammenrücken. Wir haben in Ryphusan schon mit 22 Personen geschlafen! Mehr geht – fast – nicht! In der Hütte wird ein kleiner Vorrat an haltbaren Lebensmitteln gehalten. Zu bezahlen per Überweisung oder im Pilgerzentrum Trondheim. Etwas eigenes dabeizuhaben, dient der eigenen Sicherheit.

Der OW führt auf einem festen Fahrweg in Serpentinen bergab durch das schöne **Vinstra-Tal**. Weiter unten folgt Birkenbewuchs. Abzweige und Gabelungen sind durch OWZ gut markiert! Im Zweifelsfall bergab und auf dem breiten Fahrweg

Die Hüttenansammlung Ryphusan hoch oben auf einer Fjellalm

Nasse Moorpassagen werden auf Bohlenwegen überquert.

bleiben. 8,7 km hinter der Hütte Ryphusan müssen wir nach links auf einen schmalen Pfad gehen, Birkenwald durchlaufen und einen Fluss auf einer Holzbrücke queren. Auch dieser Weg wird breit und bequem. Großartiger Blick nach vorne auf die Skiberge oberhalb von Oppdal! Der OW bringt uns in sanften Kurven zurück zum Fahrweg. Weiter unten vor einer Linkskurve biegen wir rechts auf einen Traktorweg. Es kommt eine Zauntreppe, dahinter gehen wir über eine Wiese bergab zum nächsten Traktorweg. Der OW läuft auf ein gelbes Haus zu. Es folgt eine Holztreppe. Sehr gute Markierung durch OWZ. Wir laufen durch den Hof auf einen festen Weg, der zu einer Fahrstr. führt. Diese Abzweige sind Abkürzungen, man kann auch ab Ryphusan – insbesondere bei schlechtem Wetter – auf der Fahrstr. bis hinunter ins Tal pilgern. Der Fahrweg führt zur Eisenbahnlinie. Hinter der Eisenbahnbrücke gehen wir nach rechts und weiter auf einem Schotterweg an der Bahnlinie entlang durch ein Hofgatter und vorbei an der Hütte **Plasstoggo** – OWZ. Die Hütte ist eine Miniherberge für zwei Personen! Auf der Sitzbank liegen Isomatte und Kissen, außerdem gibt es: Elektroherd, Ofen und Feuerholz. Übernachtungspreis 150 NOK pro Person (Stand 2018).

Wir wandern auf der Holzbrücke **Gamlebrua** über den Fluss **Vinstra** weiter. Dann folgt ein Grasweg, OWZ. Wir tangieren den Campingplatz **Smegarden** und treffen auf eine asphaltierte Str., an der wir rechts abbiegen. Die E 6 läuft parallel ca. 350 m entfernt. *Wer zum **Granmo Camping** möchte, geht auf der E 6 – 1,7 km Rich-*

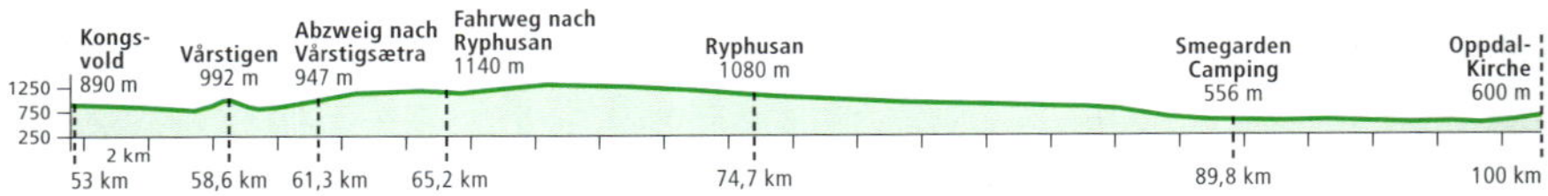

tung Oppdal. Der OW führt auf einen Hof und rechts vom Wohnhaus auf einen Fußweg. Auf einer Schieferplatte befindet sich ein OWZ. Wir gehen durch Felder und Wiesen und vor einem Eisenbahntunnel links bergab. Wir laufen durch ein Gatter auf einem Wiesenweg parallel zur Eisenbahn, erreichen ein kleines Wäldchen und gehen dahinter in einen Kiefernwald. An der nächsten Gabelung links abbiegen. Kein OWZ! Dafür gibt es jedoch rote Punkte als richtige Markierung. Wir folgen der Stromleitung, gehen auf einen Hof neben der Bahnlinie und dann auf einem Grasweg zu einem Telegraphenmast. Dort ist ein OWZ! Weiter nach rechts auf einen Trampelpfad – mangelhafte Markierung! Ein OWZ auf einer Schiefertafel folgt. Wir laufen durch ein Gatter geradeaus in ein Birkenwäldchen und über eine Brücke. Dann führt der Weg durch ein Gatter mit OWZ zur Eisenbahnlinie. Unsere Route trifft auf den **Hof Hevele**, den wir durchqueren. Hinter dem Hof Hevele sehen wir die weiße Kirche von **Oppdal** am gegenüberliegenden Hang. Hinter dem Hof gehen wir bergab, an einer T-Kreuzung halblinks weiter und vor dem nächsten Hof rechts auf einen Waldweg. Sehr schöner Weg! Jenseits einer Viehsperre stoßen wir auf die E 6. Auf der anderen Straßenseite steht ein Schild »Pilegrimsleia«. Dort laufen wir weiter bis zum ersten Haus und dann links in den Wald. OWZ. Der Weg führt bergab. Wir treffen auf eine Fahrstr. und gehen nach rechts und wieder bergauf. Neues Schild »Pilegrimsleia«. Der OW führt uns durch Kiefern- und Birkenwald geradeaus auf die Kirche zu. Wir kreuzen die Asphaltstr. Richtung Hunde-

Norwegische Reitergruppe im Vinstra-Tal kurz hinter Ryphusan

Dovre – Oppdal
Teil 2: Kongsvold – Oppdal
Streckenlänge 47 km
E6
Oppdal-Kirche
Oppdal Gjestetun
Vekve Hyttetun
Oppdal
Granmo Camping
Smegarden Camping
Plasstoggo
E6
Ristjønna
Ryphusan
Bøasættervegen
Elgsjøen
Sunndalsfjella-Nationalpark
Vårstigsætra
Fundin
Kongsvold Fjeldstue
E6
5000 m

Markierung des Königswegs auf dem Fjell

bane und Ridesenter und laufen geradeaus auf einem schönen Weg bergauf zur Str. Nr. 70. Nach deren Querung gehen wir geradeaus zur Kirche. Dort führt der OW nach rechts.

Mit der Kirche haben wir Oppdal erreicht – mit allen Versorgungsmöglichkeiten – und das Dovrefjell endgültig überquert.

ACHTUNG: Die Kirche Oppdal liegt außerhalb der Stadt.

Wer Versorgung braucht, muss in die Stadt gehen. Man läuft von der Kirche auf dem OW weiter, nach 2,6 km rechts über den Bjerkevegen und erreicht nach 500 m das Zentrum von Oppdal. Der Bjerkevegen trifft auf den Aunevegen; dort ist die Hüttenherberge ***Vekve Hyttetun****. Über den Aunevegen geht man weiter zur E6 und dort 600 m nach rechts. Auf der linken Straßenseite liegt das* ***Oppdal Gjestetun****.*

Auf dem Fjell müssen mehrere Flüsse auf Steinen überquert werden.

Übernachten und Einkaufen

Übernachtungsmöglichkeiten

- **Budsjord Historisk Gard**, am Weg
  Øverbygdsvegen 145, 2662 Dovre
  Tel.: 98286398
  E-Mail: post@budsjord.no
  www.budsjord.no
  Koordinaten: 62.01585, 9.22467
- **Fokstugu Fjellstue**, 0,2 km vom Weg
  Dovrefjell, Trondheimsvegen 1050, 2660 Dombås
  Tel.: 61241497
  E-Mail: post@fokstugu.no
  www.fokstugu.no
  Koordinaten: 62.113900, 9.287138
- **Furuhaugli Turisthytte**, 0,2 km vom Weg
  Dovrefjell, Trondheimsvegen 2100, 2660 Dombås
  Tel.: 61240000
  E-Mail: post@furuhaugli.no
  www.furuhaugli.no
  Koordinaten: 62.153637, 9.368892
- **Dovregubbens Hall**, 1 km vom Weg
  Dovrefjell, an der E 6, 2660 Dombås
  Tel.: 61242917
  E-Mail: info@dovregubben.com
  www.dovregubben.com
  Koordinaten: 62.17477, 9.42990
- **Hageseter Turisthytte**, 0,2 km vom Weg
  Dovrefjell, an der E 6, 2660 Dombås
  Tel.: 61242960, 99703738
  E-Mail: post@hageseter.no
  www.hageseter.no
  Koordinaten: 62.195544, 9.547420
- **Hjerkinnhus / Vandrerhjem** (Wanderheim), 1,8 km vom Weg
  2661 Hjerkinn
  Tel.: 46420102
  E-Mail: post@hjerkinnhus.no
  www.hjerkinnhus.no
  Koordinaten: 62.221481, 9.544276
- **Hjerkinn Fjellstue**, am Weg
  Hotel mit Pilgerhütte - 5 Betten
  Kvitdalsveien, 2661 Hjerkinn
  Tel.: 61215100
  E-Mail: fjellstua@hjerkinn.no
  www.hjerkinn.no
  Koordinaten: 62.221956, 9.577503
- **Kongsvold Fjeldstue**, am Weg
  Dovrefjell, an der E 6, 7340 Oppdal
  Tel.: 90084802
  E-Mail: post@kongsvold.no
  www.kongsvold.no
  Koordinaten: 62.303369 9.604712
- **Ryphusan**, am Weg
  unbemannte Hütte
  Farbregdsetra Vinstradalen, 7340 Oppdal
  Koordinaten: 62.42097, 9.70298
- **Plasstoggo**
  Driva, 7340 Oppdal
  Tel.: 92601266
  E-Mail: vinstradalen@oppdal.com
  www.vinstralden.no/?page_id=20
  Koordinaten: 62.53091, 9.62843
- **Smegarden Camping**, am Weg
  auch Hüttenvermietung
  an der E 6 am Driva-Ufer, 7340 Oppdal
  Tel.: 72424159, 91674750
  E-Mail: smegarden@oppdal.com
  www.smegarden.no
  Koordinaten: 62.533447, 9.629381
- **Granmo Camping**, 2 km vom Weg
  an der E 6 am Driva-Ufer, 7340 Oppdal
  Tel.: 99642947
  E-Mail: grancamp@online.no
  www.granmocamping.no
  Koordinaten: 62.548030, 9.628229
- **Oppdal Gjestetun**, 1,3 km vom Weg
  O. Skasliens vei 5, 7340 Oppdal
  zu buchen über Granmo Camping
  Koordinaten: 62.592511, 9.687581
- **Vekve Hyttetun**, 0,6 km vom Weg
  Aunevegen 10, 7340 Oppdal
  Tel.: 91387743
  E-Mail: post@vekvehyttetun.no
  www.vekvehyttetun.no
  Koordinaten: 62.596452, 9.689984

Einkaufsmöglichkeiten

Dovre, Dombås, Fokstugu (kleiner Lebensmittelvorrat), Furuhaugli, Hageseter, Ryphusan (kleiner Vorrat an Lebensmitteln in der Hütte; eigener Notproviant empfohlen), Oppdal

Pilgern im Orklatal

Oppdal – Skaun = 112 km

Oppdal ist ein attraktiver norwegischer Wintersportplatz. In der Pilgersaison ist der Ort eher ruhig und viele Hotelzimmer und Restaurantstühle bleiben leer. Das macht Oppdal für Pilger angenehm. Es gibt verschiedene Übernachtungsoptionen in Hütten, auf Campingplätzen und in Hotelzimmern mit Frühstück oder eigener Küchenzeile zu moderaten Preisen. Der vor uns liegende Weg führt – ähnlich wie im Gudbrandstal – wieder durch Wald, Wald, Wald! Fantastisch!

Dabei passiert der Pilger schönste Herbergen wie beispielsweise Hæverstølen gardstun und Meslo Gård, (wobei in beiden genannten Fällen die Betreiber so interessant sind wie ihre Herbergen). Dazu kommen einzigartige Kulturschätze wie die Y-Kirche in Rennebu und die Skaun-Kirche mit einem großartigen 800 Jahre alten Altarbild. Grund genug also, der nächsten Etappe mit viel Vorfreude entgegenzusehen!

Pilgern im Regen – wichtig ist, dass der Poncho über den Rucksack gezogen werden kann.

Der OW folgt von der **Oppdal-Kirche** aus dem blauen Schild »Pilegrimsleia« und nach 750 m wieder der festen Asphaltstr. Nr. 70. Wir laufen auf dem Fuß- und Radweg parallel zur Str. weiter und biegen dann links in den **Gamle Kongeveg**. Markierung durch OWZ gut! Wir passieren Holzhäuser und Hüttenanlagen für Wintersport und erreichen schnell Feld- und Wiesengelände. Die Innenstadt von **Oppdal** bleibt rechts unter uns liegen. Es kommt ein Abzweig nach links zum Skigebiet **Stølen**. Auch hier folgen wir dem Schild »Pilegrimsleia«. *Wer zur Unterkunft **IMI-Stølen** möchte, geht auf dem Gamle Kongevegen 450 m weiter und biegt dort rechts ab.* Zunächst wandern wir über eine Asphaltstr., der sich ein Schotterweg anschließt. Beim nächsten OWZ biegen wir rechts Richtung **Gapahug** ab. Den OWZ folgen, Holzgatter durchqueren und weiter auf einem Grasweg geradeaus gehen. Wir passieren den schönen Unterstand **Guriberget** mit Bänken und Blumenschmuck. Es folgt wieder ein Holzgatter, rechts und links gesäumt von schönem Birkenwald. Der Weg wird zum Pfad, dann wieder zu einem breiten Fahrweg. Die Markierung an Kreuzungen und Gabelungen ist gut! OWZ hängen an Telegrafenmasten. Beim **Hof Overlia** stößt der OW auf eine feste Fahrstr. Richtung **Hæverstølen**. Wir gehen links weiter. Der Weg führt durch Farmland und Birkenwäldchen leicht bergauf und bergab. Schöne Ausblicke rechts ins Tal! *Wer zum Campingplatz **Oppdalsporten** möchte, muss nach*

Pilgern durch Barnas Naturverden. Ein Alternativweg – vorbei an wunderschönen kleinen Seen.

6 km auf der festen Fahrstr. in einen namenlosen Schotterweg nach rechts abbiegen; nach 1 km erreicht er den Platz an der E 6. Geht man auf dem OW weiter, kommt man nach weiteren 8,8 km zur Herberge **Langklopp Fjellgård** und nach nochmals 3 km zur Pilgerherberge **Hæverstølen gardstun**, rechts am Weg liegend. Wir empfehlen diesen besonders schönen Übernachtungsplatz mit Küche zur Eigennutzung. 2,5 km hinter Hæverstølen liegt die Herberge **Gjesteheim Havdal**. Nach 21 km (ab Kirche Oppdal) erreichen wir die **Rennebu-Kommune**. Dort kommen wir an einem Zettelkasten mit Infomaterial vorbei. Es folgt ein schönes Hochmoor mit Wollgras.

Hinter Hæverstølen führt der OW geradeaus direkt ins Orklatal.

*Es gibt aber auch einen sehr schönen und interessanten Alternativweg durch **Barnas Naturverden**. Dort wurden durch eine Initiative von Børge Dahle und seiner Frau Unni Larsen, den Besitzern der Herberge Hæverstølen, besonders kinder- und familienfreundliche Wanderwege und Hütten in einem großartigen Naturgebiet angelegt. Da können Kinder selbst Feuer machen und kochen. Man erreicht Barnas Naturverden so: An der Herberge **Hæverstølen** links in den Wald gehen und dem **rot markierten Pfad** zum Wasserfall **Heverfallet** folgen – keine OWZ! – oder auf der Fahrstr. weiterlaufen und 800 m hinter der Pilgerherberge nach links auf dem ausgeschilderten Fahrweg bis zum Parkplatz immer bergauf gehen. Vom Parkplatz aus über die Alm **Heverfallsætra** und dann der Ausschilderung Richtung Damtjønna/Gunnes folgen. Dieser besonders schöne Weg kann sehr nass sein. Er stößt 1,3 km vor der* **Meslo-Herberge** *wieder auf den OW. Detaillierte Wanderkarten für diesen Alternativweg gibt es* *in der Herberge Hæverstølen. Dort erhält man auch verlässliche Infos über die Wegverhältnisse.* Auf dem OW sind es 16,5 km von Hæverstølen nach Meslo Gård, über den Alternativweg Barnas Naturverden 19,2 km.

Wir folgen ab Hæverstølen dem markierten OW und stoßen auf die Str. Nr. 502, ignorieren den Abzweig nach rechts zur E6 und wandern weiter geradeaus Richtung **Skepphaug**. Es kommt ein Abzweig nach links, markiert durch das Schild »Pilegrimsleia«. Der Weg führt zu einem gelben Haus und dahinter in den Wald. Dann folgt ein Gatter mit der Aufschrift »Dyr. Beiter lukk greinda (Hier grasen Tiere, das Gatter muss geschlossen bleiben)«. Wir pilgern über eine norwegische Loipe, das erkennt man an den zahlreichen Laternen – auch mitten im Wald.

Der OW ist sehr gut markiert. Wir durchqueren ein schönes Waldstück mit vielen Wildblumen. Der Weg führt wieder hinunter zur Str., dort nach links und bald wieder nach rechts in den Wald. Hochwald und Wiesen voller Wildblumen schließen sich an. Wir passieren den Felsen Tatersten und kommen zurück zur Str., gehen nach rechts und gleich wieder nach links in den **Grævaveia**. Rechts und links blüht blauer Storchenschnabel. Markierung durch OWZ gut! Wir erreichen einen Fahrweg und stoßen auf eine kleine Pilgernotherberge **Pilgerport** in einem Bauwagen: Couch, Tisch, Stühle und Ofen. Guter Rastplatz.

Pilgerherberge Hæverstølen mit Küche im Hintergrund

Es geht weiter über traumhaft schöne Waldwege mit wundervollen Talblicken. Der OW kreuzt eine Fahrstr. und fällt steil bergab in dunklen Tannenwald – **Gammelgræva**. Der Pfad ist wildromantisch, aber steil, verläuft durch ein kleines Bachbett (trotzdem nicht verlassen) und mündet auf einen breiten Fahrweg, der zur Orkla-Brücke führt. Bei nassem Wetter empfehlen wir, dieses Teilstück durch das Bachbett zu ignorieren und auf dem festen Fahrweg in einer sanften Kehre hinunter zur Orkla zu gehen. (Auch diese Alternative ist mit OWZ ausgezeichnet.) Am Fluss Orkla gibt es eine Gabelung des OW. Man kann nach links am Fluss weitergehen oder die Orkla und die Str. Nr. 700 queren (alter Weg), den Hang hinaufsteigen und dort nach links bis Meslo Gård laufen.

*Wer zur Übernachtung nach **Berkåk** möchte, folgt dem »alten« OW. Wenn der OW die Str. 700 zum zweiten Mal verlässt, bleibt man auf der Str. 700, biegt nach 2 km links in den Gamle Kongevei ab. Dieser stößt auf den Mjukliveien, links geht es nach **Mjuklia Leirsted og Gjestegård** und rechts zur E6 mit Einkaufsmöglichkeiten.*

Wir empfehlen den neuen schönen Weg am Fluss entlang, also nach links. Direkt am Wasser folgt ein kleiner Unterstand (für Angler) mit Bank und Gartenstühlen. Dann passieren wir das alte Stabbur Berget – mit Pilgertoilette. Der OW führt

Die »Pilgerherberge« im Bauwagen, davor eine »Weyer-Gruppe«

durch den **Hof Grøtan** zur nächsten Brücke, auf der wir den Fluss Orkla überqueren. 200 m weiter stößt der Weg auf die Str. Nr. 700, wo wir links abbiegen. *An dieser Stelle kann man die Straße auch überqueren und findet ab der ersten Linkskurve OWZ, die einen von Ingrid Meslo ausgeschilderten alternativen Weg kennzeichnen. Durch diese Alternative spart man ca. 1300 m auf der stark befahrenen Straße. Dieser Weg führt über einige Höfe etwa 650 m vor* ***Meslo*** *wieder zur Straße Nr. 700.* Nach 2 km erreichen wir die Pilgerherberge **Meslo Gård**. Sehr schöne Herberge mit ausgezeichneter Küche (norwegische Spezialitäten), geführt von der immer fröhlichen Ingrid Meslo. Im Gästebuch der Pilgerherberge Trondheim lesen wir später: »Ingrid Meslo ist die coolste Farmerin in Norwegen!« Wir sind wieder unten, Meslo Gård liegt »nur« 242 m hoch.

Wenn man in Meslo Gård keinen Platz bekommt, kann man der Str. Nr. 700 weiter folgen und kommt nach 7 km zur Rennebu-Kirche. Auf diesem Wegstück liegen hintereinander noch drei Pilgerherbergen: ***Bergtun Gård, Småbruket Nesset*** *und* ***Nørgar Voll****.*

Der OW führt von **Meslo Gård** 400 m auf der Str. Nr. 700 weiter und biegt dann rechts Richtung **Frambanen** ab. OWZ. Wir laufen bergauf in den Wald und passieren einen Sportplatz. An einer Gabelung gehen wir nach links durch ein Gatter, es folgt nasses Wiesengelände. Aus dem Weg wird ein schmaler Waldpfad. Hier finden wir wieder die seltene Orchideenart Flekkmarihånd. Der Weg mündet in Urwald. OWZ hängen an Bäumen. Sehr schöner Weg; links rauscht ein Wasserfall und rechts läuten Schafsglocken. Unten im Tal – links – sehen wir die **Rennebu-Kirche**. Wir erreichen einen breiten Schot-

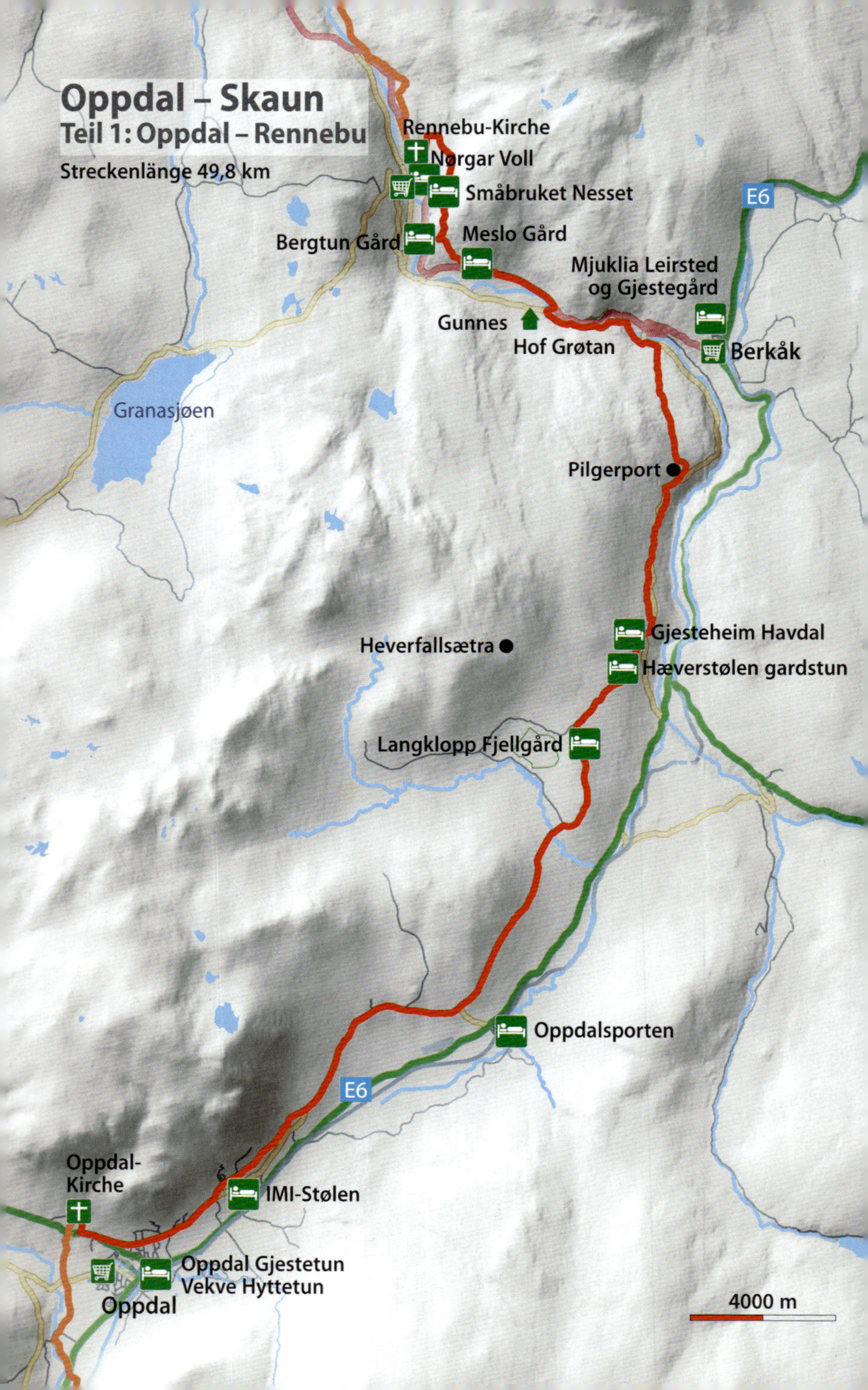
Oppdal – Skaun
Teil 1: Oppdal – Rennebu
Streckenlänge 49,8 km
Rennebu-Kirche
Nørgar Voll
Småbruket Nesset
Bergtun Gård
Meslo Gård
E6
Mjuklia Leirsted og Gjestegård
Gunnes
Hof Grøtan
Berkåk
Granasjøen
Pilgerport
Gjesteheim Havdal
Heverfallsætra
Hæverstølen gardstun
Langklopp Fjellgård
Oppdalsporten
E6
Oppdal-Kirche
IMI-Stølen
Oppdal Gjestetun
Vekve Hyttetun
Oppdal
4000 m

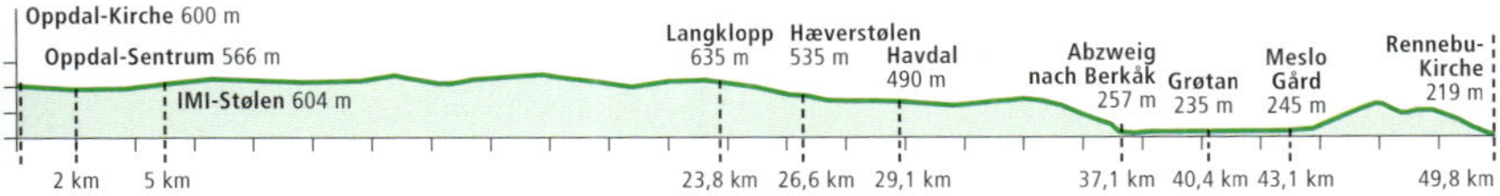

terweg und gehen in einer langen Schleife erst an **Rennebu** vorbei und dann nach links hinunter ins Tal und durch eine Straßenunterführung zur Kirche. Der Weg von Meslo Gård durch den Wald nach Rennebu ist wunderschön, aber 6,6 km lang. Über die Str. Nr. 700 sind es von Meslo Gård bis zur Rennebu-Kirche nur 5,7 km. Vor der Kirche befindet sich an der Str. Nr. 700 ein Supermarkt (nicht am OW) und seit 2013 ein kleines Pilgerzentrum mit Museum. Die Mitarbeiter öffnen die Kirche für Besucher.

Im Jahr 1669 hat man die ehemalige Stabkirche Rennebu von 1250 durch diese Y-Kirche ersetzt. Y-Kirchen – in Norwegen gibt es fünf – sind Kirchen mit einem Chor und zwei Schiffen in dreieckiger Grundform. Sie symbolisieren die Dreifaltigkeit Gottes. Die Y-Bauweise wird vor allem in der Kirche eindrucksvoll sichtbar. Hinter dem Taufbecken teilt sich die Gemeinde praktisch in die zwei Schiffe bzw. Y-Arme auf.

Der OW führt auf der Str. Nr. 700 weiter, und nach 1000 m weist uns ein blaues Schild »Pilegrimsleia« rechts bergauf durch Farmland in den Wald. Es folgen Passagen über Felsen, die Trittsicherheit erfordern und eine Flussüberquerung auf glatten Steinen. Dann treffen wir auf einen Bilderbuchhof mit verschiedenen Gebäuden:

Die neue Kapelle auf Meslo Gård in einem historischen Schafstall.

braun, gelb und rot. Der OW verläuft auf trockenem Fahrweg hinunter zur Str. Wir erreichen die Str. Nr. 700 unmittelbar vor einer Gabelung.

Bei schlechtem Wetter empfehlen wir, den Abzweig 1000 m hinter Rennebu zu ignorieren und auf der Str. Nr. 700 weiterzugehen – bis zum Abzweig nach ***Stene****.*

Die Str. Nr. 700 führt links weiter, wir laufen nach rechts Richtung Stene bergauf. Markierung durch OWZ gut! Alle Kreuzungen und Gabelungen ignorieren und geradeaus auf der Str. Nr. 501 weiterpilgern. Nach 2,6 km auf dieser Straße erreichen wir die schöne **Herberge Ry**. Farmgelände und Waldpassagen wechseln. Kaum Autoverkehr! Wenig OWZ, die sind aber in diesem Abschnitt nicht notwendig. Nach 7,5 km gibt es einen Abzweig nach rechts – OWZ – auf einen Fahrweg, der steil bergauf zu einer Alm steigt. Der Weg läuft auf ein dunkelbraunes Farmhaus zu. Wir gehen durch den Hof auf einen kaum sichtbaren Graspfad, der zu einem Waldweg führt. Es folgt ein nasser Wiesenweg, der das Farmgelände durch ein Gatter verlässt. OWZ. Der Weg klettert zu einem „Utsiktpunkt". Von dort haben wir einen schönen Blick auf die gegenüberliegende Talseite. Der Abstieg erfolgt auf einem schmalen Waldpfad durch wilden Urwald mit Farnen, tiefgrünen Moosen und umgestürzten Bäumen. Der Abstieg ist zunächst sehr steil bis zu einem Pfad, der nach rechts und wieder steil bergab zur Str. führt. Empfehlung: *Bei schlechtem Wetter diesen beschriebenen Abzweig ignorieren und auf der Str. Nr. 501 bleiben.* Wir beschreiben den Verlauf des OW mit all seinen Umwegen und Schleifen. Da der Weg aber immer wieder zur Str. 501 zurückkommt, kann man auch bis Meldal auf ihr bleiben.

Wir pilgern eine sehr schöne Passage direkt am Ufer der Orkla entlang und erreichen den Ort **Stene** mit einem Abzweig zur Str. Nr. 700. Der OW führt geradeaus und passiert einen Abzweig zur

Oben: Meslo Gård ist ein »Pflichtstopp« auf dem Olavsweg.

Links: Die Rennebu-Kirche aus dem Jahr 1669 ist eine der letzten 5 Y-Kirchen in Norwegen.

Oppdal – Skaun
Teil 2: Rennebu – Skaun
Streckenlänge 62,2 km
Laugen
Skaun Menighetshus
Skaun-Kirche
Malmsjøen
Ånøya
Gumdal
Svorkmo
Skytterhus
Hof Korslia
Løkken Verk
Sans Bergmannskroa
Svorksjøen
Varsmoen
Storbuan
Skogheim
Olskastet
Bygdemuseum
Meldal
Meldal-Kirche
700
Jerpstad
Segard Hoel
Stene
Ry Herberge
700
E6
Rennebu-Kirche
5000 m

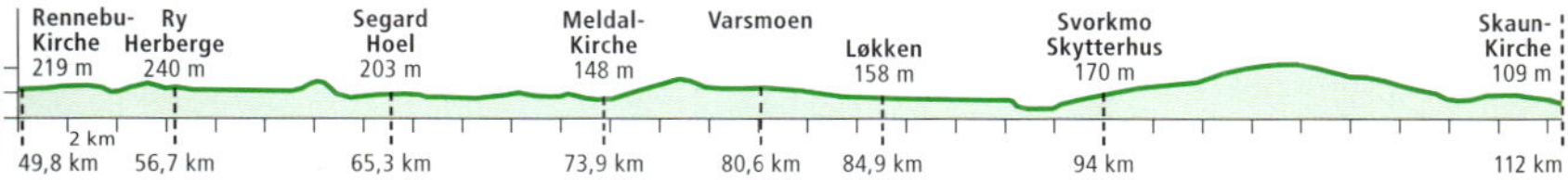

Herberge **Segard Hoel** – nach rechts ca. 400 m. Der OW bleibt auf der Str. bis zum Abzweig nach links in den **Rikstadveien**. Dann gehen wir bergab auf eine Wiese und weiter nach rechts in die **Rikstadgrenda**. Der OW verläuft durch den **Hof Rikstad** – OWZ – zum Ufer des Flusses Orkla. Es folgt ein schöner Uferweg! Dann steigen wir rechts bergauf über einen landwirtschaftlichen Weg in den Wald. Der Weg mündet in einen Trampelpfad. OWZ sind Pfähle mit Pfeilen, aber ohne Plaketten! Wir klettern steil bergauf und vor einer Stromtrasse nach links. Jetzt kommt ein angenehmer Pfad durch Kiefernwald. Im Wald gute Markierung durch Hängebrettchen! Der Weg führt bergauf und wieder bergab und erreicht beim **Hof Ulberget** wieder die Str. 501. Nach deren Überquerung wandern wir in den Wald und weiter auf einem breiten Fahrweg erst bergauf und dann nach links bergab zurück zur festen Str. Dort müssen wir nach rechts gehen, über zwei Brücken und rechts in den **Sølbergsbakken**. Der Weg zweigt nach links in einen Hof ab. Da laufen wir links und gleich wieder rechts bergab. OWZ. Der OW führt zurück zur Str. 501, auf der wir nach rechts weiterpilgern bis zur **Meldal-Kirche**. 200 m hinter der Kirche erreichen wir die Str. 700 und folgen dem Schild »Pilegrimsleia«. Der OW führt nach rechts auf dem Radweg bergauf zum Meldal Bygdemuseum – steiler Weg – und dann weiter durch das Freilichtmuseum mit alten Holzhäusern und Stabburs. Hinter dem Museum folgen wir der Asphaltstr. weiter bergauf. In einer Spitzkehre gehen wir nach links in die **Øvre Bergslia**. Beim Haus Nr. 16 biegen wir rechts ab (schlechte Markierung!) und laufen bergauf. Mangelhafte Markierung! Es folgt ein steiler Schotterweg, dann geht es links in einen Grasweg. Der Weg ist unschön! Ein Traktorweg führt über eine Holzbrücke, dahinter laufen wir links in einen Waldweg. Dieser Weg klettert steil bergauf, sehr rutschig. Hinter der Anhöhe wird der Weg besser und sogar sehr schön, er führt geradeaus bergab zurück zur Str. 700.

Wir empfehlen: Wer nicht im Museum übernachten will, sollte den Abzweig zum Freilichtmuseum ignorieren und ab Meldal auf der Str. Nr. 700 bleiben! Auch wenn es dort viel Verkehr gibt.

Wir laufen auf der Str. Nr. 700 bis zu einem großen Holzplatz, hier zeigt ein blaues Schild »Pilgrimsleden« nach links und nach 20 Schritten nach rechts auf

Das stille Örtchen mit dem Pilgerzeichen darf auch ohne Pilgerausweis besucht werden.

einen breiten Grasweg. Wir kommen an einen Bachlauf und passieren ein Kreuz aus Birkenholz: schlicht, schön und ergreifend. Der OW führt steil bergauf in den Wald und wieder bergab. An Kreuzungen und Gabelungen sind eindeutige Markierungen durch OWZ. Die Str. Nr. 700 läuft ca. 30 m rechts unter unserem Pfad. Es folgt eine Zauntreppe, dort führt der OW nach links weg von der Str. Der OW ist jetzt ein breiter Fahrweg, der bald rechts abbiegt zurück zur Str. An dieser Stelle liegt die kleine **Schutzhütte Olskastet** mit 2 Schlafplätzen ohne Matratzen. OWZ hängen an Bäumen. Dann kommen zwei Holzgatter und auf einem jetzt moorig nassen Weg liegen Holzbohlen. Wir gehen weiter parallel zur Str. und durch ein nächstes Gatter. Auf einer Brücke queren wir einen Bach. OWZ. Der Weg bleibt nass und schlammig, aber auch da liegen Bohlen. Nach dem rutschigen und schmalen Pfad folgt ein breiter Weg nach rechts zu Häusern. Bei dem Schild **Varsmoen** (an einem Häuschen) zweigt der OW rechts ab zurück zur Str. Nr. 700 und dort, an der **Skogheim Pilegrimsherberge**, links auf einen Fuß- und Radweg. OWZ an fast allen Bushaltestellen.

Wir passieren die rechts von uns liegenden Meldalhallen und erreichen **Løkken Verk** mit allen Versorgungsmöglichkeiten. Wir pilgern weiter auf dem Radweg und vorbei am Bergmannmuseum, neben dem auch das **Sans Bergmannskroa** liegt (dort empfehlenswertes Café und Übernachtungsmöglichkeit!). Am Ortsausgang biegen wir links in einen Waldweg ein. OWZ. Der Weg führt bergauf und parallel zur Str. Der OW läuft an einem Hang entlang, langsames Gehen! Erst jenseits dieser Hangpassage wird das Gehen wieder an-

Pilgern am Ufer des Solsjøen-Sees (hinter Svorkmo)

genehm. Der OW führt auf einen breiten Fahrweg. An einem Abzweig muss man geradeaus laufen und dann nach links auf einen Schotterweg. OWZ. Vor einem Wohnhaus biegen wir rechts auf einen Feldweg ab und überqueren auf einer Holzbrücke einen Bach. Der sich nun anschließende Waldgrasweg wird immer zugewachsener. Wenig OWZ! Wir diktieren: »Bevor wir über mangelnde Markierung murren, sollte man an die Pilger im Mittelalter denken; die hatten nur vage Trampelpfade und weder Karten noch zuverlässige Wegführer.«

Es folgt ein geschotterter Fahrweg, der bergab zurück zur Str. Nr. 700 führt. Dort halten wir uns links, aber nach 150 m zeigt ein blaues Schild »Pilegrimsleia« nach rechts auf einen schmalen Fahrweg, der bergauf steigt. Wir überqueren einen Fluss und eine ungesicherte Eisenbahnlinie. An einer Gabelung – da kommen Hofwege – muss man geradeaus gehen. Mangelhafte Markierung! An einer weiteren Gabelung laufen wir ebenfalls geradeaus auf ein weißes etwas verfallenes Haus zu und bergab durch den Wald in den Ort **Svorkmo** – keine OWZ! Unten an der Str. gehen wir nach rechts und gleich wieder nach links über eine Brücke. Hinter der Brücke sehen wir eine blaue Markierung »Pilegrimsleia«. Der Weg verläuft auf der Str. steil bergauf. 1,8 km hinter der Brücke liegt die **Herberge Gumdal** am Weg. Die Schotterstr. wird zur Asphaltstr., die durch Farmland bergauf führt. Dann folgt wieder eine Schotterstr. OWZ sind an Laternenmasten und Straßenschildern. Wir durchwandern schöne Waldgebiete und passieren Höfe und Wohnhäuser. Dann kommt eine blaue Markierung nach rechts zur **Skytebane**. Der folgen wir. Auf schmalem

Schotterweg erreichen wir die Pilgerherberge **Skytterhus**. Das ist ein Schützenhaus; wenn es geschlossen ist, findet der Pilger an der Tür eine Telefonnummer. Bei einem Anruf erfährt man, wie man den Schlüssel bekommt. Wir empfehlen, über www.pilegrimsleden.no die Telefon-Nr. vorher herauszufinden und anzurufen. Wir laufen auf dem Schotterweg weiter. Nach 200 m führt ein Weg nach rechts zur Schießanlage. Wir gehen geradeaus – OWZ – bergauf und passieren wunderschöne Wohn- und Wochenendhäuser. Am nächsten Abzweig – 820 m hinter **Skytterhus** – zweigt der OW links ab. Das OWZ ist hier zugewachsen und schwer zu sehen! Auf einem Trampelpfad steigen wir weiter bergauf in den Wald. Mangelhafte Markierung! Wir überqueren einen Bachlauf und unterqueren eine Stromtrasse. Das Gelände wird sehr moorig. Der Waldboden ist mit Moos und Farnen bewachsen. Wir laufen durch ein interessantes Hochmoor mit Heide, Blaubeeren, Birken und Kiefern. Es folgt ein sehr schöner Waldweg. Die OWZ an Pfählen sind oft unten verrottet, lehnen an Bäumen oder liegen am Boden. Der Waldweg führt auf einen geschotterten Fahrweg. Hier müssen wir rechts abbiegen. Markierung durch OWZ und GP. Wir laufen Richtung **Korslia** bis zum **Hof Gro**. Dort geht es bergab zum See **Solsjøen**, der liegt 287 m hoch. Wir pilgern am See entlang – wunderschöne Passage – und bergauf zum **Hof Korslia**. Wir lassen den Hof rechts liegen und steigen steil bergauf. An einer braunen Holzhütte zweigen wir links auf einen Traktorweg in den Wald ab. Der Traktorweg bringt uns auf einen geschotterten Fahrweg. Links liegt eine Alm mit Wochenendhäusern, wir gehen nach rechts in den Wald. Die Markierung ist schwer zu sehen, aber vorhanden. Dieser Weg ist nur die Abkürzung einer Kehre. Wir kommen zum Schotterweg zurück, überqueren ihn und laufen auf einem schmalen Pfad in ein Wäldchen. Nach 50 m wird der Weg sehr nass und moorig. Die Markierung ist wieder gut! Hinter einer kleinen Holzbrücke führt der OW bergauf, bleibt aber nass. Es folgen angenehme Passagen durch Wald. In dem Hochmoor herrscht absolute Stille; keine Vögel zwitschern, Bäche murmeln leise. Nur die Pilgerschuhe quatschen hörbar in feuchten und schwammigen Moorlöchern. Großartige Stimmung!

Wir gehen eine kurze Passage auf einem Traktorweg bergauf in den Wald, anschließend überqueren wir einen Fluss über glatte Steine und glitschige Baumstämme! Der Weg wird langsam wieder trockener und führt in richtigen Urwald; Farne, grünes Moos, umgestürzte Bäume. Dann begrüßt uns die Kommune Skaun mit Infotafel und Karte. Der Weg läuft aus dem Wald bergab zurück in nasse Moorwiesen. Wir diktieren: »Eigentlich sollten wir auf dieser Wegpassage Händels Wassermusik hören!«

Nach einer weiteren Hochmoor-Durchquerung treffen wir auf einen Fluss mit stabiler Holzbrücke. Danach wird der OW trockener und führt durch dichten Wald. Markierung durch OWZ sehr gut! Nassen Wiesen folgen dunkle, trockene Wälder. OWZ weisen zu einer Alm, die wir durch ein Gatter betreten. Das Pilgern durch die Alm ist nach den Moorwegen ein richtiger Hochgenuss! Hinter der Alm **Mellingsetra** kommen wir an einer Holzhütte Svalebu vorbei. Weitere Gatter und ein nächster Fluss mit Holzbrücke schließen sich an. Wir passieren eine rote Pilgertoilette mit Holztisch davor.

Der Pfad wird zu einem Traktorweg und führt uns bergauf und bergab. Plötzlich

Der Weg führt aus nassem Moor in trockenen Wald.

lichtet sich der Wald und der See **Laugen** bei **Skaun** schimmert durch die Bäume. Der OW führt kurz durch ein Bachbett, dann folgt ein Anstieg zu einer schönen Aussicht. Der OW wechselt von Schotterweg zu schmalem Pfad. Markierung gut! Dann wird die Markierung mager, dafür erscheinen GP. Wir laufen auf einem festen Fahrweg und erreichen eine asphaltierte Str. Eine blaue Markierung »Pilegrimsleia« zeigt nach rechts. Nach 400 m Str. gehen wir rechts in einen Wald und steil bergauf. Der Hauptweg macht eine Rechtsbiegung, wir wandern auf dem Traktorweg weiter bergauf, durchqueren ein kleines Wäldchen und laufen links am Feld vorbei. Markierung gut! Hinter dem Feld kommt ein Grasweg, der in dunklen, geheimnisvollen Wald führt, dann Farmland. Wir gehen weiter auf einem Traktorweg zu einem Hof. Dort folgen wir dem Fahrweg durch einen zweiten Hof hinunter zur Str. Der OW läuft parallel zur Str. an Wohnhäusern vorbei, um hinter dem Haus **Sannvoll** auf diese zu münden. Wir gehen auf der Str. nach rechts und nach **Skaun**. Hier gibt es alle Versorgungsmöglichkeiten. Erst kurz vor der Ortschaft taucht der weiße Turm der schönen **Skaun-Kirche** auf. Gegenüber der Kirche liegt das **Gemeindehaus**, das gleichzeitig auch Pilgerherberge ist. Davor steht der Stein: »38 km til Nidaros.«

Es kann einem passieren, dass man das Kirchenkontor nicht mehr erreicht, weil man zu spät ankommt, oder auch Ula Skaun (der ebenfalls bereit ist, das Gemeindehaus zu öffnen) mal nicht erreicht. Darum empfehlen wir unbedingt, vorher anzurufen. Wenn man das versäumt hat, kann man versuchen, ob man in Kleivan (nächste Herberge) jemanden erreicht. Wenn dort jemand ist, kann man wahrscheinlich auch abgeholt werden. Auch für Kleivan sollte man sich am Tag vorher anmelden.

Übernachten und Einkaufen

Übernachtungsmöglichkeiten

- **IMI-Stølen**, 0,3 km vom Weg
  7340 Oppdal
  Tel.: 72421370
  E-Mail: post@imi-stolen.no
  www.imi-stolen.no
  Koordianten: 62.612378, 9.736955

- **Oppdalsporten**, 1,2 km vom Weg
  Fagerhaug, 7340 Oppdal
  Tel.: 72400640
  E-Mail: oppdalsporten@veikroene.com
  www.bit.ly/13HsYEY
  Koordinaten: 62.657605, 9.882267

- **Langklopp Fjellgård**, am Weg
  Gamle Kongeveg, 7393 Rennebu
  Tel.: 93626803
  E-Mail: siw@haugtun.com
  Web: www.langklopp.com
  Koordianten: 62.726854, 9.935246

- **Hæverstølen gardstun – Sælehuset**, am Weg
  Hæverstølen, Gamle Kongeveg
  7397 Rennebu
  Tel.: 47175525, 90667591
  E-Mail:
  unni.larsen@rennebu.kommune.no
  www.haaggaan.com
  Koordinaten: 62.74329, 9.95355

- **Gjesteheim Havdal**, am Weg
  Rennebuskogen, 7397 Rennebu
  Tel.: 97479593
  E-Mail: info.havdal@gmail.com
  www.gjesteheimhavdal.com
  Koordinaten: 62.764092, 9.969926

- **Mjuklia Leirsted og Gjestegård**, 2,5 km vom Weg
  Mjukliveien 15, Berkåk, 7391 Rennebu
  Tel.: 72428230
  E-Mail: post@mjuklia.no
  www.mjuklia.no
  Koordinaten: 62.834560, 10.000949

- **Meslo Gård**, am Weg
  Stamnan, an der Str. Nr. 700, Voll,
  7393 Rennebu
  Tel.: 72426615, 90960190
  E-Mail: ingridmeslo@hotmail.com
  http://on.fb.me/1267kqZ
  Koordinaten: 62.84804, 9.88286

- **Bergtun Gård**, 2,5 km vom Weg
  Stamnan, an der Str. Nr. 700, Voll,
  7393 Rennebu
  Tel.: 47266870, 90973269
  E-Mail: bkkvam@gmail.com
  E-Mail: janivar@loqal.no
  Koordinaten: 62.85475, 9.84551

- **Småbruket Nesset**, 1,4 km vom Weg
  Stamnan, an der Str. Nr. 700, Voll,
  7393 Rennebu
  Tel.: 72426520, 92401642
  E-Mail: kari.kvendseth@
  rennebu.kommune.no
  Koordinaten: 62.86897, 9.84675

- **Nørgar Voll**, 1,2 km vom Weg
  Stamnan, an der Str. Nr. 700, Voll,
  7393 Rennebu
  Tel.: 99542018
  E-Mail: joar.fjellstad@gmail.com
  www.vollalaks.no
  Koordinaten: 62.87307, 9.84262

- **Ry Herberge**, am Weg
  Ry, Rennebu
  Tel.: 792206855 93096310
  E-Mail: maristene@yahoo.no
  Koordinaten: 62.922631, 9.7918293
  2,66 km auf Str. 501

- **Segard Hoel**, 0,4 km vom Weg
  Holsveien 18, 7335 Jerpstad
  Tel.: 48092003, 95102720
  E-Mail: oasvartbekk@online.no
  www.o-rikstad.no/indexhoel.htm
  Koordinaten: 62.992118, 9.762125

- **Meldal bygdemuseum**
  Løkkenveien 25, 7336 Meldal
  Tel.: 72499100 (11 h – 17 h),
  sonst: SMS 90755070
  für Schlüsselcode
  Koordinaten: 63.049680, 9.713130

- **Olskastet**, unbemannte Hütte,
  am Weg
  Koordinaten: 63.07789° 9.69570°

- **Skogheim Pilegrimsherberge**
  Løkkenveien 52, Løkkenverk
  Tel.: 949891671
  E-Mail: skogheimherberge@gmail.com
  www.facebook.com/skogheimherberge
  Koordinaten: 63.08780, 9.69755

- **Storbuan Gård**, 8 km vom Weg,
  kostenloser Shuttle bei Anruf
  Fjeldheimveien 14, 7332 Løkken Verk
  Tel.: 97174535
  E-Mail: oko-by@online.no
  Koordinaten: 63.09709, 9.84149

- **Sans Bergmannskroa**, am Weg
  Torfinn Bjønaas plass 1,
  7332 Løkken Verk
  Tel.: 72497679
  E-Mail: sans-mat@online.no
  www.bergmannskroa.no
  Koordinaten: 63.124276, 9.704656

- **Gumdal, am Weg**
  Monsetjårvegen 144, 7327 Svorkmo
  Tel.: 90027503
  Koordinaten: 63.17375, 9.76765

- **Svorkmo Skytterhus**, am Weg
  ein Schützenhaus
  Tell: die jeweils gültige Nummern
  findet man an der Tür
  7327 Svorkmo
  Koordinaten: 63.18193,9.79834

- **Skaun Menighetshus**, am Weg
  gegenüber Skaun kirke in Venn
  7357 Skaun
  Tel.: 92260242 (Ula Skaun)
  Tel.: 72863151 (Skaun Kirchenbüro
  Børsa) Unsere Empfehlung unbedingt
  vorher anrufen!
  weitere Infos an der Eingangstür
  E-Mail: pilegrim@skaun.kirken.no
  www.skaun.kirken.no
  Koordinaten: 63.25073, 10.05225

Einkaufsmöglichkeiten

Oppdal, Berkåk, Rennebu, Å-Jerpstad (200 m vor der Herberge **Segard Hoel** 1,2 km nach links und über die Orklabrücke gehen) Meldal, Løkken Verk, Svorkmo, Skaun

Von Skaun sind es laut diesem Stein nur noch 38 km!

Die Skaun-Kirche

Die Kirche zu Skaun wurde um 1180 gebaut und gehört zu den mittelalterlichen Kulturschätzen Norwegens. Nur 1000 m von der Kirche entfernt liegt der Husaby-Hof mit dem noch sichtbaren Fundament der Vorkirche, die vermutlich noch 150 Jahre älter war.
In Skaun lebten damals Krieger (Wikinger, die getauft waren). Wenn sie zum Gottesdienst in die Skaun-Kirche kamen, mussten die Männer ihre Waffen ablegen. Daran erinnert bis heute das »Waffenhaus« unter dem Kirchturm.
Ein wahres Juwel der Kirche ist das etwa 800 Jahre alte Bild vor dem Altar. Die untere Seite ist leider beschädigt, vermutlich durch aufsteigende Feuchtigkeit und auch durch den Saum der früher schweren Priestergewänder, die seit Jahrhunderten über den unteren Rand des Bildes strichen. Das kostbare Bild zeigt oben links die Verkündigung Marias. Der Erzengel Gabriel bringt ihr die frohe Botschaft. Der Hamburger Pilgerpastor

Die Skaun-Kirche

Bernd Lohse vermutet, dass es sich bei den beiden anderen Frauen um Anna handelt, Marias Mutter, und deren Schwester Elisabeth. Oben rechts wird die Geburt Jesu gezeigt. Bemerkenswert ist, dass Anna dazugestellt wurde, so als sei sie bei der Geburt dabei gewesen. Aber es war ja damals üblich, dass eine Mutter ihrer Tochter bei der Geburt beistand. Unten links erkennen wir – leider stark beschädigt – die Flucht aus Ägypten und unten rechts die Darbringung Jesu im Tempel. Dabei handelt es sich um die Übergabe des Erstgeborenen an Gott. Das Hauptmotiv in der Bildmitte zeigt Maria als Himmelskönigin mit Jesus auf dem Schoß.
Dieses Bild wurde vermutlich von deutschen und englischen Künstlern in Trondheim gemalt.

Das unten zerstörte Altarbild ist ein wahrer Kulturschatz am Olavsweg.

Endspurt auf dem Olavsweg

Skaun – Trondheim = 41,4 km

41,4 km bis **Trondheim** – das klingt nach einer langen oder nach zwei kurzen Tagesetappen. Wir empfehlen zwei Etappen, denn es gibt auf dieser Endspurt-Passage noch mehrere Höhepunkte, ungewöhnlich schöne Herbergen und auch Kultur vom Feinsten!

Wir beginnen mit Kultur und gehen von **Skaun** die gut markierte Str. hinauf nach **Husaby**. Während der OW weiter geradeaus und bergauf führt, biegen wir am Abzweig Husaby links ab und kommen nach 140 m zu einer Wiese mit Ruinen eines Fundaments. Hier stand vor 1000 Jahren eine Kirche, die zu den ersten in Norwegen gehörte. Von diesem Platz haben wir einen unglaublich schönen Ausblick über das Tal von Skaun, das besonders anmutig und naturbelassen (ohne Fernstr., Überlandleitungen, Masten, Industriebetriebe usw.) vor und unter uns liegt.

Die Nobelpreisträgerin Sigrid Undset hat hier oben in Husaby gewohnt und beim Schreiben ihres Romans »Kristin Lavranstochter« genau diesen Talblick vor Augen gehabt und daraus ihre großartigen Landschaftsbeschreibungen formuliert.

Wir gehen zum Abzweig zurück und setzen den OW fort – auf breitem Fahrweg wandern wir leicht bergauf. Auf der Höhe erreichen wir ein kleines Wäldchen. Da steht ein Stoppschild am Weg. Autos müssen hier Maut bezahlen. Der OW führt weiter durch den Wald, dann biegen wir nach links in einen kleinen Pfad – OWZ und Wegweiser »Pilegrimsleia«.

Wenige Kilometer vor Trondheim führt der Olavsweg immer noch durch schönste Wildnis.

Kristin Lavranstochter

Für den Olavsweg existieren keine Pilgertagebücher aus dem Mittelalter – wie etwa über den Jakobsweg und auch über frühes Pilgern in Palästina. Dafür erzählt uns Sigrid Undset (1882–1949; Nobelpreis für Literatur 1928) in ihrem Roman »Kristin Lavranstochter« eindrucksvoll, wie frühes Pilgern auf dem Olavsweg ausgesehen hat:

»Kristin folgte rasch dem Waldpfad über den Hang hinauf. Die Sonne stand jetzt hoch, und die Tannenwipfel schimmerten gegen den Sonnenhimmel, aber hier im Walde war es noch morgenkühl und frisch. Der Geruch nach Fichten und mooriger Erde und nach dem Scharlachkraut, das überall mit kleinen hellroten Zwillingsglocken in Blüte stand, erfüllte die Luft so gut, und der grasüberwucherte Pfad war feucht und weich und tat den Füßen wohl. Kristin sprach im Dahingehen ihre Gebete, und ab und zu blickte sie zu den kleinen weißen Gutwetterwolken auf, die im Blau über den Baumwipfeln schwammen ...

Kristin begegnete keinem lebenden Wesen außer ab und zu ein paar Kühen – auf diesem Bergrücken lagen Almen. Aber der Steig war gut, und über die Moore waren Knüppeldämme gelegt. Kristin fürchtete sich nicht – sie hatte das Gefühl, als schreite der Mönch (ihr Bruder) unsichtbar an ihrer Seite ...

Sie sehnte sich nach dem Ziel der Wanderung, sie sehnte sich danach, die Bürde der jahrelang verborgen gehaltenen Sünden, das Gewicht der Messen und Gottesdienste, die sie besucht hatte, ohne Beichte und unbußfertig, von sich werfen zu dürfen, sie sehnte sich danach, frei und gereinigt zu werden ...

Der Knabe schlief so gut und ruhig auf dem Rücken der Mutter. Er erwachte nicht eher als bis sie durch den Wald zu den Snefuglhöfen hinuntergekommen war und nun über Budviken und den Fjordarm bei Saltnes blicken konnte. Dort setzte sie sich auf die Erde, holte das Bündel mit dem Kinde nach vorn in den Schoß und öffnete ihren Kittel an der Brust. Es tat gut, den Knaben anlegen zu können, es tat gut, sitzen zu dürfen, es war herrlich, im ganzen Körper zu fühlen, wie die steinharten, milchprallen Brüste sich leerten, während der Knabe daran trank ...

Von Saltnessand durfte sie sich mit dem Boot nach Steine hinüberrudern lassen. Jetzt befand sie sich in ganz unbekannten Gegenden ...

Der Kopf juckte entsetzlich, weil sie unter dem dicken Friestuch so stark schwitzte. Und rund um die Mitte, wo der Strick ihre Kleider an den Körper drückte, hatte das Hemd auf der Haut gescheuert, so daß sie sicher schon wund war.
Mit der Zeit belebte sich der Weg. Dann und wann ritten Leute nach der einen oder anderen Richtung an ihr vorüber. Sie holte einen Bauernwagen mit Waren nach der Stadt ein, die schweren Scheibenräder rumpelten und polterten über Wurzeln und Steine, schrien und kreischten. Zwei Männer zerrten ein Stück Schlachtvieh hinter sich her. Sie betrachteten die junge Pilgerin ein wenig wegen ihrer Schönheit, im übrigen aber waren

die Leute in diesen Gegenden an solche Wanderer gewöhnt ...

Kristin stand auf Feginsbrekka und sah die Stadt in goldener Abendsonne unter sich liegen. Längs den breiten, glänzenden Windungen des Flusses lagen braune Höfe mit Wasendächern; sie sah die dunklen Laubkuppeln in den Gärten und helle Steinhäuser mit gezackten Giebeln, sie sah Kirchen, deren schwarze, schindelverkleidete Firste emporragten, und Kirchen mit mattschimmerndem Bleidach. Aber über dem grünen Land, über der herrlichen Stadt erhob sich die Christkirche so riesenhaft und strahlend hell, daß gleichsam alles ihr zu Füßen lag. Die Abendsonne mitten auf der Brust und mit blitzendem Fensterglas, mit Türmen und schwindelnd hohen Spitzen und goldenen Wetterfahnen stand sie da und deutete in den hellen Sommerhimmel hinauf ...

Diese schöne Statue von Kristin Lavranstochter steht nicht in Husaby, sondern vor der Nordsel-Kirche im oberen Gudbrandstal.

Überwältigt, schluchzend brach die junge Frau vor dem Kreuz am Wegrand zusammen, dort, wo Tausende von Pilgern gelegen und Gott dafür gedankt hatten, daß helfende Hände sich den Menschen auf ihrer Fahrt durch die gefährliche und schöne Welt entgegenstreckten.
In Kirchen und Klöstern läutete es zur Vesper, als Kristin den Christkirchhof betrat. Einen Augenblick wagte sie am Westgiebel der Kirche hinaufzuspähen – dann schlug sie geblendet die Augen nieder.
Dieses Werk hatten nicht Menschen aus eigener Kraft zustande gebracht – hier hatte Gottes Geist durch den heiligen Öistein und durch die Baumeister, die ihm folgten, gewirkt. Zu uns komme dein Reich, dein Wille geschehe, wie im Himmel also auch auf Erden – jetzt verstand sie die Worte.«

aus: Sigrid Undset: »Kristin Lavranstochter«, Lizensausgabe für den Bertelsmann Lesering mit Genehmigung des Bruno Cassierer Verlages, Oxford. Gesamtherstellung Mohn & Co GmbH, Gütersloh. Printed in Germany, Buch Nr. 158 (keine Jahresangabe), S. 311 – 327.

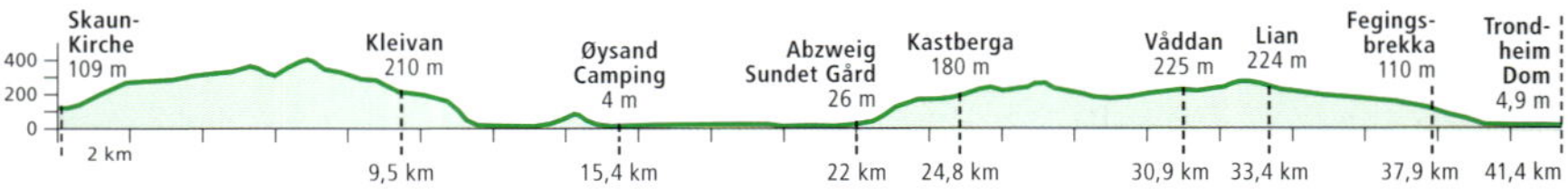

Der Waldpfad, nass und moorig, führt an schönen Blumenwiesen und kleinen Wochenendhäusern vorbei und mündet auf einen breiten Fahrweg. Dort wandern wir nach links und passieren nach wenigen Minuten einen Holzplatz, an dem eine Hütte der Waldarbeiter steht, die man als Notunterkunft benutzen kann. Der Weg wird schmal, in nassen Passagen liegen Bohlen und Paletten als Gehhilfen. Dann fällt der Weg sehr steil und rutschig bergab zu einem Fluss, den wir auf einer Brücke überqueren. Dahinter folgt ein fester Fahrweg, da laufen wir nach links und nach ca. 200 m rechts in den Wald. Markierung durch OWZ gut! Wir passieren eine zweite rote Pilgertoilette am Weg! Nun steigt ein Fahrweg einen Wiesenhang steil bergauf. Hinter der Kuppe wird der Weg zu einem Pfad. Wir kommen an einem gemütlichen Rastplatz mit Holztisch und Bänken vorbei. Ein wunderschönes Hochmoor mit großen Wollgraswiesen schließt sich an. Wir erreichen nach 1,6 km einen Abzweig nach links. Der Pfad führt durch Heide- und Moorlandschaft mit toller Fernsicht, dann nach 100 m bergab in einen Wald mit Farnen und Wasserfällen – er erinnert uns an die Regenwälder Neuseelands – zur festen Fahrstr., wo wir nach links gehen. Der OW verläuft auf der Str. bergab und passiert den gut markierten Abzweig zur Herberge **Kleivan**. Sehr schöner Übernachtungs- und Rastplatz! In der Herberge Kleivan pflegen die Besitzer Liv und Jonvald einen kleinen privaten botanischen Garten mit Pflanzen aus aller Welt. Hauptattraktion ist der Blaue Himalaya-Mohn – unglaublich schön! Anmeldung erforderlich.

Blauer Himalaya-Mohn in Kleivan

Kleivan verfügt über einen rustikalen urgemütlichen Pavillon mit Feuerplatz (hier gibt es zum Abendessen Bier und Wein), von dem man einen großartigen Blick auf den **Gaulosen** hat. Damit sieht der Pilger seit Oslo zum ersten Mal wieder das Meer!

Von Kleivan sind es 400 m auf festem Fahrweg zur Str. und zurück zum OW. Wir pilgern auf der Str. bergab und passieren nach 700 m einen Abzweig nach links Richtung Eggkleiva, gehen aber geradeaus. Schöner Blick auf den Fjord. Hinter einer S-Kurve laufen wir nach rechts auf einen schmalen Trampelpfad in einen Waldhang hinein. Der Weg fällt steil bergab, so dass dort Seilsicherungen angebracht sind. Unten überquert eine Holzbrücke einen Bach, dann kommt ein schöner Waldweg. Markierung gut. Es folgen noch zwei Steilstufen mit Seilsicherungen. Der Weg bewegt sich parallel zu dem herunterstürzenden Bach. Wir stoßen auf ein

Diese Waldarbeiterhütte kann als Rastplatz oder Notunterkunft genutzt werden.

rotes Gebäude, das wir rechts liegen lassen, und dann auf einen Schotterweg. Wir unterqueren eine Straßenbrücke und gehen hinunter zum Fjordufer. *Wer Versorgung braucht, kann hier den OW verlassen und rechts nach **Buvika** gehen (verschiedene Supermärkte in Sichtweite).* Am Ufer biegen wir rechts ab. Gute Markierung »Pilegrimsleia«. Wir wandern auf dem Fuß- und Radweg, überqueren den Fluss Vigda und folgen der Ausschilderung »Pilegrimsleia« nach rechts Richtung **Brekka**. Der **Brekkavegen** führt in weitem Bogen den Hang hinauf. Oben laufen wir rechts in den **Brattbakken** und dann rechts in den **Myrvegen**. OWZ. Beim zweiten Haus gehen wir sofort wieder nach links auf einen schmalen Pfad. Dieser Weg führt mit schönem Blick auf den Fjord bergab bis zur Uferstr. Sehr gute Markierung durch OWZ! Unser Pilgerweg überquert die Str. und führt an einer Autowerkstatt vorbei zum Campingplatz **Øysand** und zur Herberge Strandheimen. Hinter dem Campingplatz gibt es eine Gabelung des OW. Links läuft der Weg über den Campingplatz zum Gaulosen-Fähranleger und rechts zur Straßenbrücke über den Fluss Gaula.

Auf dem Campingplatz gibt es Übernachtungshütten und einen Kiosk!

Wer mit der **Fähre** die Gaula queren möchte, geht am Ufer weiter. Wir passieren einen alten Hof mit Fischerhütten. Vom Campingplatz bis zum Fähranleger sind es 2,2 km. Dort stehen ein Toilettenhäuschen und ein Schild: »Pilegrim til bed und zu Boot! Tel.: 0047 72849037 oder

Fährmann John Wanvik und im Hintergrund seine schöne Pilgerherberge Sundet Gård

Skaun – Trondheim
Teil 1: Skaun – Øysand
Streckenlänge 15 km
Gaulosen
Sundet Gård
Gaula
Øysanden
Øysand Camping
Strandheimen
Buvikbukta
Buvika
Kleivan pilegrimsherberge
Laugen
Husaby
Skaun
Menighetshus
Skaun-Kirche
Konstadtunet
Malmsjøen
Ånøya
2000 m

0047 93083581«. Fährmann John Wanvik kommt nach Anruf mit seinem Ruderboot und setzt die Pilger über den Fluss Gaula. Am jenseitigen Ufer liegt die Pilgerherberge **Sundet Gård**, die wir besonders empfehlen! Urgemütlich, sehr gute Küche und tolle Geschichten!

Die Pilger, die die **Gaula-Brücke** nehmen möchten, finden eine **Detailkarte** (auf Holz gemalt) vor dem Campingplatz. Der OW führt von der Karte über einen Fahrweg auf ein gelbes Haus zu. An der ersten Kreuzung (nach 700 m) muss man rechts abbiegen. Kein OWZ! Wir umgehen ein weiteres gelbes Haus links – dort OWZ. Nach 2,8 km – ab Campingplatz – stoßen wir auf die Hauptstr. und laufen nach links auf dem Fuß- und Radweg – parallel zur E 39 – über die **Udduvollbrua**. Hinter der Brücke gehen wir links auf eine Asphaltstr., OWZ »Pilegrimsleden«. Hier ist viel LKW-Verkehr, da die Str. zu einer Deponie führt. Es folgt nach 450 m ein Abzweig nach rechts in einen ruhigen Fahrweg. Nach 1000 m erreichen wir ein kleines Wäldchen. Mangelhafte Markierung! Richtig ist: Auf dem breiten Fahrweg bleiben und alle Abzweige ignorieren. An einem Strommast hängt ein großes Schild: »Privatweg – Durchfahrt verboten«. Darunter ist klein und schwer zu erkennen ein OWZ. Der Weg führt zu einem Heuschober, dort OWZ, und weiter durch Felder zur Str. Nr. 707. *Dort geht es links 1,8 km zur Herberge* ***Sundet Gård*** und geradeaus – markiert durch OWZ »Pilegrimsleden« – weiter in Richtung **Fjøssvollan** und **Frisgarden**. Die kleine Landstr. steigt steil bergauf. Nach 2 km treffen wir auf eine Kreuzung, da biegen wir rechts

Pilgerherberge im Stabbur von Sundet Gård

Skaun – Trondheim
Teil 2: Øysand – Trondheim
Streckenlänge 26,4 km
Trondheimsfjorden
Trondheim
Bymarka
Nidaros
Pilegrimsgår
Gråkallen
Fegingsbrekka
Skjellbreia
Reithalle Våddan
Frøset Gård
Stor-Leirsjoen
E6
Sundet Gård
Gaula
Øysanden
Øysand Camping
randheimen
E39
E39
E6
2000 m

Herrens
engel slår
leir rundt
dem som
frykter hans
namn
Salme 34,8

ab und beim ersten Abzweig (nach 300 m) links auf einen Schotterweg bis zum Waldparkplatz **Kastberga**. Von dort führt der OW auf einem schmalen Pfad links in den Wald, zunächst steil bergauf, dann eben. Nun kommen leichte Steigungen. Wir passieren den letzten Wegstein: »Til Nidaros 14 km«. Wir haben 16,1 km gemessen.

Der Wald blüht! Markierung durch OWZ gut! Wir erreichen die Str. **Smistadgrenda**, gehen 300 m nach rechts und folgen dann links einem breiten Fahrweg steil bergauf. Oben im Wald kommen wir an Wochenendhäusern vorbei. An einem Abzweig laufen wir links in einen Waldweg. Obwohl wir nur wenige Kilometer von Trondheim entfernt sind, sehen und hören wir nichts von der Stadt. Wir wandern wieder auf Knüppeldämmen durch Hochmoore. Rechts und links begleiten uns blühende Wollgraswiesen. Wir stoßen auf einen Schotterweg und durchqueren erneut ein Hochmoor. Ein Troll am Weg (aus Holz) hält uns ein Schild entgegen: GOD TUR – Gute Reise.

Die OWZ sind teilweise zugewachsen, aber sie sind da! Auf einer Holzbrücke wird ein Fluss überquert. An einer Gabelung gehen wir in den **Frøsetvegen**; nach 800 m, wenn wir zum zweiten Mal rechts abbiegen, *geht es gerade aus zur Herberge **Frøset Gård***. Danach finden wir einige Rastplätze mit Tischen und Bänken. Wir erreichen etwas später den Reitplatz **Våddan** – ebenfalls ein idealer Rastplatz, weil dort Tische und Bänke stehen. Wir haben hier immer gefragt und wurden nie abgewiesen.

Von hier sind es 10,4 km bis Nidaros. Wir stoßen auf eine Fahrstr. und erste Vororte mit Wohnhäusern. Aber dann führt der OW nach links zurück in Wiesen- und Waldgelände. Von einem Hügel haben wir den ersten schönen Blick auf **Trondheim!** Es folgen mehrere Zauntreppen, dann treffen wir auf eine feste Fahrstr. am Restaurant **Lian**. Nach 100 m gehen wir links wieder in einen Waldweg – Markierung »Pilegrimsleden« – und nach 500 m noch einmal nach links. Wir laufen weiter durch schönste Wälder, vorbei an kleinen Waldseen, und kommen zum Parkplatz **Kyvannet**. Damit sind wir endgültig in Trondheim.

Der OW ist in Trondheim gut markiert und führt uns zum **Gamle Oslovei**. Dort biegen wir links ab und finden auf der linken Seite nach etwa 600 m (Ecke Fjellseterveien) ein Einkaufszentrum. Dort gibt es eine empfehlenswerte Bäckerei Rosenborg-Bakerie für die letzte Rast (auch WC) vor der Innenstadt.

Wir wandern nach guter Markierung bis in den Fridtjof Nansen vei zum Aussichtspunkt **Fegingsbrekka** – dort sehen wir zum ersten Mal den **Nidarosdom** und mit ihm unser Pilgerziel. Aber um den Dom zu erreichen, gehen wir noch ca. 60 Minuten durch die Stadt und folgen den OWZ.

Der Weg führt in Serpentinen den Hang hinunter bis zur Ilen-Kirche. Wir laufen rechts an der Kirche vorbei und durch die **Elvegata**, die **Sverres gate**, über eine Grünfläche nach links am **Nidelva-Ufer** zur **Olavsquelle** (gleich hinter der Schnellstraßenbrücke links) und von da die Stufen hinauf zum Erzbischofshof und zum Domplatz. Dort steht seit 2013 ein neuer **Nullstein**.

*Hinter dem Dom liegt der **Nidaros Pilegrimsgård** mit Pilgerzentrum und Herberge.*

Auf dem neuen Platz der Stille in Sundet Gård ist man von Engeln der norwegischen Künstlerin Ingun Dahlin umgeben.

Übernachten und Einkaufen

Übernachtungsmöglichkeiten

- **Kleivan pilegrimsherberge**, am Weg
  Buvikåsen, 7350 Buvika
  Vorher anmelden, da Besitzer nicht immer zu Hause sind.
  Tel.: 97698715
  E-Mail: post@kleivanvekst.no
  www.kleivanvekst.no
  Koordinaten: 63.29908, 10.15925
- **Øysand Camping**, am Weg
  Hüttenvermietung
  Gamle Kongeveg 56, 7224 Melhus
  Tel.: 72872415, 92087174
  E-Mail: post@oysandcamping.no
  www.oysandcamping.no
  Koordinaten: 63.327136, 10.214010
- **Strandheimen**, am Weg
  Gamle Kongeveg 40, 7224 Melhus
  Tel.: 48105515
  E-Mail: wenche.gran@strandheimen.no
  www.strandheimen.no
  Koordinaten: 63,325660, 10,213350
- **Sundet Gård**, mit Ruderboot am Weg, sonst 1,8 km vom Weg
  7083 Leinstrand
  Tel.: 93083581
  (auch Ruderboot anfordern)
  E-Mail: johnwan@online.no
  www.sundetgard.no/
  Koordinaten: 63.343274, 10.241125
- **Frøset Gård**, am Weg
  Frøsetvegen 140, 7024 Trondheim
  Selbstversorgerhütte,
  Schlüsselcode muss erfragt werden
  E-Mail: guro.vistad@pilegrimsgarden.no
  Tel./SMS: 92038460
  Koordinaten: 63,385965, 10,291508
- **Nidaros Pilegrimsgård**, hinter dem Dom
  Kjøpmannsgaten 1, 7013 Trondheim
  Tel.: 73525000
  E-Mail: post@pilegrimsgarden.no
  www.pilegrimsgarden.no
  Koordinaten: 63.427040, 10.400164

Einkaufsmöglichkeiten

Skaun, Buvika, Øysand (Camping Kiosk), Trondheim

Dieses Bild beweist: Trolle gibt es wirklich.

Trondheim
Kristiansten
Nidaros
Pilegrimsgård
Nidarosdom
Olavsquelle
Nidelva
Ilen-Kirche
Fegingsbrekka
400 m

Angekommen – Nidaros

Im Gästebuch der Herberge Pilegrimsgård in Trondheim lesen wir:
»Nach 23 harten, aber wohl auch beeindruckenden Tagen unseres jungen Lebens sind wir überglücklich, endlich angekommen zu sein. Der Weg von Oslo hierher war sehr abwechslungsreich und hat uns so viele schöne Begegnungen geschenkt, und diese Nächstenliebe war es auch, die unseren Camino geprägt hat und ihn für immer in unseren Herzen behalten wird.« M.K.
Und weiter: »Wir sind angekommen. Gott sei Dank! Ankommen dürfen ist eine Gnade. Nur ein Ziel kann unserem Leben eine Richtung geben.« H. u. D.M.

Das Ankommen ist der Tod des Pilgers! Ist diese Redewendung richtig? Ja und nein. Das Pilgern ist mit dem Ankommen zu Ende – aber zunächst sind wir doch noch mittendrin! Ob wir nach Santiago gehen oder nach Nidaros; wir stürmen nicht gleich in die Kathedrale, wir betreten unser Ziel erst später – nach dem Ankommen. So will es die alte Pilgertradition. Wir umrunden nach dem Ankommen dreimal die Domkirche – singend. Dann suchen wir den Nidaros Pilegrimsgård auf – der liegt in Trondheim unmittelbar hinter dem Dom am Ufer der Nidelva. Mit 60 Betten, einem Bistro, gemütlicher Terrasse und einem Raum der Stille. In der Herberge werden auch die Pilgerurkunden ausgegeben, gegen Vorlage des Pilgerausweises mit den entsprechenden Stempeln. Im Nidaros Pilgrimsgård befindet sich nicht nur die Herberge, sondern auch das Pilgrim centre.
Dort – oder in einer anderen Herberge – streifen wir die Wanderschuhe von den Füßen und stellen Pilgerstock und Rucksack in die Ecke. Erst nach der Dusche – früher wuschen sich Pilger vor dem Ziel im kühlen Wasser der Nidelva – fühlen wir uns bereit, zum Dom zu gehen, zur Westfassade (die am späten Nachmittag am schönsten ist, weil sie dann in der Abendsonne liegt).
Wir können jetzt den Nidarosdom betreten – oder erst am nächsten Morgen – ausgeschlafen, erfrischt, vom Gepäck befreit!
»Normale« Besucher müssen für das Betreten des Doms Eintritt bezahlen. Pilger bekommen im Pilgrim centre eine Marke, mit der sie den Dom zu den Öffnungszeiten kostenlos betreten können. Auch bei Konzerten!

Tretet mit Dank durch Seine Tore ein!
Kommt mit Lobgesang in die Vorhöfe seines Tempels!
Dankt Ihm, preist Seinen Namen!
Psalm 100,4

Angekommen in Nidaros

Der Nidarosdom, erbaut über Olavs Grab, gilt als größtes mittelalterliches Bauwerk Nordeuropas.

Der Samische Altar

Am 6. Februar 2017 wurde im Zuge der Tråante Festtage ein samischer Altar im Nidarosdom eingeweiht. 100 Jahre zuvor hatten sich das erste Mal Samis aus allen vier Ländern zu einer gemeinsamen Vollversammlung in Trondheim getroffen. Während der Festtage wurde dieses Jubiläum gefeiert. Der Altar wurde von dem südsamischen Künstler Folke Fjällström aus Schweden gefertigt. Er besteht aus geöltem Birkenholz und soll das Zusammenspiel von Menschen und den Kräften und Gewalten der Natur darstellen.

Die Kvinnenes minnekapell gehört zu den eindrucksvollsten im Nidaros-Dom.

Der letzte Stein darf nicht gesetzt werden

Es gibt viele Geschichten und Legenden um den Nidarosdom. Eine besagt, dass die Stadt Trondheim in den Fjord gleiten wird, wenn die Kathedrale jemals fertig ist. Ein Maurer hat dafür gesorgt, dass dieser Fall nie eintreten kann: Er hat den letzten zu setzenden Stein wieder aus dem Mauerwerk der Westfassade herausgenommen und hält ihn in der Hand. Wer bei einer Dombesichtigung auf die Galerie über dem Figurenportal steigt, kann diese Maurer besuchen. Und so findet ihn jeder Pilger auch von unten: Man geht von der Kathedralenmitte (gegenüber dem Haupteingang) nach hinten bis kurz vor die Mauer. Von diesem Punkt aus schaut man durch das zehnte Galerieloch (von rechts gezählt) genau auf den Maurer mit dem Stein in der linken und der Kelle in der rechten Hand. Ab 19 Uhr fällt auch die Abendsonne auf den Maurer, der Trondheim vor dem Untergang bewahrt hat.

Im Nidarosdom gibt es keine regelmäßigen Pilgermessen wie in Santiago, aber natürlich Gottesdienste (täglich findet um 12.15 Uhr ein Mittagsgebet statt) – und für Pilgergruppen private Andachten in Seitenkapellen. Infos im Büro des Pilgrim centre.

Und erst nach einem Tag der Besinnung – nach dem Ankommen – denken wir an die Heimreise. Hier sind verschiedene Möglichkeiten und Vorschläge:

1. Fahrt mit der Dovrebahn von Trondheim nach Oslo und weiter mit der Fähre Color Line von Oslo nach Kiel; oder von Oslo-Gardermoen weiter mit dem Flugzeug nach Deutschland
2. Flug von Trondheim über Oslo nach Deutschland
3. Fahrt mit dem Hurtigruten Postschiff von Trondheim nach Bergen und von Bergen Flug nach Deutschland

Jeweils gültige Preise und Zeiten hierfür erfahren Sie im Reisebüro Ihrer Wahl oder im Internet.

»Pilger pilgern nicht,
um Neues zu erleben, sondern
um neu zu werden.«

Franz Alt

Der neue Katholische Dom liegt nur 3 Minuten vom Nidarosdom entfernt.

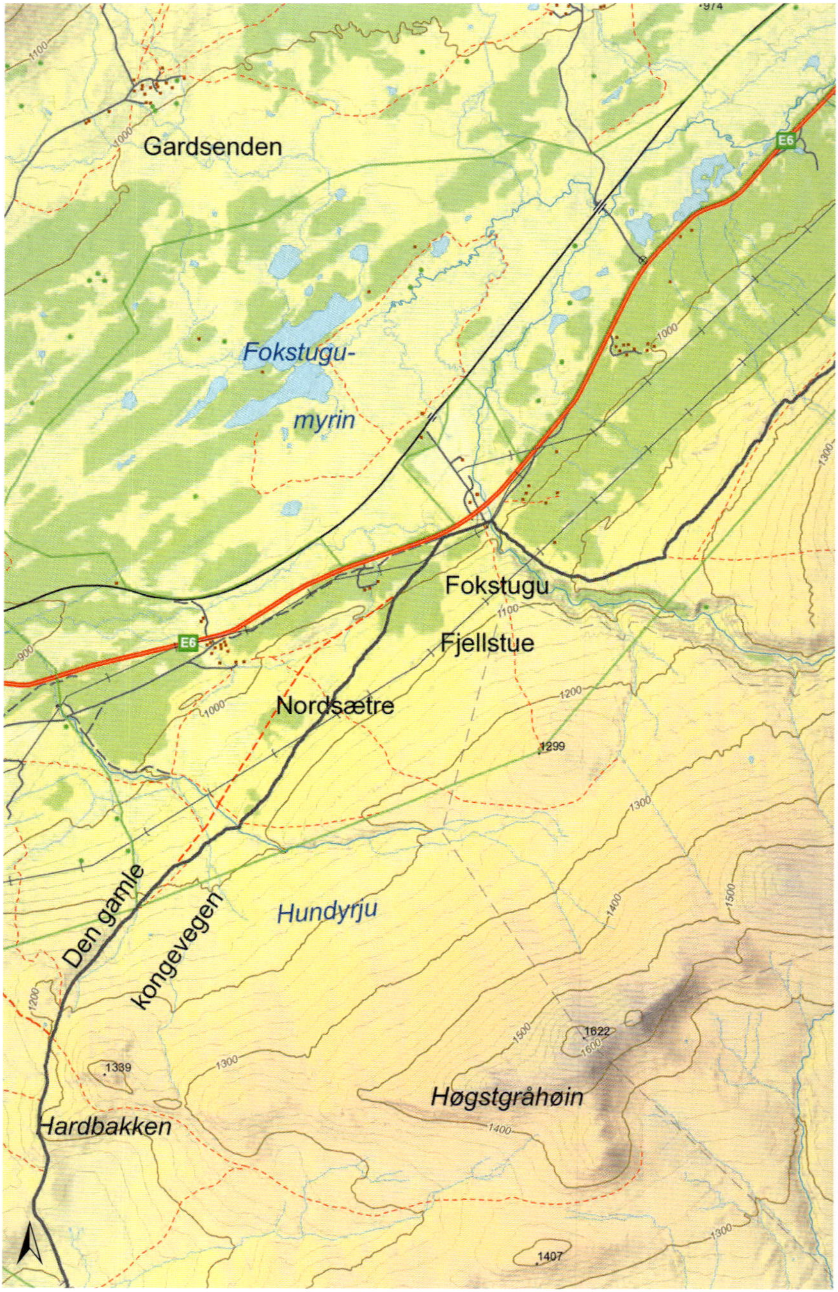
Gardsenden
Fokstugu-
myrin
E6
Fokstugu
Fjellstue
Nordsætre
Den gamle
kongevegen
Hundyrju
1299
1339
Hardbakken
Høgstgråhøin
1622
1407

Wie drucke ich die Detailkarten aus?

Gute Wegkarten in großem Maßstab bietet das norwegische Pilgerprojekt auf seiner Homepage www.pilegrimsleden.no an. Man findet die Karten zur Zeit unter dem Menüpunkt »Tourplaner – Karten ausdrucken«. Diese Karten kann man kostenlos ausdrucken (Musterkarte s. S. 203).
Außerdem findet man unter dem Menüpunkt »Die Pilgerwege« Karten, in denen Übernachtungsplätze, Versorgungsmöglichkeiten, Sehenswürdigkeiten und mehr eingezeichnet sind. Hinter den Symbolen findet man weitere Einzelheiten. Diese Informationen werden regelmäßig ergänzt. Möchte man diese Karten ausdrucken, so geht das nur über einen Screenshot.

In den Pilgerzentren – und in einigen Pilgerherbergen – gibt es auch eine Gesamtkarte im Maßstab 1:850 000 mit dem eingezeichneten Olavsweg:
Pilegrimsleden – St. Olavsvegene til Trondheim. Herausgeber: Nasjonalt Pilegrimssenter Trondheim 2012.

Wichtige Adressen und Telefonnummern

Vorwahl von Norwegen:
0047. Es gibt in Norwegen keine Ortsvorwahlen.

Notrufnummern in Norwegen:
110 – Feuer
112 – Polizei
113 – Krankenwagen, Notarzt
(auch bei Unfällen auf dem Fjell)

Botschaft der Bundesrepublik Deutschland
Oscars gate 45, 0244 Oslo
Tel.: 0047 23275400
E-Mail: info@oslo.diplo.de
www.oslo.diplo.de

Domkirche Oslo
(stellt Pilgerausweise aus)
Karl Johansgate 11, 0154 Oslo
Tel.: 0047 23314600
E-Mail: post.domkirken@oslo.kirken.no
www.oslodomkirke.no

Pilgrimssenter Oslo
(stellt Pilgerausweise aus)
Akersbakken 30, 0172 Oslo
Tel.: 0047 48052949
E-Mail: oslo@pilegrim.info
www.pilegrimoslo.no
www.pilegrimsleden.no

Kartverket, Geovekst og Kommuner – Geodata AS

Bischofsamt Oslo
(stellt Pilgerausweise aus)
St. Hallvards plass 3
Eingang: Egedes gate, 0192 Oslo
Tel.: 0047 23301160
E-Mail: oslo.bispedomme@kirken.no
www.kirken.no/oslo

Pilegrimskontoret
(stellt Pilgerausweise aus)
Eivind Luthen
Huitfeldts gate 11, 0253 Oslo
Tel.: 0047 22330311
E-Mail: pilegrim@pilegrim.no
www.pilegrim.no

Pilegrimssenter Granavollen
Granavollen 28, 2750 Gran
Tel.: 0047 97022684
E-Mail: js389@kirken.no
www.granavollen.pilegrimsleden.no

Pilegrimssenter Hamar
Storhamargata 125, 2315 Hamar
Tel.: 0047 47478266
E-Mail: hamar@pilegrim.info
www.hamar.pilegrimsleden.no

Pilegrimssenter Dale-Gudbrand
Hundorpgeilen 12, 2647 Sør-Fron
Tel.: 0047 45604608
E-Mail:
pilegrim@gudbrandsdalsmusea.no
www.gudbrandsdalen.pilegrimsleden.no

Pilegrimssenter Dovrefjell
Hjerkinnhusveien 33, 2661 Hjerkinn
Tel.: 0047 92483147
E-Mail: hajada@online.no
www.dovrefjell.pilegrimsleden.no

Nidaros Pilegrimsgård (hinter dem Dom)
Kjøpmannsgaten 1, 7013 Trondheim
Tel.: 0047 73525000
E-Mail: post@pilegrimsgarden.no
www.pilegrimsgarden.pilegrimsleden.no

**Pilgerreisen, Pilgerausweise
und Infos über den Olavsweg
Helfried und Renate Weyer**
Eckdahl 38, 21614 Buxtehude
Tel.: 04161 713025
E-Mail: weyer@helfried-weyer.de
www.olavsweg.de

Pilgerpastor Bernd Lohse
(stellt Pilgerausweise aus)
Jakobikirchhof 22, 20095 Hamburg
Tel.: 040 303737-13
E-Mail: lohse@jacobus.de
www.jacobus.de
www.pilgern-im-norden.de

Die Autoren Renate und Helfried Waeyer stehen auch für Lesungen und Vorträge zur Verfügung:
Helfried Weyer
Eckdahl 38, 21614 Buxtehude
Tel.: 04161 713025
E-Mail: weyer@helfried-weyer.de
www.helfried-weyer.de

Der Null-Stein steht seit 2013 vor der Westfassade des Doms.

0
KM
TIL
deuter
ACT lite 40+10

Fakten zum Olavsweg

Der Olavsweg wurde 2010 in Straßburg zum Europäischen Kulturweg erklärt. Der Weg ist nationales und europäisches Kulturerbe.

Der Weg ist seit dem Mittelalter Pilgerweg aller Konfessionen nach Nidaros (Trondheim).

Der Weg beträgt von Oslo bis Trondheim auf dem Westweg 654 km und auf dem Ostweg 702 km.

Für den Gesamtweg sollte ein Pilger 30 – 35 Tage rechnen.

Für den Weg können Detailkarten im Internet über die Seite pilegrimsleden.no ausgedruckt werden. Außerdem findet man unter dem Menüpunkt „Tourenplaner" die Möglichkeit, eine eigene Tour anzulegen.

Die ideale Pilgerzeit liegt zwischen Mai und September. Im Mai kann auf dem Fjell noch Schnee liegen. Im Juni sind die Tage am längsten und die Nächte hell. Mitte September beginnt die Herbstfärbung und auch die ersten Herbststürme brausen über das Fjell.

Der Weg führt auf ausgeschilderten Pfaden durch Flusstäler, Wälder, Farmland und über das gut 1000 m hohe Dovrefjell.

Der Weg berührt historische Pilgerherbergen, für die mittelalterliche Höfe liebevoll restauriert wurden.

Der Weg tangiert viele kulturelle und kirchenhistorische Höhepunkte Norwegens.

Der Weg ist nicht überlaufen – wie der Jakobsweg – und führt durch einzigartige Naturregionen.

Mehr Informationen unter:
www.olavsweg.de
www.pilegrimsleden.no

Kapelle Guds Huset in der Pilgerherberge Fokstugu auf dem Dovrefjell um Mitternacht

Literatur

Literatur über den Olavsweg

ALT, F., LOHSE, B. u. H. WEYER (2016): Aufbruch zur Achtsamkeit. Wie Pilgern unser Leben verändert. Kreuz Verlag, Freiburg.

LOHSE, B. (2011): Der Olavsweg. Pilgerführer von Hamar nach Trondheim. Lutherische Verlagsgesellschaft, Kiel.

LOHSE, B. (2010): Familienbande (Krimi). Lutherische Verlagsgesellschaft, Kiel.

UNDSET, S. (o. J.): Kristin Lavranstochter. Lizensausgabe für den Bertelsmann Lesering, Gütersloh, mit Genehmigung des Bruno Cassierer Verlages, Oxford. (In diesem Werk sind alle drei Bände zusammengefasst.)

STURLUSON, S. (1965): Snorris Königsbuch, 2. Bd. Eugen Diederichs Verlag, Düsseldorf.

WEYER, H. u. R. (2010): Olavsweg – Pilgern in Norwegen. Bild- und Textband. Tecklenborg Verlag, Steinfurt.

Literatur über das Pilgern

DORNER U., LOHSE, B., SCHMIDT U. u. M. STAHL (2009): Auf und Werde. Der geistige Begleiter für Pilgerwege. Lutherische Verlagsgesellschaft, Kiel.

WEYER, H. u. R. (2009): Jakobsweg. Bild- und Textband. Verlag Herder, Freiburg.

WOLF, N. (2009): Wohin pilgern wir? Alte Wege und neue Ziele. Rowohlt Verlag, Reinbek.

Bildnachweis

Bigi Alt: 6

Alle anderen Fotos: H. Weyer

Umschlagfotos:
Helfried Weyer (vorne: Pilgern über das Fjell; hinten: Zauntreppe; Stein mit km-Angabe; Moorpassage mit Bohlweg)

Fotos Seite 1 von links nach rechts:
Pilgern im Regen durch Trøndelag, Ringebu-Kirche, Olavsweg wenige Kilometer vor Trondheim, Herberge Øvre Kjæstad in Kvam
Foto Seite 2/3: Steinhaufen Allmannsrøysa auf dem Dovrefjell

Danksagung

Dieser Pilgerführer konnte nur mit Hilfe vieler Menschen und Freunde des Olavswegs entstehen. Ihnen allen sagen wir herzlichen Dank, ganz besonders Berit Lånke, Olger Rønningen, Per Gunnar Hagelien, Roger Jensen, May Britt Hansen, Hans-Jacob Dahl, Elisabeth Lidell, Bernd Lohse, Kirsten Schulz, Franz und Bigi Alt, Karen Graaten, Christiane und Laurits Fokstugu, Unni Larsen und Børge Dahle, Ingrid Meslo, Paul Ullern, Liv und Jonvald Aastad, John und Karon Wanvik und anderen freundlichen Norwegern, die wir unterwegs trafen und die immer gerne behilflich waren.

Dieser großartige Bildband ist ein Muss für alle Olavswegpilger!

Beim Hamburger Hafengeburtstag im Jahr 2011 war Norwegen Partnerland der Hansestadt Hamburg.
Die Weyers repräsentierten den Olavsweg im Auftrag der norwegischen Regierung – und bekamen hohen Besuch von Kronprinz Haakon, der selbst einen Abschnitt des Olavsweges zusammen mit seiner Frau Mette-Marit gepilgert ist.
Renate Weyer überreichte seiner Königlichen Hoheit ihren Bildband **OLAVSWEG**, für den sich der beeindruckte Kronprinz herzlich bedankte.

Helfried u. Renate Weyer

Olavsweg

Pilgern in Norwegen

144 S., 141 lackierte Abb.,
1 Karte, geb., 28 x 24 cm
34,80 € / sFr 60,20
ISBN 13: 978-3-939172-73-4

Der Olavsweg in Norwegen wurde 2010 – nach dem Jakobsweg in Spanien – als zweiter Pilgerweg zum Europäischen Kulturweg erklärt und trägt die Zertifizierung „Cultural Route des Europarates". Damit haben Millionen Pilger ein neues und faszinierendes Ziel.

Vor 1000 Jahren brachte König Olav den Norwegern das Christentum. Kurz nach seinem Tod wurde er heiliggesprochen und Christen aus ganz Europa begannen nach Nidaros zu pilgern, zum Grab des Heiligen Olav. Das heutige Trondheim entwickelte sich schnell zu einem großen Pilgerzentrum, ähnlich bedeutend wie Jerusalem, Rom oder Santiago de Compostela. Mit der Reformation geriet der Pilgerweg durch Norwegen in Vergessenheit. Erst in unseren Tagen wird dieser Weg ganz neu belebt.

Dieser erste umfassende Text- und Bildband präsentiert den Olavsweg, der inzwischen zum Geheimtipp unter Pilgern und Wanderern geworden ist, erstmals in professionellen Fotografien.

Bestellungen bitte an:
Tecklenborg Verlag · Siemensstraße 4 · 48565 Steinfurt · Tel. 02552/920-182
www.tecklenborg-verlag.de info@tecklenborg-verlag.de

Unterwegs mit Helfried Weyer

„Wenn jemand eine Reise tut, so kann er was erzählen", wusste schon Matthias Claudius.

50 Jahre unterwegs
Das ungewöhnliche Leben eines Fotografen mit abenteuerlichen Geschichten und Bildern aus allen sieben Kontinenten

164 Seiten, 48 Abbildungen,
Softcover, 13,5 x 21 cm
ISBN: 978-3-944327-61-7 **€ 16,50**

Helfried Weyer reist seit über 50 Jahren. Seine Episoden und Anekdoten aus allen Kontinenten sind so ungewöhnlich wie das Leben dieses Weltenbummlers und seiner Frau Renate; sie lassen den Leser schmunzeln und auch nachdenklich werden, sie liefern Informationen und interessante Fakten. Die Weyers treffen unterwegs Prominente wie den Dalai Lama, Sir Edmund Hillary und seinen legendären Sherpa Tenzing Norgay. Sie besuchen das nördlichste Volk auf Erden in Thule und die einzigartigen Naturwunder in der eiskalten Antarktis. Mit seinen großartigen Diapräsentationen begeisterte Helfried Weyer ein Millionenpublikum in aller Welt. Viele seiner Besucher und Leser – Weyer hat etwa 70 Bücher geschrieben – warten auf diese Geschichten.

Bestellungen bitte an:
Tecklenborg Verlag · Siemensstraße 4 · 48565 Steinfurt · Tel. 02552/920-182
www.tecklenborg-verlag.de info@tecklenborg-verlag.de